KB037706

운이란 무엇이고,
명이란 무엇인가?

기초부터 배우는 사주명리

시작하기 전에

나는 동양의 신비주의와 그 속에 드리운 과학의 그림자에 매료되어 술수학(術數學)을 공부하게 되었다. 나를 알고 나의 지나간 과거를 통해 현재를 이해하고 미래를 예견하는 일에 거부할 수 없는 흥미를 느낀 것이 직접적인 동기였고, 나아가 막막한 현실과 알 수 없는 미래에 힘들어하는 사람들과 소통하며 이 공부를 확장하게 되었다. 술수의 원고적 뿌리인『주역』은 나의 학문적 길잡이가 되었고, 그에 천착하여『주역』이 낳은 문화와 철학 그리고 그 과학적 가치에 대한 다양한 자료들을 섭렵하게 되었다.『주역』과 과학은 사주라는 술수를 공부하면서 끊임없이 마주하게 되는 합리와 논리, 신비와 미신에 관한 문제와 의문들, 그리고 학문적 갈증의 해소처이며 이정표였다.

술수를 공부하고 실행하는 여정에는 꽤 많은 난점이 있다. 그 중에 첫 번째는 보편과 특수의 문제이다. 무엇이 보편이고 무엇이 특수인가? 특수는 개별적인 것이고 독특하며 각별하다. 그것은 하나의 현상이고 개별 사건이다. 그 한정된 특수가 모두에 적용할 수 있는 진리가 되면 보편성이 되는 것이다. 사주명리에서 말하면, 개별 상황에서 사용한 사주 기법을 일반화하고 그 통변을 반복하여 보편적으로 적용할 수 있겠는가의 문제이다. 사주의 특수성이란 개별적인 통변이 일회성에 머물고 그때그때의 상황에 따라 달라지는 것이다. 그것은 통변자의 경험과 여건에 따라 결론이 움직이는 것을 말한다. 어떤 사람들은 상담에서 잘 맞히기만 하면 되지 왜 복잡하게 문헌을 찾아 학문적 근원을 따지며 논리를 증명해야 하느냐고 물을 것이다. 그러나 술수를 글로 해석하고 사용하여 전달하려는 사람이라면 기본적으로 학(學)과 술(術)의 문제를 해결해야 한다.

술을 논리적으로 설명하고 그 풀이를 입증한다는 것은 결코 쉬운 작업이 아니다. 그것은 사주의 특수성을 일부 포기해야 함을 말한다. 물론 보편의 '학'을 포기하고 '술'에만 집중하여 자신만의 개별적이고 특수한 영역에 머물면 이런 고민은 필요 없다. 논리적으로 설명하거나 그 결과를 입증하려 하지 않고 비기(祕技)로 남겨두면 되니까. 그리고 강호의 고수를 자처하며 활동하면 된다. 나는 특수한 비법의 세계와 달인의 경지를 인정한다.

아쉽게도 술수의 현장은 잘못 사용한 칼부림이 난무하고 설익은 오류로 가득찬 주장들로 뒤엉켜 있다. 이것이 문제이다. 사주 혹은 사주를 공부하는 것이 우리에게 주는 신비롭고 매력적인 장점은 그것이 바르게 이해되어 정확하게 설명되고 전달되어야 더욱 가치 있다. 그렇지 않으면 미신으로 변해버릴 수 있는 양날의 칼과 같다.

오랜 고심 끝에 나는 그 날실과 씨실을 풀어 다시 엮기로 했다. 고전을 경(經)으로 현대 술수를 위(緯)로 삼았고, 의리(義理)을 경으로 상수(象數)를 위로 삼기도 했다. 이론과 통계적 검증을 체(體)로 놓고, 현장경험과 개별 실전을 용(用)으로 담기도 하였다. 혹은 그 반대의 경우도 있었다. 과학과 신비는 곳곳에 함께 묻어날 수밖에 없었다.

이 책에서는 무엇보다 사주에서 사용하는 용어와 개념들을 그 자원(字原)에서부터 쓰임까지 정립하고자 했다. 음양오행과 『주역』의 팔괘 그리고 점을 친 기록과 그 철학적 해석을 앞머리에 정리했고, 관련 출처를 가능한 찾아 밝히고자 노력하였다. 그것은 학문의 초석을 다지는 일이다.

사주 실기에서는 조후에 나타난 한난조습을 바탕으로 관(官, 지위)과 재(財, 재물)의 상황을 읽었으며, 인(印, 명예)과 식상(食傷)의 현대적인 가치 또한 빠뜨리지 않고 살폈다. 매 이론마다 현대적 해석이나 해외 역술계에서 사용하는 관법을 가능한 참고하려고 하였다. 격국이라는 구조, 12절기와 일간 및 각 천간의 관계에 나타난 자연 합리의 강령을 큰 그림 삼아 형충회합과 12운성, 특히 간지의 조합에 보이는 물상의 조화를 취사선택하였다. 사시와 오행의 상생상극에 기초한 사주 통변은 학습자가 항상 잊지 말고 사용해야 할 근본이다.

이 책 이전에 사주를 학문적으로 정리하고 그 실용적 해석을 글로 쓰기로 마음먹었을 때 처음 시도한 방법은 사주의 용어와 개념 그리고 이론들을 영어로 풀어쓰는 것이었다. 나는 그 작업이 사주를 합리적으로 습득하고 전달하는 주효 방법이라고 생각했다. 영어로 옮기는 과정에서 사주의 비합리성이 자연스럽게 채에 걸러질 것이라고 기대했기 때문이다. 그러나 이 시도는 무모하다 할 정도의 도전이었고 효율적이지 못한 방법이었다. 왜냐하면, 그 작업에 착수하던 당시 나는 사주의 대가도 아니었거니와 영어 원어민도 아니었기 때문이다. 어쩌면 배가 산도 바다도 아닌 들판으로 나갈 지경이었다. 무식하고 용감하니까 도전하지 않았나 싶다. 그런 상황이 다시 온다면 결코 시도하지 않겠지만, 지금 와서 돌이켜 보면 후회 없을 만큼 가치 있는 도전이었다. 다만 나의 에너지와 지력이 이제는 그에 미치지 못할 따름이다.

각고의 노력과 여러 번의 시행착오 끝에 영어로 표현이 안 되는 내용은 과감히 포기하고 옮길 수 있는 이론과 논리 위주로 쓴 것이 2012년 영국에서 출간한 사주교재 『Life's Secrets』이다. 이 책에는 음양과 오행, 천간과 지지론, 지장간, 사주의 구성과 통근 투출 그리고 육친과 형충회합 이론까지 정리되어 있다.

사주 용어들을 영어로 다시 쓰는 것은 비록 어려운 작업이었지만 내 방식대로 할 수도 있는 일이었다. 그러한 작업을 시도한 한국인은 거의 없었으니까. 그러나 그 일을 제대로 하려면 서양에 소개된 사주 용어들을 여기저기 찾아다니며 참조해야 했다. 또한, 사주에 대해 보편적으로 사용되는 용어들이나 학자마다 다르게 옮겨 사용하는 경우 그리고 서양에는 사주가 주로 어떠한 사람에 의해 어떻게 소개되고 있는지도 조사하였다. 예를 들어 도화살은 'peach blossom(복숭아꽃)' 그리고 식신은 'eating god', 육친은 'six gods' 등으로 간편하면서도 재미있게 번역된 용례가 있었다.

그 과정 중에 서양에서 활동하는 세계적 역술가(중국인, 한국인, 서양인 등)들과 서신을 교환하고 직접 만나기도 하며 다양한 학회를 통해 그들의 활동을 알게 된 것은 정말 소중한 경험이라 아니할 수 없다. 물론 풍수와『주역』그리고 관상에 관한 수많은 외국어 서적도 참조하였다. 덕분에 나는 한국 역학계와 적당한 거리를 유지하였고, 비판과 조언 등으로부터 비교적 자유로웠으며 개방적일 수 있었다. 사주의 영어 번역은 나의 학문에 말로 설명할 수 없을 정도의 도움이 되었고, 글자와 개념의 뜻 하나하나와 이론 그리고 현실적 쓰임을 성실하고도 구체적으로 이해할 수 있게 만들어주었다.

사주를 영어로 풀어서 세계에 알리는 일은 책 출간이나 해외학회 교류 등과 함께《코리아타임즈(The Korea Times)》의 사주칼럼을 통해 2008년부터 계속 이어오고 있다. 그 작업은 사주를 학문적이고 이론적으로 쓰는 것과, 동시대 대중의 관심을 끄는 인기인이나 정치인, 이슈가 된 유명인의 사주나 관상, 그리고 그와 관련된 전후 상황을 동양 술수적 관점에서 풀어나간 점에서 다각적인 관심을 받았다. 칼럼 내용은 사주뿐 아니라 관상, 풍수, 『주역』 등의 동양철학적 시각 그리고 꿈해몽이나 전통문화를 아우르는 것이었다. 일반 대중에게 사주를 보다 쉽게 그리고 이해하기 쉬운 언어로 전달하려고 노력하는 계기가 되었으며, 동시에 배움을 계속할 수 있는 기회이기도 하였다.

앞에서 사주를 술수라고 명명했는데, 술수라면 보편과 특수를 절묘하게 버무릴 줄 알아야 한다. 특수를 버리고 보편만 주장하면 술수가 가지는 비기의 칼은 무뎌져버리고, 보편을 버리고 특수만 남으면 미신이라는 비판을 받기 쉽다. 나는 현장에서 직접 일반인의 사주를 읽고 임상결과를 통계적으로 보완하고자 하였다. 그것이 2006년부터 시작한 전화상담과 상담실 운영 등으로 쌓은 2만 명이 넘는 임상자료의 기록이다. 나는 자살하기 바로 직전의 절박한 청년과 상담하였고, 죽은 동생에 대해 묻는 누나의 비통함도 들었고, 채워지지 않는 사랑 때문에 고민하는 여성의 반복된 방문도 받았으며, 고위 정치인이나 문화예술인, 대기업 CEO나 유명 연예인들의 사주도 읽었다. 그 모든 것들은 특별하기도 하였지만, 어떤 시각에서 보면 모두가 우리 인생의 고뇌와 슬픔 그리고 패배 혹은 환희와 성공에 관한 단편들이었다. 사주통변이 맞지 않을 때면 어떤 이론이 적중도가 낮은지 혹은 그 반대의 경우는 무엇인지 고민하고 수정하고 배워 나갔다. 정치인들의 선거를 앞둔 상황이나 미국이나 중국, 그리고 한국의 대선, 남북관계 그리고 월드컵이나 올림픽 등과 같은 세계적 관심을 끄는 행사도 사주의 관심대상이다. 전 세계의 이상기후나 신년전망 또한 풀이대상이다. 사주의 관심사는 개인적인 인생과 운명의 풀이를 넘어서는 것이다.

이 책에는 사주에 입문하여 나와 함께 수년간 학문의 길을 트고 실전을 갈고 닦은 제자들의 가르침이 녹아 있다. 오랜 기간 나와 함께 연구하고 든든하게 지원해준 제자들의 말 한마디 한마디가 내 강단의 자양분이다. 나아가 외부에서 자기 영역을 확장하고 있는 수많은 제자들과 오랜 기간 나의 수업을 들으며 정을 쌓은 제자들에게도 감사를 전한다.

특히 늦깎이로 박사과정에 들어 논문을 쓰고 학위를 받을 때까지 나를 지도해주신 동국대 유흔우 교수님에게 존경의 마음으로 감사드린다. 함께 연구하고 토론하고 의견을 나눈 동국대 대학원 동기와 도반들 또한 훌륭한 스승이다. 모두에게 무한히 감사한다. 사주는 선생 한 사람이 일방적으로 가르친다고 깨우칠 수 있는 것이 아니며, 현장에서 실전경험 없이 혼자서 책에 적힌 글만 읽고 도를 닦아서는 경지에 이를 수 없는 학문이다. 책과 스승, 글과 실전이 함께 무르익어야 하고 서로 융화되어 녹아들어야 술수와 학이 모두 성립될 수 있다.

이 책이 나올 수 있도록 독려하고 삽화까지 그려준 타로마스터 리산 교수에게 진정을 담은 감사를 전한다. 역학계에 대해 걱정하고 토론하며 그 발전을 위해 의미 있는 행보를 하고자 한 결의의 첫걸음이 이 책이 될 것 같다. 마지막으로 나를 지탱하는 가장 든든한 의지처로서 무한한 애정과 신뢰로 지원해준 가족에게 큰 감사를 전한다.

일러두기

1

이 책에는 강의현장 경험과 이론적 내용을 꼼꼼하게 정리하여 함께 실었다. 사주이론의 개념과 활용은 원전과 그 해석서를 참조하고, 현대의 이론서나 실용적 자료들을 더하여 정리하였다. 원전을 인용하면서 이해하기 어려운 한자나 고어적 표현은 조금씩 의역하였음을 미리 밝힌다. 이 책은 학술서나 이론서가 아니고 사주의 올바른 전달에 목말라하는 일반인을 대상으로 하기 때문이다.

2

사주이론에 대한 일반인과 초학자들의 의문을 해결할 수 있도록 강의 기록, 그리고 수업 중 자주 나왔던 질문과 그에 대한 답을 실었다. 의문의 답을 얻을 수 있을 뿐만 아니라 강의현장을 생생하게 느끼는 데 도움이 될 것이다.

3

보편적 체계를 세우려는 노력이 축이라면, 임상경험에서 온 다양한 사주 사례들로 그 살을 메꾸었다. 술(術)을 사용하는 사람으로서 술의 내용을 책으로 쓰고 현장에서 교육할 때 당연히 가져야 할 책임감이고 짊어져야 할 무게이다.

4

이 책 곳곳에는 그림을 넣었다. 각 장의 시작 부분에 넣은 그림은 그 장의 전체적인 요지를 나타내며, 본문의 그림은 설명하고자 하는 내용을 이미지화하여 그 물상의 이해를 돕기 위한 것이다. 특히 갑목(甲木)을 큰 나무의 뻗어 나가는 기상으로 표현한 것이나 을목(乙木)이 나무를 타고 오르는 모습 등 천간의 물상들을 눈여겨 봐주기 바란다. 오행의 생극제화와 십성도 마찬가지이다. 열 마디 말보다 그림으로 시각화하여 보면 학습에 더 큰 도움이 될 것이다. 사주는 글로만 공부하지 말고 물상으로도 익히고 도표화하고 삼차원의 입체적인 형태로도 이해해야 한다.

5

마지막으로 이 책이 사주를 공부하여 인생의 가르침을 얻으려는 전공자나 일반 학습자, 그리고 통변 현장에서 실용적 도움을 받으려는 상담가나 자신과 주변 사람들에 대해 알고자 하는 일반인 모두에게 쓰임이 있는 참고서가 되길 바란다.

처음 배우는 이를 위하여

사주는 한 사람의 생년월일을 통해 그 인생의 과거와 현재를 읽고 미래를 예견하는 것을 말한다. 사주는 중국에서 유래하여 한국과 대만, 일본 등 한자권 나라에 일차적인 영향을 미쳤으며, 지금은 서양에도 충분히 소개되어 있다. 다만 한자와 동양고전이 근간이다 보니 학습에 고충이 따르지 않을 수 없다. 대부분의 학습서나 자료들은 원전의 한문이 옮겨지는 과정에서 어쩔 수 없이 오역되고 곡해되거나, 생소한 글자들을 그대로 차용하여 쓰여질 수밖에 없었다.

아쉽게도 사주는 근대 한국 대학교육의 발전에서 정규 전공과정으로 선택된 역사가 거의 없거나, 있어도 짧고 교육대상이 제한적이었다. 이미 많은 사주 고전들이 여러 학자들의 손을 거쳐 번역되었고 훌륭한 전문가들의 기술서들이 시중에 넘쳐나지만, 지금 현장에서 지도하고 배우는 스승과 학생들 모두 올바른 사주 학습의 어려움을 토로하고 있다. 이렇게 옥석을 가리기 힘든 번역서와 학습서 그리고 검증되지 않은 이론들은 사주라는 술수가 가지고 있는 특수성 때문이기도 하다. 우선은 어려운 한자 용어가 많이 쓰일 수밖에 없고, 원전을 옮기는 과정에서 이런저런 개인적 이해가 더해져서 처음 공부하려는 사람의 입장에서 보면 혼란스럽기 짝이 없다. 현장에서는 개인적인 경험의 영역을 넘어 보편화하기 힘든 수많은 사례들이 마치 비기처럼 소개되고 있다.

현장에서 사주를 교육하면서 사주는 짧아도 5년, 아니면 수십 년은 공부해야 알 수 있다는 자조 섞인 이야기를 듣곤 한다. 사주는 간단한 내용이 아닐뿐더러 학습할 책 또한 많아서 단기에 마스터할 수 있다고 장담하기 어렵다. 이에 사주를 가능한 간결하고 명쾌하게, 하지만 기본자료를 올곧게 풀어서 여러분께 전달하고자 한다. 이론과 사례를 겸하여 실제적인 쓰임을 보여드리도록 노력하였다. 난해한 문장을 읽는 피로를 줄이기 위해 키워드 위주로 정리된 그림과 내용을 요약한 표를 실었다. 불가피하게 원전에서 문장을 가져와 말하는 부분은 학습과정에서 의문을 가질 수 있는 사주이론에 대한 학문적 근원을 설명하기 위함이다. 기초를 확실히 다지고 이론의 근거와 그 쓰임을 체득하면 공부하면서 부딪히는 혼란과 의문은 쉽게 극복될 수 있다.

실전에 나서기 위해서는 우선 음양오행의 생극제화와 그 상호작용, 그리고 천간지지의 조합과 관계에 대한 분명한 이해가 필요하다. 그리고 사주학의 원리에 대해서도 명쾌하게 이해하고 넘어갈 필요가 있다. 이 과정은 궁극적으로 체득되어야 한다.

나는 여러분이 사주팔자 여덟 글자에 얽매인 미로에 빠지지 않고 전체를 읽어 부분을 해독하고, 부분의 특수한 상황에서 힌트를 얻어 전체를 이해하길 바란다. 나아가 여러분이 가능한 효율적이고 바른 방법으로 사주를 이해하도록 도와서 자신뿐만 아니라 주변 사람들의 사주도 읽어 나갈 수 있도록 돕고자 한다. 뿌리가 깊은 나무는 바람에 흔들리지 않는다.

왜 사주를 공부해야 하는가?

사주를 공부함으로써, 첫째 몰랐던 참나[眞我]와 주변 사람들의 성격을 알게 된다. 그리고 나와 그들이 어떤 상황에 처해 있는지 그래서 어떤 환경이 유리할지 혹은 불리한지를 파악하게 된다.

둘째, 사주를 알면 언제 무엇을 어떻게 해야 하는지 도움을 받을 수 있다. 즉 계획하고 있는 것을 당장 해야 할지, 장기적으로 계획해야 할지 또는 보류해야 하는지에 대한 보다 나은 판단력이 생긴다.

셋째, 나와 인연이 좋은 상대를 파악할 수 있도록 시야가 밝아진다. 그 상대는 배우자가 될 수도 있고, 친구나 사업파트너, 가족 내에서의 인연일 수도 있다.

마지막으로 사주를 통해 건강과 심리적인 부분에 대한 이해도 생긴다. 그래서 어떤 색깔, 어떤 기운, 어떤 물질이 나에게 이득인지 아니면 해로운지를 통해 내 주변을 지혜롭게 재구성할 수 있다.

무엇을 공부해야 하는가?

첫째, 사주가 어떻게 구성되었는지, 기원이 되는 학문적 근거는 어디에서 나왔으며 무엇을 적용해야 하는지를 배워야 한다.

둘째, 사주의 각 요소가 의미하는 것과 그 요소들 사이의 상관관계 그리고 사라지는 것과 변해가는 것, 새롭게 생겨나는 것들의 과정을 읽어 해독하는 능력을 키워야 한다. 사주는 결국 사주팔자에 나타난 천간지지 육십갑자로 만들어진 상징적 조합의 비밀번호를 푸는 방법을 공부하는 것이다. 그래서 사주에서 약한 부분은 어떻게 보완하고 강한 부분은 어떻게 조절해야 할지를 배워야 한다.

셋째, 자신에게 좋은 운과 나쁜 운, 한 사람의 인생을 더 좋게 만드는 사주의 구성, 그 대체를 배워야 한다.

그렇다면 사주는 어떻게 공부해야 하는가?

우선, 어렵더라도 기본적으로 반드시 사용해야 하는 기본 용어들은 이해하고 외워야 한다. 그리고 지구의 공전이나 자전, 태양과 달과의 관계, 절기와 그에 따른 인간사의 변화는 분별하여 인지하는 게 좋다. 여러분 중에는 사주를 직업으로 발전시키고자 하는 경우도 있고, 단순히 내 운명을 알고 주변 사람에 대해 알기 위해 취미나 힐링 목적으로 입문한 경우도 있을 것이다. 연유와 목적이 어떻든 가능한 많은 사람의 사주를 읽고 그 임상 자료를 축적하기 바란다. 나중에 그것이 엄청난 자산이 되어 자신감으로 되돌아오게 될 것이다.

다음으로 책을 단순히 읽기보다는 이치를 파악하도록 해야 한다. 처음에는 단순히 암기해야 할 수도 있다. 그러나 진도가 나갈수록 그 속의 진리와 연결고리를 깨달아야 한다. 다 읽고 나면 책을 덮고 생각을 움직여 어떻게 자연계와 우주가 사주에 적용되었는지를 사유해야 한다. 그래야 사주를 내 것으로 만들 수 있다. 마지막으로 매 수업마다, 공부가 끝나면 주위 사람들과 사주의 기초와 논리에 대해 토론하기 바란다.

사주를 통해 어떻게 인간에게 주어진 명을 알 수 있을까, 특히 자신의 운명을 되짚어 보기 바란다. 그것이 지명(知命) 즉 공자가 말한 지천명(知天命)의 경지이고, 지천명하면 운명으로부터 자유로워질 수 있다. 그 과정의 끝에는 낙명(樂命), 즉 명을 즐기는 경지가 있을 것이다.

사주를 공부하는 것은 결코 쉽지 않은 노정이다. 그러나 한번 빠져들면 포기하고 나오기 또한 쉽지 않은 것이 사주명리학이다. 이제 여러분은 힘들지만 그만큼 가치 있고, 벗어나기 힘든 매력으로 가득찬 명리의 바다에 입문하였다. 그것을 조금이라도 더 알아들을 수 있는 말로 풀어서 설명하는 것이 나를 비롯한 명리학자와 재야학자들의 책임이다. 그 여정에서 팔부능선과 구부능선을 넘어 여러분 모두 나름의 깨우침으로 눈을 뜨고 통찰력을 얻어 사주이론을 더욱 발전시키는 전문가가 되기를 바란다.

기초부터 배우는

사 주 명 리

신정원

동학사

1 사주명리의 학문적 기원

한 사람의 과거와 현재를 읽고 미래를 예견한다는 점에서 사주는 너무나도 치명적인 매력을 가지고 있다. 그 단순한 유혹에 매료되면 길흉화복만을 추구하고 혹세무민에 빠질 수도 있다. 이에 초학자들이 신비와 과학, 혹은 학문과 미신 사이에서 길을 잃지 않기를 바라며 사주명리의 기원, 즉 그 학문적 뿌리에 대한 설명으로 시작하고자 한다.

1. 사주의 명칭

사주란 단어는 흔히 들을 수 있지만, 정확한 의미를 아는 사람은 드문 것 같다. 사주는 4개의 기둥[四柱]이란 뜻으로 태어난 연월일시를 말한다. 하나의 기둥마다 두 글자로 이루어져 있으니 모두 합치면 여덟 글자여서 사주팔자(四柱八字)인데, 사주라고도 하고 팔자라고도 한다. 그리고 사주를 통해 각자가 부여받은 천명을 연구하는 학문을 사주학, 명리학, 사주명리학이라고 한다.

명리(命理)는 하늘이 정하여 내린[命] 인간의 운명이나 자연의 이치[理]를 말한다. 사주명리학이라고 하면 사주의 학문적 내용을 강조하는 측면이 있고, 사주명리라고 하면 좀 더 포괄적으로 전체를 의미하는 경향이 있다. 이 책에서는 사주명리학과 사주명리가 혼용되었음을 미리 밝힌다.

서양에서 사주는 자평(子平)의 중국식 발음인 '지핑(ziping)'이나 명리(命理)의 중국식 발음인 '밍리(mingli)'로 알려져 있고, 영어로는 'four pillars of destiny(운명의 네 기둥)'로 번역된다. 자평은 그 생몰연대는 정확하지 않지만 대략 중국 송나라 초기에 일간 위주의 사주학 기틀을 만든 학자 서자평의 이름이다. 혹은 팔자(八字)의 중국식 발음인 '밧지(bazi)'로 불리기도 한다. 일반적으로 서양에서는 풍수(風水)의 중국식 발음인 '펑수이(feng shui)'가 술수학을 대표하는 말로 알려져 있어 풍수가가 사주통변을 함께 진행하는 경우가 대부분이다. 필자는 한국식 발음 그대로 'saju'라는 명칭을 사용하여 영국에서 영어 사주교재『Life's Secrets』를 출간한 바 있다.

• 사주명리의 대외적 명칭

한국어	영어
자평(子平)	ziping
명리(命理)	mingli
팔자(八字)	bazi
풍수(風水)	feng shui
사주(四柱)	four pillars of destiny, saju

그 밖에도 사주명리학은 팔자술, 역학, 역술, 점술, 동양철학 등의 다양한 명칭으로 불리는데 몇 가지 주의할 점이 있다.

첫째, 사주명리학은 한 사람의 타고난 운명을 추론한다는 점에서 그때 그때의 길흉화복을 점치는 점술과는 구분된다.

둘째, 사주명리학을 동양철학이라고 하는 경우는 철학관이라는 명칭에서 온 것으로 보인다. 하지만 서양철학과 함께 동양철학을 전공한 학자나 학생, 그리고 둘을 분명히 구별하지 못하는 일반인에게는 큰 오해를 불러일으킬만한 표현이다. 따라서 사주에 대해 좀 더 공부한 다음에 분별력을 가지고 이러한 명칭을 사용하기 바란다.

역학이나 역술이라는 표현은 유교의 경전인 『주역(周易)』에서 비롯되었다. 여기에서는 역학에 대한 설명으로 사주명리의 학문적 뿌리를 탐색하고자 한다.

2. 역(易)의 의미

역학(易學)은 당연히 역(易)을 공부하는 학문이다. 그렇다면 역이란 무엇인가? 역에는 변역(變易), 불역(不易), 간이(簡易)의 세 가지 뜻이 있다. 첫 번째 변역은 '세상의 모든 것은 변한다'는 의미이다. 두 번째 불역은 '모든 것이 바뀌지만 그 속에는 불변의 법칙이 있다'

는 뜻이다. 마지막으로 간이는 '그 불변의 원리는 용이하고 쉽다'는 의미이다. 종합해서 말하면, 역은 모든 변화를 총괄하는 말로 사계절과 밤낮이 반복적으로 교차하듯이 만물의 생성변화가 끊임없다는 의미이다. 동시에 그러한 변화의 법칙은 물극필반(物極必反), 즉 사물이 궁극에 이르면 다시 처음으로 돌아가고, 항구불이(恒久不已), 즉 영원히 그치지 않으므로 일정한 불변성을 가진다는 의미를 가지고 있다. 역학은 이러한 우주변화의 법칙을 인간의 일에 적용하여 공부하는 학문이다.

• 역의 세 가지 의미

다음으로 역(易)의 자원(字原)적 의미와 역사성에 대해 알아보자. 이 글자의 연원에 대해서는 학자들 간에 여러 의견이 있다.

첫째, 석척설(蜥蜴說)이 가장 대표적인데, 역이란 글자가 도마뱀을 나타내는 상형문자에서 유래했다는 설명이다. 옛 사람들은 도마뱀이 매일 12번씩 몸 색깔을 바꾸는 동물이라고 믿었으며, 역이 바로 이와 같은 변화의 의미를 가지고 있다고 생각했다. 석척설은 한문 글자마다의 내력을 설명한 책인 『설문해자(說文解字)』에서 시작되어 후대의 학자들에게까지 이어졌다. 그러나 과연 도마뱀이 하루에 12번씩 몸 색깔을 바꿀 수 있는가도 의문이고, 역이란 글자를 상형문자로만 봐야 하는가도 문제로 남아 있다. 설령 이런 문제를 인정하더라도 역의 가르침이 단순히 변화의 이치만을 제시하는지가 또다른 문제로 남기 때문에 설득력이 부족하다고 볼 수 있다. 이때의 역(易)은 '바꾼다' 또는 '바뀐다'는 의미이다.

둘째 일월설(日月說)은 역이란 글자를 태양[日]과 달[月]이 합쳐진 회의문자로 보는데, 역시 『설문해자』에 근거한다. 태양은 양을, 달은 음을 표시하며, 따라서 역을 음양의 작용에 관한 책으로 파악한다. 즉 영원히 변하지 않는 해의 둥근 모습과, 소식영허(消息盈虛, 소멸하고 생겨나며 차고 기운다)하여 변화하는 달의 초승달 모양을 나타냈다는 것이다. 그러나 이후 일과 월이 합쳐진 글자가 역(易)이 아닌 명(明)이라는 연구가 밝혀지면서 이 주장은 근거를 잃게 되었다. 따라서 제3의 설이 나타났는데, 역을 일(日)과 물(勿)의 회의문자로 풀이하는 관측설이 그것이다. 소위 일경관측설(日景觀測設)은 날씨를 예측하기 위해 하늘, 특히 해를 관측하는 것에서 역이 생겨났다고 설명한다.

3. 삼역설

흔히 역(易)이라고 하면 유교의 경전인 『주역(周易)』을 떠올리는 사람이 많다. 하지만 『주역』 이전에도 역이 존재했다. 삼역설(三易說)은 세 가지 역서가 있다는 설인데, 중국 상고시대에 하나라의 『연산역(連山易)』과 상나라의 『귀장역(歸藏易)』이 존재했고, 이후 주나라의 『주역(周易)』이 있었다고 설명한다. 이들 세 가지 모두 고대의 점치는 방법이라고 할 수 있다.

고고학적으로 입증되지는 않았지만, 『사기(史記)』「하본기(夏本記)」에 의하면 하나라는 대략 기원전 2070년 우임금이 개국한 이래 마지막 왕인 17대 걸왕까지 472년 동안 이어졌다. 고대사회는 왕이 제사장의 역할까지 담당했지만, 우임금 때 이미 왕과 제사장의 역할이 구분되기 시작한 것으로 보인다. 우임금은 물을 잘 다스린 왕으로 유명하다. 물은 음용을 위해서도 중요했지만 농사에도 절대적인 변수였다. 홍수로 물이 넘치면 농사를 망쳤고, 가뭄으로 물이 너무 적으면 흉년이 들었기 때문이다. 따라서 물을 잘 다스리는 일은 당시 백성을 위해 왕이 할 수 있는 매우 중요한 과업이었다. 우임금은 황하가 범람하지 않도록 점을 쳐서 미리 길을 터주는 작업을 했는데, 물길을 어디로 틀지에 따라 길이 다시 나거나 없어지고 지도가 바뀌었다. 이것은 원시 자연관측의 원형이라 할 수 있다.

은(殷)나라라고도 불리는 상(商)나라는 기원전 1600년부터 기원전 1046년까지 존재했으며, 청동기의 주조 기술, 전차, 왕릉, 특히 갑골문자의 발굴로 잘 알려져 있다. 사실 은(殷)은 나라 이름이 아니라 상 왕조의 마지막 수도 이름이다. 갑골문자는 상 왕조의 점관이 거북이나 동물의 등이 갈라진 모양을 보고 점을 친 결과를 기록하기 위해 사용했다는 점에서 관심을 끌었다. 또한 당시의 청동 기술은 무기를 만들기 위해서라기보다는 신을 받들어 모시기 위한 술잔이나 그릇 또는 악기를 만드는 것이 주된 목적이었으며, 갑골문자로 점을 친 내용 또한 제사의식과 관련된 것이 많았다.

지금까지 관련자료들이 계속 발굴되고 있지만 아쉽게도 하나라의 『연산역』과 상나라의 『귀장역』은 고대에 소실되었고 『주역』만 남아 있어서 보통 역이라고 하면 『주역』을 가리킨다. 하나라의 『연산역』과 상나라의 『귀장역』도 점치는 용도로 사용되었으며, 『주역』 또한 여기에 근거하여 발전했고 지금은 점치는 모든 책을 대표하게 되었다.

『주역』의 시기는 대략 기원전 1100년 은나라와 주나라 교체기 무렵에 형성되었다고 추정된다. 그렇다면 『주역』의 역사는 무려 3천년이나 된다. 주나라의 제도와 의례에 관한 자료를 집대성한 『주례

(周禮)』「춘관(春官) 대종백(大宗伯)편」에 의하면, 점을 치는 관직으로 태복(太卜)과 서인(筮人)이 있어 점을 치는 일을 담당했다. 춘관은 주나라에서 점치는 일을 담당하던 정부 부처였다. 진시황의 분서갱유 때에도 『주역』에 관한 책은 인륜이나 도덕을 논하는 책이 아니라 의약이나 복서류(卜筮類)로 분류되어 불태워버리지 않았다고 한다.

• 삼역

국가	역의 종류	시대	상징	시작괘	정월	점치는 도구
하나라	연산역(連山易)	신농씨·복희씨 시대	산	간괘(艮卦)	인(寅)월	동물뼈_ 거북의 등껍질(龜甲), 소의 견갑골(牛骨)
상나라	귀장역(歸藏易)	황제 시대	땅 어머니	곤괘(坤卦)	축(丑)월	
주나라	주역(周易)	문왕 시대	하늘	건괘(乾卦)	자(子)월	풀_ 시초

원시의 점법을 보면 괘의 배열이나 점치는 도구와 방법에서 차이가 있다.

첫째, 연산역은 산에서 나온 구름이 끊임없이 연결되어 있는 모양이다. 산을 상징하는 간괘(艮卦)부터 시작하고 1월인 인(寅)월을 정월로 삼으니, 간괘는 곧 1월을 상징한다.

둘째, 귀장역은 만물을 거두어 감추는 만물의 어머니이자 소멸하여 돌아가는 곳인 땅을 상징하는 곤괘(坤卦)부터 시작한다. 12월인 축(丑)월을 정월로 삼았다. 여성을 상징하는 곤괘를 첫머리로 삼은 이유는 상나라가 모계사회였기 때문이라는 설명도 있다.

마지막으로 주역은 건괘(乾卦)로 시작하고 자(子)월을 정월로 삼았다. 주역은 점치는 내용을 추상화하여 정리하고 분류하여 8괘와 64괘를 세분화했다는 점에서 다른 두 가지 역과 차이점이 있다. 이후 송나라 소옹(邵雍)은 『황극경세서(皇極經世書)』에서 연산역, 귀장역, 주역이 각각 인월(간괘), 축월(곤괘), 자월(건괘)을 정월로 삼은 것으로 "천개어자(天開於子), 지벽어축(地闢於丑), 인생어인(人生於寅)"이라고 말한 바 있다. 천개어자(天開於子)는 '하늘은 자(子)시에 열린다', 지벽어축(地闢於丑)은 '땅은 축(丑)시에 열린다', 인생어인(人生於寅)은 '사람은 인(寅)시에 시작한다'는 뜻이다.

중요한 것은 삼역 모두 점친 내용을 기록한 책이라는 점이다. 예를 들어 『주역』의 64개 괘효와 괘효사, 상수(象數), 길흉회린(吉凶悔吝)과 같은 용어는 모두 점과 관련된다. 길흉(吉凶)은 말 그대로 길하거나 흉한 것을 말하고, 회(悔)는 뉘우침, 인(吝)은 유감스러움을 말한다.

동양 철학사의 주요 경전으로 사서(四書)는 『대학(大學)』, 『논어(論語)』, 『맹자(孟子)』, 『중용(中庸)』이고, 오경(五經)은 『역경(易經)』, 『서경(書經)』, 『시경(詩經)』, 『예기(禮記)』, 『춘추(春秋)』이다. 『주역』은 오경 중 하나인 『역경(易經)』과 그 해석서인 『역전(易傳)』으로 이루어져 있는데, 이 책은 '3현(玄)의 관(冠)'이라 하여 모든 경전의 으뜸을 차지한다. 『역경』이 점을 친 기록이라면, 『역전』은 『역경』을 해석한 책으로 『십익(十翼)』이라고도 한다. 십익의 익(翼)은 돕는다는 뜻으로 새의 날개와 같이 『주역』을 돕는 10개의 문헌이라는 의미이다. 『십익』은 「단(彖)」 상 · 하, 「상(象)」 상 · 하, 「문언(文言)」, 「계사(繫辭)」 상 · 하, 「설괘(說卦)」, 「서괘(序卦)」, 「잡괘(雜卦)」 등 총 7종, 10편으로 구성되어 있다. 그 기원과 원저자에 대해서는 여전히 의문으로 남아 있지만, 전통적으로 4명의 성인, 즉 복희씨가 괘를 만들고 문왕이 괘사를 지었으며 주공(?~기원전 1095년)이 효사를 쓰고 공자가 『십익』을 지었다는 주희(朱熹)의 인경사성설(人更四聖說)이 전해진다.

『역경』은 괘와 괘효사로 구성되어 있다. 괘에는 3획의 8괘와 6획의 64괘가 있는데, 8괘가 중첩된 것이 64괘이다. 효는 역을 구성하는 가장 기본적인 단위로 음효(--)와 양효(—)가 있다. 괘효사는 괘와 효의 의미에 대한 설명이다. 각 효의 위치와 조합 그리고 서로의 관계를 해석하여 우주만물의 변화하는 이치와 그 법칙을 살피고, 이를 통해 인간사를 읽은 것이 『주역』의 의의이다.

『주역』을 쓴 의도는 위태로운 말(경각심을 주는 말)로 당시 통치자들을 깨닫게 하여 위기상황을 극복하고 다시 태평성대로 전환시키는 것이었다. 그러나 장기간의 편찬과 가공과정을 거치면서 『주역』의 사상은 단순한 점서의 범위와 요구를 훨씬 넘어서게 되었고, 나아가 서주(西周) 시대의 백과전서이면서 사회의 통치방법과 우주변화의 법칙을 총괄하는 책으로 발전하였다.

4. 주역점

점(占)은 미래에 일어날 일을 예측하고 그에 적합한 행동양식을 설명하는 일이다. 인간의 지혜가 아직 발달하지 않았던 고대 중국에서는 기후, 지진, 일식 등의 자연변화와 질병, 전쟁, 왕조의 교체를 비롯한 국왕의 출생과 왕실의 관혼상제 등의 인간사를 초자연적인 절대자인 상제가 지배한다고 생각했다. 그래서 농사를 짓거나 전쟁을 일으킬 경우에 상제의 뜻을 미리 알아보려고 했는데, 그 방법이 바로 점이었다. 은허에서 출토된 갑골문자는 중국 고대 왕조인 상나라 사람들이 점을 믿었다는 것을 증명한다.

(1) 점의 종류

상고시대 사람들이 천신이나 귀신에게 길흉화복을 점쳐 물었던 대표적인 방법은 거북점과 시초점이다.

① 거북점

거북의 등껍질을 불로 지져 거기에 나타나는 모양으로 길흉을 판단한다. 구복(龜卜), 복점(卜占), 구점(龜占), 상점(象占)이라고도 한다. 중국 최초의 자전(字典)인 『설문해자(說文解字)』에 따르면, 복(卜)이라는 글자는 '거북의 등껍질을 구워 나타난 균열의 모양'이고, 점(占)이라는 글자는 '조짐을 살펴서 복(卜)한 결과를 입[口]으로 말하는 것'이다. 따라서 복은 점을 치는 행위이고, 점은 복을 통해 길흉을 판단한다는 의미이다. 하지만 불에 달군 쇠꼬챙이를 거북 등껍질에 찌르는 모양이라는 주장도 있고, '폭' 소리라는 주장도 있다.

복(卜)은 주로 거북의 등껍질이나 동물의 견갑골을 사용했다. 거북의 뼈를 갑(甲)이라고 하고, 소처럼 덩치가 큰 동물의 견갑골을 사용한 것을 골(骨)이라고 한다. 그 밖에 각종 동물의 뼈와 심지어 사람의 두개골도 사용했다. 점을 치고 모든 내용을 그 뼈에 기록했는데, 상나라 초기의 유적지 은허(殷墟)에서 대량 발굴된 갑골문자에 기록된 것을 복사(卜辭)라고 한다. 기원전 3000년에서 2500년 사이인 산동 태안현 대문구(大汶口) 유적에서도 거북점의 흔적을 찾을 수 있다.

② 시초점

시초라는 풀을 규칙에 따라 분배하고 계산하여 그 숫자의 변화에서 괘상을 뽑고, 이로써 구갑(거북 등껍질이나 동물뼈)에 생긴 갈라진 모양으로 징조를 보던 복조(卜兆)를 대체하여 길흉을 예측하는 방법이다. 서점(筮占)이라고도 한다.

시초는 전설의 풀로 지금은 존재하지 않는다. 현대에는 대나무를 반듯하게 깎아서 사용하거나, 그와 비슷한 모양의 다른 도구로 대체할 수 있다. 심지어 동전으로 점을 치기도 한다.

③ **별점과 꿈점**

점치는 방법이 다양해지면서 성점(星占)이라고도 하는 별점, 몽점(夢占)이라고도 하는 꿈점으로 길흉을 점치기도 했다.

(2) 주역의 발생

주역은 고대에 자연현상의 조짐을 해석하기 위해 자연을 관찰한 것에서 비롯되었다. 관찰내용을 객관화하기 위해 부호로 표시했는데, 이는 자연 관찰을 개념화하고 범주화했다는 의미가 있다. 또 개념과 범주를 말로 풀어 설명하고 정의하면서 철학이 싹텄다.

> 옛날 포희씨(包犧氏)가 천하에 왕노릇을 할 때 우러러 하늘의 상(象)을 관찰하고 굽어 땅의 법(法)을 관찰하며, 새와 짐승의 문(文)과 천지(天地)의 마땅함을 관찰하며, 가까이는 자신에게서 취하고 멀리는 물건에게서 취하여, 이에 비로소 8괘(八卦)를 만들어 신명(神明)의 덕을 통하고 만물의 정(情)을 분류했다.

위에 인용한 『주역(周易)』「계사전하(繫辭傳下)」를 보면 주역(周易)에는 신비와 과학이 함께 있다. 점을 친 기록이라는 점에서 주역은 신비이다. 하지만 하늘의 상(象)을 관찰한 것은 천문학, 땅의 법(法)을 관찰한 것은 지리학, 새와 짐승의 무늬[文]을 관찰한 것은 동물학과 생물학, 물건에서 취했다는 것은 물리학으로서 과학의 범주가 잉태되어 있다.

(3) 주역점의 의의

『역경』의 시기, 즉 주나라로 넘어오면서 점치는 도구와 방법에 변화가 생겼다. 즉 시초점이 추가된 것이다. 주나라 시기에도 거북점이 여전히 성행했지만, 시초점이 생기면서 사람들은 복잡하게 계산하고 분류하고 이성적으로 추론하기 시작했다. 두 가지 방법 모두 점치는 것에서 유래했지만, 거북점은 상(象)이고, 시초점은 수(數)라는 차이가 있다.

시초점에서 수의 변화를 헤아리는 방법은 일정한 순서와 법칙에 따라 진행하고 해석해야 한다. 따라서 거북점에서 시초점으로의 변화는 인간 인식에서 적극성과 능동성이 나타나는 과정이며, 인간이 추리할 수 있게 되었음을 의미한다.

그 밖에 중요한 변화는 문점(問占)의 내용과 그 판단이다. 괘사와 효사가 이런 내용을 담고 있는데, 단순히 점사를 넘어 중국 사상의 문화적 원류가 될 만한 내용을 포괄하고 있다. 중국 문화에 나타나는 자연과의 합일이 그 대표적 내용이다.

주역점 치는 방법

1_ 50개의 산가지(대나무로 만든 약 10㎝ 크기의 막대기)를 손에 쥐고 그 중에서 1개를 따로 빼서 책상 위에 놓는다. 그 1개는 태극을 상징한다.

2_ 나머지 49개의 산가지를 무작위로 양손에 나누어 쥔다. 왼손의 산가지는 양인 천수(天數)이고, 오른손의 산가지는 음인 지수(地數)이다.

3_ 하늘을 상징하는 왼손의 산가지는 그대로 쥐고, 땅을 상징하는 오른손의 산가지는 바닥에 내려놓는다.

4_ 오른손의 산가지 중 1개를 빼내 왼손 새끼손가락과 넷째손가락 사이에 끼운다. 이것을 인책(人策)이라고 한다.

5_ 왼손에 쥐고 있던 산가지를 오른손으로 4개씩 세어서 덜어낸다. 나머지는 1개 또는 2개 또는 3개 또는 4개가 될 것이다. 이것은 4개라도 반드시 남겨야 한다. 남은 것을 왼손 가운뎃손가락과 넷째손가락 사이에 끼운다.

6_ 이번에는 오른손에 있던 산가지를 같은 방법으로 4개씩 덜어내고 남은 것을 왼손의 나머지 손가락에 끼운다. 4개는 사계절을 상징하고, 남은 것은 윤달을 의미한다.

7_ 왼쪽 손가락에 끼운 산가지(4+5+6의 과정에서 남은 산가지)를 모두 합하면 5개 아니면 9개가 된다. 이것이 일변(一變)이 된다.

8_ 일변 이후 앞서 덜어냈던 산가지를 모아 같은 과정을 반복하여 이변(二變)을 얻고, 이변 이후 같은 과정으로 삼변(三變)을 얻는다. 이것으로 첫 효를 구하고, 이 과정을 6번 진행하면 6효를 얻게 된다.

여기서 주의할 점은 장난삼아 점을 쳐서는 안 되고, 옳지 않은 일로 점을 쳐서도 안 되며, 점친 괘가 나쁘다고 좋은 괘를 얻을 때까지 반복해서 점을 쳐서도 안 된다는 것이다. 또한, 정성을 다해 집중해서 과정 하나하나를 진행하되, 삼변과 사변 과정에서는 진지하게 원하는 게 무엇인지 마음의 정리를 해야 한다. 즉, 간절히 원하는 게 무엇인지 잘 생각하고 점을 쳐야 한다. 이것은 현대의 문점에서도 주의하여 들어야 할 내용이다.

5. 공자와 주역

천지인(天地人)은 하늘[天]과 땅[地]과 사람[人]을 말하며, 우주와 인간 세계의 기본적인 구성요소이다. 『주역(周易)』은 천지인을 통일적 전체로 바라보았다. 그래서 하늘의 도를 밝혀서 인간의 일을 설명하려고 했다. 중국 청나라 때의 대형 총서인 『사고전서총목제요(四庫全書總目提要)』에서는 『주역』에 대해 다음과 같이 말하고 있다.

> 성인(聖人)이 세상 사람들을 깨우칠 때에는 대체로 사(事)에 근거하여 가르침을 깃들인다. 『시경』은 풍요에 깃들이고, 『예』는 예절에 관한 문구에 깃들이고, 『서경』과 『춘추』는 역사에 깃들이고, 『역』은 가르침을 복서(卜筮)에 붙였다. 그러므로 『역』을 책으로 펴냄은 천도(天道)를 미루어 인사(人事)를 밝힌 것이다.

여기서 주목할 부분은 '천도(天道)를 미루어 인사(人事)를 밝힌 것'으로, 『주역』의 주된 의도는 천도의 법칙을 연구하고 그 변화를 읽어 인간의 일을 설명하는 것임을 말해준다. 아래에서 보듯 『십익(十翼)』이라고도 하는 『역전(易傳)』에 이러한 생각이 잘 나타나 있다.

> 역은 천지와 똑같다. 그러므로 천지의 도를 모두 포괄한다.
>
> -「계사전상」 제4장
>
> 그래서 하늘의 도에 밝고 사람의 연고를 살핀다.
>
> -「계사전상」 제11장
>
> 그러므로 하늘이 만물을 내자 성인이 법 받으며, 천지가 변화하자 성인이 본받으며, 하늘이 상을 드리워 길흉을 나타내자 성인이 형상한다.
>
> -「계사전상」 제11장

천지가 변화하면 초목이 번성한다. -「문언전」

지나간 것을 드러내고 미래를 살피며, 드러남을 은미하게 하고 그윽함을 밝힌다. -「계사전하」 第6장

역을 지은 자는 근심이 많았을 것이다. -「계사전하」 第7장

이 중에서 '지나간 것을 드러내고 미래를 살피며, 드러남을 은미하게 하고 그윽함을 밝힌다'는 말은 분명한 과거의 일을 연구하여 현재를 관찰하고, 그 미세하고 복잡한 변화를 이해하여 미래를 이해하는 데 도달한다는 뜻이다. 즉, 과거를 미래 예측의 근거로 삼는 것을 말한다. 『백서주역(帛書周易)』「역지의(易之義)」에서 공자는 "『역』이란 지나간 일을 밝히고 미래의 일을 살피는 것이다. 은밀한 일을 나타내고 감추어진 일을 드러낸다"고 하였다.

한편, 공자가 점을 친 기록도 전해진다. 어떤 이가 공자에게 "선생님께서는 성인이시니 점을 치면 백발백중이시겠습니다"라고 묻자, 공자는 "나는 100번 점을 치면 70번을 맞추었다"고 대답했다고 한다. 『논어(論語)』「위령공(衛靈公)편」의 '군자고궁(君子固窮)'에 대한 해설이라 할 수 있는 『궁달이시(窮達以時)』에 다음과 같은 말이 있다.

하늘이 있고 사람이 있으니, 하늘과 사람은 구분이 있다. 하늘과 사람의 구분을 살펴야 무엇을 행할지를 안다. 그 사람이 있으나 그 시기가 없다면, 비록 남보다 뛰어난 재주를 가지고 있어도 행할 수 없다. 그러나 만약 그 기회를 가지고 있다면 무슨 어려움이 있겠는가?

『궁달이시』는 1993년 10월 중국 호북성 형문시 곽점 1호묘에서 발굴된 대나무 죽간으로 만든 책으로, 15매, 287(8)자로 이루어

져 있다. 진나라와 채나라 사이에서 곤궁에 빠진 공자는 역사적 사실을 근거로 여기에 자신의 운명론을 논술했다.

이어지는 글에서 공자는 한 사람이 살면서 어떠한 상황을 만나 운명이 바뀌는 것에 대해 이야기한다. 순임금은 역산에서 밭을 갈고 황하의 물가에서 독을 짓다가 요임금을 만났기 때문에 천자가 되었으며, 소요(邵謠)는 무정(武丁)을 만나 천자를 보좌할 수 있게 되었고, 한낱 노예이며 문지기였던 여망(呂望) 즉 강태공은 주나라 문왕을 만나 천자의 총사령관이 될 수 있었다. 이렇듯 사람이 어떤 상황에서 길할 수 있는 것은 때와 상황이 맞아서이다.

『역전』을 공자가 지었다는 주장이 있는가 하면, 전국시대부터 한(漢)나라 초기의 유학자들이 지었다는 주장이 있다. 만약 공자가 지었다는 주장이 맞다면, 이 문장을 통해 역에 대한 공자의 생각을 읽을 수 있다. 『논어』에 따르면 공자는 "나에게 몇 년의 수명이 주어져서 마침내 역을 배운다면 큰 허물이 없을 것이다"라고 말했다. 이와 관련해 중국 최고의 역사가인 사마천은 『공자세가(孔子世家)』에서 '위편삼절(韋編三絶)'을 말했다. 책을 맨 가죽끈이 세 번이나 끊어졌을 정도로 공자가 『주역』을 즐겨 읽었다는 뜻이다.

6. 동양 오술

동양 오술은 명(命) · 상(相) · 복(卜) · 의(醫) · 선(仙)의 다섯 가지를 말하는데, 그 중 첫 번째인 명이 바로 사주명리학이다. 복의 체계와 비교하면 사주명리학은 산명술(算命術), 즉 운명을 계산하여 그 법칙을 읽는 것이라고 정의할 수 있다. 따라서 구복점과 같은 우연점의 체계와는 구별되어야 한다. 송나라 서자평(徐子平)이 학문적 체계를 만들었기 때문에 자평명리(子平命理)라고도 하고, 사주학(四

柱學), 팔자술(八字術)이라고도 한다. 의, 즉 한의학 역시 동양 오술의 하나로 명과 학문적 뿌리를 같이한다. 그 기본사상은 모두 음양오행과 천지인(天地人)이다.

• 동양 오술

종류	구체적 방법	특징
명(命)	사주명리학	시간과 운명
상(相)	관상·수상	공간과 모양새를 본다 풍수는 공간과 운명의 관계를 읽는다
복(卜)	점(占)·주역	괘(卦)·효(爻)
의(醫)	한의학	인체는 소우주이다
선(仙)	명상·수도	산(山)이라고도 쓰고, 심신을 수련하여 영적인 완성단계에 이른다

사주와 점술, 관상(또는 수상), 풍수는 현대 역학에서 가장 많이 사용하는 술수이다. 사주가 선천운을 말하며 인간의 힘으로 개조할 수 없는 분야라면, 풍수는 주변 환경의 변화와 에너지의 보완을 통해 인간의 운명을 개선할 수 있다고 본다. 그러한 변화가 인간의 신체, 그 중에서도 특히 얼굴에 나타난다는 것이 관상이다. 운명과 사주 · 관상 · 풍수의 관계를 다음 그림처럼 나타낼 수 있다.

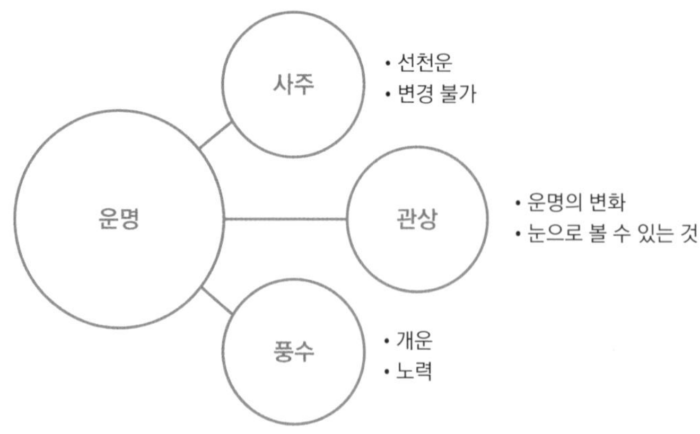

운이란 무엇이고, 명이란 무엇인가?

사주 혹은 사주팔자는 원칙적으로 운명예정론을 말한다. 즉 선천운으로서 사람의 의지로 바꿀 수 있는 영역이 아니다. 인간은 모태에서 태어나는 순간 사주팔자를 부여받는데, 심지어 10년마다 바뀌는 대운이나 1년마다 바뀌는 세운조차도 정해진 규칙에 의해 미리 예정되어 있다. 오직 풍수만이 노력과 개운을 논할 수 있고, 관상 또한 운명의 변화가 얼굴에 나타난다는 측면에서는 역시 결정론적이다.

그렇다면 사주개운법이나 메이크업으로 하는 관상개운법은 무엇인가. 먼저 관상개운법은 현대 관상학이나 인상학의 주장이다. 물론 사람의 생각이나 노력, 하고자 하는 의지, 그리고 직업이나 자연환경의 영향이 얼굴에 나타난다는 측면에서 보면 관상은 사주와 분명 분리되어야 하고, 그런 의미에서 관상은 인간의 노력이나 의지, 생활태도 등과 연동될 수 있다.

강의 현장에서 학생들은 사주가 운명예정론이란 설명을 듣고 실망하거나 깊은 한숨을 내쉬기도 한다. 인간은 그렇게 운명에 이끌려 살아야 하는 나약한 존재인가? 노력이나 의지로 바꿀 수 있는 것은 없단 말인가? 사주개운법이라는 용어를 그대로 빌려서 설명하면, 그것은 인간이 자신에게 주어진 명을 알고 그에 따라 명과 조화로운 삶을 살아가는 것을 말한다. 이것이 공자가 말한 '지천명(知天命)'의 경지이다. 우리가 운명(運命)이라고 할 때 '운'은 사주가 때[時]에 따라 움직이는 것(변화하는 것)을 말하고, '명'은 운명이 주어졌음을 뜻한다. 따라서 시의적절하게 운명에 맞추어 사는 삶이 '지천명'하는 삶이고, 그것이 바로 사주를 공부하는 의의이다. 이렇게 하면 '낙명(樂命)'에 이르는 경지에 도달하게 될 것이다.

2 사주입문용어

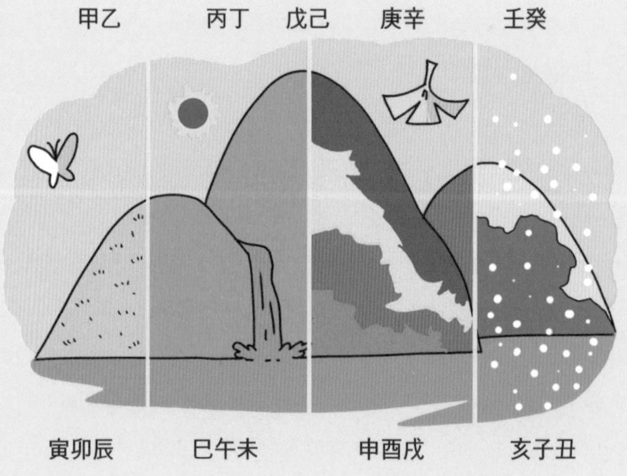

여기에 소개하는 사주 용어는 사주 입문에 필수적인 개념이면서 기본이론 위주의 요약이다. 사주명리학의 주요 용어를 여기에 모두 소개하지는 않았지만, 3장부터 각론으로 들어가면 다양한 개념과 그와 관련된 용어들을 만나게 될 것이다. 그 전에 한 가지 당부하고 싶은 것이 있다. 사주명리학을 공부할 때 한자가 어렵다는 이유로 한글로 음을 달아 쓰는 습관은 피하는 것이 좋다. 한자에 대한 두려움을 호소하는 초학자들이 많은데, 적어도 십천간과 십이지

지, 오행, 모두 합쳐 27개 한자는 정확하게 읽고 쓸 줄 알아야 사주명리 학습과 통변에 어려움이 없다.
또한, 여기에서 소개하는 기초 한자들은 자원(字原)이나 글자 조합, 모양새가 사주 통변에 중요한 소재가 된다는 사실을 알아야 한다. 실제로 사주의 물상(物象)을 이해하는 데 중요한 관건이 된다. 한자의 생성에는 여러 원리가 작용하지만, 그 중에서도 특히 상형(象形), 회의(會意), 지사(指事) 문자가 기본적임을 잊지 말고 각 글자의 어원이나 모양, 그리고 숨겨진 의미 등을 기초 단계부터 꼼꼼히 공부하면 큰 도움이 될 것이다.

1. 십천간

천간(天干)은 하늘에 흐르는 무형의 기운을 글자로 나타낸 것이다. 갑(甲) · 을(乙) · 병(丙) · 정(丁) · 무(戊) · 기(己) · 경(庚) · 신(辛) · 임(壬) · 계(癸)의 10가지가 있으므로 십천간(十天干)이라고 한다. 각 글자는 아래와 같이 음양과 오행에 배속된다.

갑	을	병	정	무	기	경	신	임	계
甲	乙	丙	丁	戊	己	庚	辛	壬	癸
양	음	양	음	양	음	양	음	양	음
목(木)		화(火)		토(土)		금(金)		수(水)	

2. 십이지지

지지(地支)는 하늘에 있는 무형의 기운이 땅으로 내려와 시간적 순서(사시)와 공간적 배치(사방)를 통해 나타난 결과물을 글자로 나타낸 것이다. 자(子) · 축(丑) · 인(寅) · 묘(卯) · 진(辰) · 사(巳) · 오(午) · 미(未) · 신(申) · 유(酉) · 술(戌) · 해(亥)의 12가지가 있으므로 십이지지(十二地支)라고 한다. 지지에는 음양오행뿐만 아니라 계절과 방위 등의 다양한 의미가 내재되어 있기 때문에 천간보다 복잡하고 다각적인 역할을 한다고 생각하면 된다.

자	축	인	묘	진	사	오	미	신	유	술	해
子	丑	寅	卯	辰	巳	午	未	申	酉	戌	亥
음	음	양	음	양	양	음	음	양	음	양	양
수(水)	토(土)	목(木)		토(土)	화(火)		토(土)	금(金)		토(土)	수(水)

3. 지장간

지장간(地藏干)이란 뜻 그대로 지지에 감추어진 천간이다. 지지가 천간의 혼합물임을 알고 지장간의 역할을 이해하는 것이 중요하다. 지장간은 사주팔자와 그 내면의 사정과 구체적 사실을 읽을 수 있게 한다. 예를 들어, 자(子)에는 임(壬)과 계(癸)가 내재되어 있다.

지지	자	축	인	묘	진	사	오	미	신	유	술	해
	子	丑	寅	卯	辰	巳	午	未	申	酉	戌	亥
여기	壬	癸	戊	甲	乙	戊	丙	丁	戊	庚	辛	戊
중기		辛	丙		癸	庚	己	乙	壬		丁	甲
본기	癸	己	甲	乙	戊	丙	丁	己	庚	辛	戊	壬

4. 육십갑자

육십갑자(六十甲子)는 십천간과 십이지지의 조합이다. 이 조합이 120가지가 아니라 60가지인 이유는 양의 천간과 양의 지지가 만나고, 음의 천간과 음의 지지가 만나는 이치 때문이다. 천간의 첫 글자인 갑(甲)과 지지의 첫 글자인 자(子)가 짝을 이루므로 육십갑자라고 한다. 60번째 글자는 천간의 마지막 글자인 계(癸)와 지지의 마지막 글자인 해(亥)가 만나는 계해(癸亥)이다. 계해 다음에는 다시 갑자의 순서로 돌아온다. 이것을 환갑 또는 회갑이라고 한다. 아래 표는 육십갑자의 생년조견표이다.

甲子	乙丑	丙寅	丁卯	戊辰	己巳	庚午	辛未	壬申	癸酉
1984 2044	1925 1985	1926 1986	1927 1987	1928 1988	1929 1989	1930 1990	1931 1991	1932 1992	1933 1993
甲戌	乙亥	丙子	丁丑	戊寅	己卯	庚辰	辛巳	壬午	癸未
1934 1994	1935 1995	1936 1996	1937 1997	1938 1998	1939 1999	1940 2000	1941 2001	1942 2002	1943 2003
甲申	乙酉	丙戌	丁亥	戊子	己丑	庚寅	辛卯	壬辰	癸巳
1944 2004	1945 2005	1946 2006	1947 2007	1948 2008	1949 2009	1950 2010	1951 2011	1952 2012	1953 2013
甲午	乙未	丙申	丁酉	戊戌	己亥	庚子	辛丑	壬寅	癸卯
1954 2014	1955 2015	1956 2016	1957 2017	1958 2018	1959 2019	1960 2020	1961 2021	1962 2022	1963 2023
甲辰	乙巳	丙午	丁未	戊申	己酉	庚戌	辛亥	壬子	癸丑
1964 2024	1965 2025	1966 2026	1967 2027	1968 2028	1969 2029	1970 2030	1971 2031	1972 2032	1973 2033
甲寅	乙卯	丙辰	丁巳	戊午	己未	庚申	辛酉	壬戌	癸亥
1974 2034	1975 2035	1976 2036	1977 2037	1978 2038	1979 2039	1980 2040	1981 2041	1982 2042	1983 2043

천간과 지지, 지장간 등은 사주명리학에서 사용하는 가장 기본적인 용어이다. 또한 천간과 지지를 조합한 육십갑자는 사주팔자의 기본적인 틀이자 사주명리학의 기초가 된다. 앞으로 사주명리학을 공부하면서 항상 사용할 것들이니 천간지지 각 글자들의 속성을 이해하고 그 사용법을 올바르게 익히는 것이 무엇보다 중요하다. 나아가 각 천간과 지지에 음양이 어떻게 배속되고, 오행의 상생(相生)과 상극(相剋)이 어떻게 이루어지는지 반드시 외우도록 한다.

5. 오행의 상생과 상극

오행 목(木), 화(火), 토(土), 금(金), 수(水)는 서로 힘을 실어

주기도 하고(상생), 서로 극하기도 한다(상극).

• 오행의 상생

목(木) → 화(火) → 토(土) → 금(金) → 수(水) → 목(木)

힘을 실어주는 순서

• 오행의 상극

목(木) → 토(土) → 수(水) → 화(火) → 금(金) → 목(木)

힘을 빼앗아가는 순서

고대로부터 우주의 변화와 형성의 법칙을 음양이 소멸하고 자라나는 것으로 설명했다. 그리고 이것을 오행 목 · 화 · 토 · 금 · 수의 변화와 질서의 이치에 적용하게 되었다. 음양오행은 동양 전통에서 함께 사용되어왔기 때문에 실생활에서 얼마든지 그 흔적을 찾아볼 수 있다. 오행이 생소한 초학자라고 해도 한 주의 각 요일과 우주의 행성에 음양오행이 배속되는 것을 보면 바로 이해할 수 있을 것이다. 그리고 이러한 예들은 음양오행이 동양에 국한되는 전통이 아님을 입증한다.

음양오행	양	음	화(火)	수(水)	목(木)	금(金)	토(土)
일주일	일	월	화	수	목	금	토
행성	태양	달	화성	수성	목성	금성	토성

6. 사주팔자

사주팔자(四柱八字)를 사주(四柱)라고도 하고 팔자(八子)라고도 한다. 사주는 4개의 기둥이란 뜻으로, 한 사람의 생년, 생월, 생일, 생시의 육십갑자로 4개의 기둥을 만들어 운명을 해석한다는 말에서 나왔다. 팔자는 8개의 글자란 뜻으로, 사주의 각 기둥은 천간 한 글자와 지지 한 글자씩 두 글자로 이루어져 있고 기둥이 4개이므로 모두 여덟 글자가 된다.

(1) 명식

명식(命式)은 사주팔자, 즉 운명의 도식을 의미하며, 명조(命造)라고도 한다. 남자의 명식은 건명(乾命)이라 하고, 여자의 명식은 곤명(坤命)이라 한다. 건(乾)과 곤(坤)은 『주역』의 팔괘에서 유래했으며, 건은 하늘 또는 남성, 곤은 땅 또는 여성을 의미한다. 각 기둥은 위치에 따라 연주(연간과 연지), 월주(월간과 월지), 일주(일간과 일지), 시주(시간과 시지)라고 불리며, 우측에서 좌측으로 시간의 흐름에 따라 읽는다.

예1) 남자의 명식(乾)

시	일	월	연
자식	일간	아버지	할아버지
자식	아내	어머니	할머니

예2) 여자의 명식(坤)

시	일	월	연
자식	일간	아버지	할아버지
자식	남편	어머니	할머니

사주팔자의 연월일시 간지를 해석하는 방법은 여러 가지가 있다. 먼저 근묘화실(根苗花實)론은 연주를 뿌리[根], 월주를 싹[苗], 일주를 꽃[花], 시주를 열매[實]에 비유한다. 나아가 연주로는 유년운을 보고, 월주로는 청년운을, 일주로는 장년운을, 시주로는 말년운을 본다.

또 다른 통변법은 궁성(宮星)론인데, 연주를 통해 조상을 읽고, 월주로는 부모와 형제, 일주로는 부부, 시주로는 자식을 읽는다. 궁(宮)은 집의 높임말이고, 성(星)은 십성(十星)에서 나온 말로 사주팔자의 주체인 일간의 입장에서 바라본 10가지의 생물학적 · 사회적 관계이다. 따라서 각각 조상궁, 부모궁 또는 형제궁, 부부궁, 자식궁이라고 한다. 예를 들어 부부궁이 깨졌다고 하면 부부궁의 글자에 손상이 있다는 뜻으로 부부관계의 문제를 의미한다.

사주는 여덟 글자 각각을 평면으로 펼쳐놓고 읽는 동시에, 시간의 흐름에 따라 입체적으로도 읽어야 한다. 사주에는 시간(근묘화실)과 공간(궁성)의 개념이 공존하기 때문에 한 사람의 과거와 현재와 미래, 다른 한 편으로 그 사람의 사회성, 가족 구성, 내면의 심리까지 모두 읽을 수 있다.

시주	일주	월주	연주
시간 시지	일간* 일지	월간 월지	연간 연지(띠)
실(實) 말년운 (45~60세)	화(花) 장년운 (30~45세)	묘(苗) 청년운 (15~30세)	근(根) 유년운 (0~15세)
자식궁	부부궁	부모·형제궁	조상궁

* 일간은 명식의 주인으로 사주팔자의 주체이다. 본원이라고도 한다.

위 표에서 근묘화실을 각각 0~15세, 15~30세, 30~45세,

45~60세로 구분했지만, 현대인의 수명연장을 고려한다면 이와 같은 연령 구분은 통변 현장에서 마땅히 수정하거나 유연하게 적용해야 한다. 서양의 유명한 역학가들 또한 강의나 통변 사례에서 0~20세, 20~40세, 40~60세, 60~80세 등과 같이 현실에 맞게 적용하는 것을 알 수 있다.

(2) 대운과 세운

명식은 좁은 의미로는 사주팔자를 말하지만, 넓은 의미로 확장하면 대운과 세운, 나아가 월별 운세와 일별 운세까지 포함한다. 요즘은 스마트폰에 이러한 명식을 뽑아볼 수 있는 무료 어플이 많다. '만세력'으로 검색하여 다양한 어플을 찾아 다운받으면 된다. 대부분의 만세력 어플은 공통적으로 사주팔자 아래에 대운이 표기되고, 그 아래에 세운이 표기된다. 더욱 세밀하게는 월과 일까지 자세하게 찾아볼 수 있으니 필요에 따라 참고할 수 있다.

운명(運命) 중에서 명(命)의 영역에 있는 사주팔자는 평생 바뀌지 않는 글자이다. 반면에 대운과 세운은 움직이는 것으로, 대운은 10년 주기, 세운은 1년 주기로 육십갑자의 흐름에 따라 바뀐다. 이것은 운(運)의 영역이다. 통변(通變)은 사주의 명과 운을 함께 읽는 것이다. 따라서 통변을 하는 사람은 사주의 일간을 중심으로 나머지 일곱 글자 및 대운과 세운을 읽고 그 사람에게 주어진 팔자는 어떠하며 변해가는 것은 무엇인지를 파악해야 한다. 사주팔자는 평생 변하지 않는 글자로 불역(不易)의 영역이지만, 대운과 세운 등은 주어진 주기에 따라 움직이는 변역(變易)의 영역에 있기 때문이다.

직업인으로서 역술가는 사주를 통해 살아가면서 조심해야 할 것은 무엇이며, 기회와 도전할 시기는 언제 오는지, 그에 따른 기다림과 나아감을 밝혀 피흉추길(避凶趨吉), 즉 흉한 것은 피하고 좋은 일에는 나아감을 읽어주어야 한다. 그리고 사주명리를 공부하는 사람은 스스로를 알고 인생항로에서 맞이하는 다양한 장애물과 기회에 응전하고 준비하는 계기로 삼아야 한다.

7. 십성과 육친

십성(十星)은 일간과 나머지 일곱 글자들의 음양오행을 따져 그 관계를 10가지로 분류한 것이다. 십신(十神) 또는 육친(六親)이라고도 하는데, 육친은『관자(管子)』「목민주(牧民注)」에서 나온 말로, 일간을 중심으로 부모 · 형제 · 부부 등 6가지 주요 인척관계를 말한다. 뜻은 다르지만, 십성과 육친은 결국 같은 것을 읽는다. 십성은 음양오행의 생극제화(生剋制化)에 근거를 두고 있으며, 다소 복잡하게 보이더라도 기초를 바로 알면 어려울 것은 없다.

십성을 통해 일간의 생물학적 관계뿐만 아니라 사회적 관계, 그리고 인생에서 추구하는 재물, 명예, 권력 등의 다양한 모습을 읽는다. 십성을 구성하는 구체적 명칭은 비견 · 겁재 · 식신 · 상관 · 편재 · 정재 · 편관 · 정관 · 편인 · 정인 등 10가지이다.

8. 형 · 충 · 회 · 합

음양오행의 상생과 상극 그리고 형(刑) · 충(沖) · 회(會) · 합(合)은 천간과 지지의 상호작용을 읽어 인생사의 중요 사건과 사고, 변화와 발전을 찾아내는 주요한 통변 관법이다. 그 중에서 음양오행의 순환운동이 주로 천간의 작용과 관계를 파악하기 위한 것이라면, 형 · 충 · 회 · 합은 지지의 관계를 읽기 위해 주로 사용한다.

형(刑)은 '벌을 받는다'는 뜻으로 형살이라고도 한다. 지지의 다양한 관계 중에서 글자들 간의 불편한 작용을 말하며, 일의 결과가 어긋나고 예상치 않은 방향으로 진행되는 것을 의미한다. 형살이 들었다는 말은 사주풀이를 듣는 사람들이 꺼리는 매우 부정적인 표현이다.

충(沖)은 '부딪혀 깨진다'는 뜻인데, 말 그대로 2개의 글자가 만나 서로 파괴되는 것을 의미한다. 사건과 사고의 단초를 제공하는 말로 통변 현장에서 많이 사용하는 관법이다.

회합(會合)은 2개 또는 3개의 글자가 서로 묶여 새로운 에너지를 생산해내는 것을 의미한다.

형충회합은 어감에 의존하여 길과 흉으로 나누어 해석하지 말고, 그것이 만들어내는 다양한 간지의 관계를 참고하여 사건의 원인과 결과, 시점과 구체적 관련성을 읽어내면 절묘한 통변에 이를 수 있다.

3 음양론

"

음양론(陰陽論)은 사주명리학의 기초 이론으로서 서로 다른 에너지의 조화에 대해 다룬다. 본격적으로 설명하기 앞서, 어느 학문이든 기초 부분은 다소 지루할 수 있지만 기반을 단단하게 다지는 데 심혈을 기울일 필요가 있음을 강조하고 싶다. 사주명리학 역시 그러한 면이 없을 수가 없다. 기초를 탄탄하게 다질수록 앞으로 나아가기 쉽다는 사실을 누구나 잘 알 것이다. 아는 부분도 다시 한 번 점검하면서 혹여 간과하고 넘어가지는 않았는지 살펴보도록 하자. 기초 부분은 여러 번 읽는 것이 최선이다.

1. 음양 개념의 성립

고대에 음양은 철학적 의미가 부여되지 않은 일상적인 개념이었다. 원시 인간에게 낮과 밤의 변화, 추움과 더움이 교차하는 계절의 변화, 태양이 비치는 곳과 그늘진 곳의 구분 등은 자연에 대해 생각하는 계기가 되었고, 바로 그것이 원시 음양 관념의 소박한 시작이었다. 인간의 사유가 철학적 지식으로 발전해온 과정을 보면 그와 같은 자연의 속성을 인간사의 속성에 대응시키고 연상하면서 생명 범주가 도덕 범주로, 형상 사유가 추상 사유로 나아간 것이다.

역사적인 문헌을 통해 음양 개념이 생겨난 배경을 유추할 수 있다. 중국에서 가장 오래된 시집인 『시경(詩經)』에서 음을 언급한 곳은 8군데이고, 양은 14군데이며, 둘을 연결하여 사용한 곳은 1군데이다. 『서경(書經)』이라고도 불리는 『상서(尙書)』는 요임금 시대부터 중국 고대 성왕들의 언행과 행적을 기록한 경전인데 음을 3번, 양을 3번 사용했다. 그에 비해 『역경(易經)』에서는 중부괘(中孚卦)를 설명하면서 "우는 학이 음지에 있으니……"라고 하여 단순히 그늘과 같은 의미로 음을 단 한 번 사용했을 뿐이다.

음양 개념이 철학적 의미로 발전한 것은 전국시대 『역전(易傳)』에 이르러서였다. 예를 들어 그 이전인 서주 말기에 군주를 보필하던 백양보(伯陽甫)는 음양을 자연의 지진현상으로 해석하였다. 그는 천지만물이 음양의 기(氣)에서 유래한다고 보았다. 즉, 음양의 기는 자체의 운동법칙에 따라 그 질서를 잃지 않는데, 질서를 잃으면 지진과 같은 이변이 생긴다고 생각한 것이다. 또한 백양보는 통일적인 기가 음양으로 양분된다고 보았다. 양은 '나아가고자' 하는 성질이 있고, 음은 '억누르는' 성질이 있다. 백양보의 음양 사상에서 '그 자체의 일정한 질서가 있다'는 생각은 오행 사유 이전에 나타난 것이고,

춘추 시기의 이와 같은 음양 사상이 『역전』의 시기에 양효(— 와 --)와 결합했다고 볼 수 있다.

음양이 철학적으로 논의된 시초는 『노자(老子)』이다. 이후 『장자(莊子)』에 이르러 더욱 분명하게 사용되었다. 『노자』에서 음양은 제42장에 "만물은 음을 지고 양을 안으며"라고 한 번 언급되었으나, 『장자』에서는 무려 20여 차례나 인용되었다. 그 밖에 공자의 유가와 쌍벽을 이루었던 묵자와 그 제자들이 저술한 『묵자(墨子)』 제6장에 "천지, 사해, 천양(天壤) 간의 모든 것은 음양의 조화에 의존한다", 제27장에 "성왕의 덕이 음양과 우로(雨露)를 적절하게 계절에 안배한 일이다"라고 인용되었다.

『관자(管子)』의 「사시(四時)」를 보면 "음양이란 천지의 큰 이치요, 사시란 음양의 큰 법이며, 형덕(刑德)이란 사시의 이름이다. 형덕이 사시에 합당하면 복을 낳고, 위배되면 재앙을 낳는다"고 했다. 이 내용은 음양오행학파를 만든 추연(鄒衍)의 저작에서 이어진 것으로 보인다. 전국시대 중후반 제나라 천문학자였던 추연은 음양이 소멸하고 자라나는 이치를 오행의 금(金) · 수(水), 목(木) · 화(火)에 적용하고 토(土)를 그 중간에 놓아 천지의 변화와 사계절의 운행질서를 밝히고, 인사의 재복과 길흉을 읽었다. 도가와 음양가의 음양 학설이 주역의 서법(筮法)에 적용되었고, 『역전』에서 만물의 생장과 변화를 설명하는 중요 원리로 해석된 것이다.

2. 주역의 양의

사주 공부의 기초인 음양론은 『주역(周易)』, 그 중에서도 『역전(易傳)』에서 왔다. 음양은 주역의 주요 개념으로서 8괘를 구성하는 양의(兩儀)에서 시작한다. '두 가지 양태'란 의미의 양의는 『주역』의 부호로서 ━ 와 ╌ 를 가리킨다. 수의 개념으로 말하면 ━ 는 홀수[奇]를, ╌ 는 짝수[偶]를 나타낸다. 또한 ━ 는 양효라 하고, ╌ 는 음효라 한다. 그 성질을 보면 ━ 는 강건함을 말하고, ╌ 는 유순함을 뜻한다. 이와 같이 『주역』의 작자는 우주의 복잡다단하고 다변하는 동태상(운동형태)을 ━ 와 ╌ 라는 매우 간단한 두 가지 부호로 조직했고, 나아가 음효와 양효를 3개 또는 6개씩 교착사용하고 종합하여 관계와 구조의 원리로 각종의 다양한 만물을 묘사하였다.

양의	━	홀수	양효	강건함
	╌	짝수	음효	유순함

음양을 나타내는 양의는 대대(對待) 관계, 즉 반대되는 모든 개념의 쌍을 포괄하여 상징한다. 세상의 모든 대립되는 것들, 즉 건(乾)과 곤(坤), 천(天)과 지(地), 강(剛)과 유(柔), 동(動)과 정(靜), 존(尊)과 비(卑), 귀(貴)와 천(賤), 낮과 밤, 염(炎)와 냉(冷), 승(勝)과 부(負), 개(開)와 관(關), 군(君)과 신(臣), 군자와 소인, 남과 여, 부(夫)와 부(婦), 부(父)와 자(子), 인(仁)과 의(義), 홀과 짝, 딱딱함과 부드러움 등이 바로 음양의 대대관계를 이룬다. 이러한 대대관계는 『주역』의 주요 의미체계를 이해하는 관건이다.

3. 음양의 특성

대대관계에서의 양단(兩端) 현상, 즉 모순관계는 모든 만물의 존재양식이자 사람을 비롯한 모든 생명의 양태이다. 또한 인간 활동을 대별하고, 자연환경의 모든 물형을 설명해준다. 대대관계는 서로 대립하면서 서로 의존하고, 서로 반대되는 상대가 존재해야 비로소 자신이 존재할 수 있으며, 서로가 서로를 품은 관계로 이해할 수 있다. 인간은 태어나서 밝음과 어둠, 있음과 없음 등 서로 반대되는 양상들에 대한 대립적인 분별의식을 최초로 갖게 된다. 인류 지성의 발달사를 생각해보더라도, 인간이 미개의 혼돈상태에서 지성의 문턱에 들어섰을 때 맨 처음 갖게 되는 것이 바로 위와 아래, 밝음과 어둠, 좋음과 나쁨 등의 분별일 것이다.

고대 중국인들은 모든 사물의 형성, 변화, 발전이 음과 양 두 기운의 운동에서 비롯된다고 여겼다. 음양은 음양대립, 음양호근, 음양소식, 음양전환의 특성이 있다. 음양대립은 음과 양의 대립, 음양호근은 음과 양의 상호 의존적인 관계, 음양소식은 음과 양이 서로 자라고 쇠퇴함, 음양전환은 음과 양이 서로 전환됨을 말한다. 여기서 음양대립은 우주만물과 만사에는 상반되는 두 가지 속성이 동시에 존재한다, 즉 음과 양의 대립이 존재한다는 의미이다. 만물의 음과 양은 어느 하나만 존재할 수 없고, 일정한 규율에 따라 분류할 수 있다는 것이다.

• 음양의 상대적 관계

음	양	음	양
땅	하늘	여자	남자
달	태양	가득참	비움
북, 서	남, 동	죽음	삶
가을, 겨울	봄, 여름	끝	시작
차가움	따뜻함	짝수	홀수
흐림	맑음	받음	줌
습함	건조함	짧음	긺
아래	위	몸	마음
뒤	앞	늙음	젊음
약	강	무거움	가벼움
소	대	고요함	움직임

4. 사주에서 음양의 사용

사주명리학을 비롯하여 운명을 다루는 학문은 다른 학문과는 달리 짧은 글을 머릿속으로 많이 상상하고 익혀야 한다. 지금까지 선대 때부터 내려온 학문이 그러하듯이, 각자 깨달은 바대로 짧은 한자어들을 해석하기 때문에 같은 문구를 놓고도 여러 가지 해석이 나오는 경우가 허다하다. 그러므로 입문자들은 각자 깨달은 이론들을 반드시 실전에서 사용해보고, 오류가 있다면 과감하게 분석하고 정답을 찾아내야 한다.

음양(陰陽)의 어원을 보면 두 글자 모두 언덕 부(阝·阜)를 사용한다. 음(陰)은 그늘 음(侌)으로 언덕의 응달진 면을 나타내고, 양(陽)은 해와 달이 있는 언덕의 밝은 면을 나타낸다. 언덕을 중심으로 볕이 드는 쪽과 그늘진 쪽을 나타냄으로써 시간, 즉 해와 달의 움직임에 따른 상대적인 상황을 표현하고 있다.

글자 그대로 음양은 차가움과 따뜻함, 그늘과 양지, 겉과 속처럼 서로 대립되는 관계를 말한다. 그러나 음양을 대립되는 관계로만 생각해서는 안 된다. 음양은 서로 공존한다고 하는 게 더욱 적합한 표현이다. 또한, 공생의 관계라고 해도 무방하다. 어느 한쪽이 없으면 다른 한쪽도 있을 수 없으며 존재가치가 무의미해지기 때문이다. 어떤 한 가지 물체가 존재하면 그에 꼭 필요한 또다른 존재가 반드시 있다는 시각이 음양론으로 사물을 바라보는 첫 걸음이라고 할 수 있다. 생각해보면 따뜻함이라는 존재가 있기에 그것과 상대적인 차가움이라는 존재가 있지, 따뜻함이 존재하지 않았다면 차가움이라는 것도 존재할 수 없을뿐더러 생성될 여지조차 없다.

음양은 애초에 사물이 정해질 때 이미 그와 상대적인 사물이 존재하게 된다는 것을 의미한다. 세상에 짝 없는 사물은 없다는 것이 음양론의 시각이다. 세상에 남자만(또는 여자만) 존재하지 않고, 또한 하늘에 태양이 있고 반드시 달이 존재한다는 것은 누가 봐도 명확한 진리이다. 어느 한쪽만 존재하면 그 세계는 곧 죽음과 같은 생동감 없는 세상이 되어버릴 것이다.

한 가지만 존재한다는 것은 모든 것이 획일화되어 개성이 없다는 의미로, 이 세상에 전부 똑같은 것들만 모여 있다면 그 중에 무엇이 있으나 없으나 소중함을 느끼지 못하게 될 것이다. 이렇듯 우리가 사는 자연계에 음양의 순환과정이 있기에 삶이라는 존재를 느낄 수 있다는 생각에서 음양론은 출발한다.

반드시 기억해야 할 것은 세상의 모든 일에는 양면성이 있다는 사실이다. 어떤 하나를 배웠을 때 그 하나가 '나쁜 의미로 적용되는 경우가 많다'고 이해했다면, 거기에 다음과 같이 하나를 더 추가해야 한다. '그것은 나쁘기도 하지만 간혹 좋게 작용하는 경우도 있다'라고 말이다. 왜냐하면 좋은 것이 있으면 그 이면에는 나쁜 것 또한 포함되어 있기 때문이다.

명리란 바로 그러한 것이다. 한 사람의 삶에서 어떤 것이 들어왔는지, 어떤 것이 나가게 되는지, 어떤 것을 찾게 되는지, 마음 속의 허전함이 어디에서 비롯되는지 등을 살펴서 짚어주는 것이 술사(術士)가 할 몫이다. 명리를 학습하는 사람은 사물을 보는 시선 또한 다르며, 눈에 보이지 않는 것을 남보다 잘 잡아내서 그 사람에게 인식시켜주는 역할을 한다. 필자는 시간을 읽어서 물질이라는 개념으로 환산해내는 일이 바로 명리라고 생각한다.

세상에 빛이 존재한다면 반드시 그에 맞추어 그림자라는 어둠이 드리워지게 마련이다. 어둠이라는 그림자는 빛이 강하면 강할수록 더욱 검고 짙게 나타나는 법이다. 빛이 양의 속성이라면, 음에 해당하는 그림자는 그에 상응하는 존재이다. 빛의 속성과 그림자라는 어둠의 속성은 본질적으로 정반대 성격이지만, 서로 충돌하는 개념이 아니라 어느 한쪽이 있으므로 다른 한쪽이 완성되는 상호보완적인 흐름을 가지고 있다. 이러한 흐름이야말로 음양론의 핵심 중 핵심이고, 사주팔자에서 그것을 찾아 읽는 것이 통변의 기본이다.

음양학은 중국에서 시작되었는데, 세상을 모두 이분법화하다보니 설명되지 않는 것이 생겨나기 시작했다. 모든 것을 두 가지로 나눔으로써 자연계의 사물을 완벽하게 설명할 수 있을 것 같았지만, 그렇지 않은 하나가 있었다. 음에도 속하지 않고 양에도 속하지 않는 이것은 바로 사주학에서 중요시하는 삶의 목적이자 사주학의 열쇠라고 할 수 있다.

동전을 예로 들어 인물이 그려진 앞면은 양에 속하고, 숫자가 새겨진 뒷면은 음에 속한다고 가정해보자. 앞면과 뒷면만이 동전이란 사물을 이루고 있을까? 일반적인 상식으로는 그렇다고 할 수 있겠지만, 음양을 공부했다면 앞면과 뒷면 말고 또 한 가지 측면이 있음을 알게 된다. 바로 앞면과 뒷면을 연결해준다는 관점에서 중간이라고 부를 수도 있는 혼돈이나 조화의 영역이다.

태초에 음양이 생기기 이전에 혼돈이란 부분이 있었다. 이 혼돈에서 모든 사물이 이루어지고 생겨난다고 이해하면 좋겠다. 혼돈에서 혼합작용이 일어나게 되었고, 그러고는 음과 양으로 분리되어 공존하게 되면서 자연계의 사물은 하나의 형체로 완성되었다.

천지인(天地人)을 말하면, 천간에서 일어나는 일은 천지인 삼재 중에서 하늘에 속하고, 지지에서 일어나는 일은 땅에 속하며, 지장간에서 일어나는 일은 인간에게 속한다. 사주에서 천간의 변화를 읽어내면 그 사람에게 하늘이 정해주는 일의 성패를 알 수 있고, 지지에서 일어나는 변화를 읽어내면 그 사람의 현실적인 상황을 읽을 수 있으며, 지장간에서 일어나는 변화를 읽어내면 그 사람에게 일어나는 인간사와 그 속사정을 잘 읽어낼 수 있다.

사주학에서 말하는 중화와 조화의 정신이란 우주만물은 중화의 도(道)를 넘어서면 흉한 일이 벌어지고, 중화의 도를 찾으면 길한 징조가 찾아들며, 어느 한쪽으로 치우침 없이 중간의 정도를 지키면 행복한 삶을 누릴 수 있다는 것이다. 이렇듯 음양론으로 사물을 바라보는 시각이 중요하다. 음과 양은 영원히 서로 만날 수 없지만, 다른 한편으로는 서로가 있기에 자신이 존재하는 이유를 찾을 수 있다.

자연이 변화하는 것과 인간이 젊다가 병들고 늙는 것은 음양의 변화인데, 음양은 왜 끊임없이 변화하고 움직일까? 시간이라는 틀이 사주를 변화시키고 천간과 지지를 움직이는데, 이로써 지장간이 움직이고 그에 맞추어 살아가는 인간사가 변화하게 되는 것이다. 인간은 자연의 일부분이다. 꽃과 풀, 나무만 자연이 아니라 인간도 자연의 눈으로 보면 그냥 일상의 한 부분일 뿐, 인간이 만물의 영장이라 해서 결코 자연계의 중심이 될 수는 없다. 시간이라는 개념에서는 인간도 그냥 그렇게 흘러가는 자연의 부속물일 뿐이기 때문이다.

음양론을 대표적으로 나타내는 태극도를 보자. 바깥쪽의 큰 원은 전체 우주를 상징하고, 그 안의 부드러운 곡선은 서로 상반되지만 또한 서로 의존적인 음양의 이치를 나타낸다. 검정색은 음이고, 백색은 양이며, 그 속에 있는 두 점은 음양의 상호소장, 상호전화의 속성을 말해준다. 상호소장은 음과 양이 그대로 정지되어 고정된 것이 아니라 생장하기도 하고[長] 줄어들어 없어지기도[消] 하는 변화를 말하며, 상호전화는 음과 양이 서로 바뀔 수 있는[轉化] 것을 말한다. 그림의 화살표가 바로 이 전화(轉化)를 의미한다. 양이 극성하면 그 속에서 음이 생기고(검은 점), 음이 극성하면 그 속에서 양이 잉태

된다(하얀 점). 이 점들은 음과 양이 절대적이지 않고 서로 종속적일 뿐 아니라 음 안에는 양의 기운이, 그리고 양 안에는 음의 기운이 이미 포함되어 있음을 보여준다.

음보다 양이 더 좋다고?

강의 현장에서 음양에 대해 가장 많이 받는 질문은 음과 양의 호·불호와 관련된 것이다. 둘 중에서 무엇이 더 나은지, 사주에서 어떤 게 오면 좋은지를 묻는데, 참고로 대부분의 사람들이 양이 음보다 좋다고 알고 있다.

이런 질문을 하는 이유는 음과 양을 좋은 것, 나쁜 것으로 구분하여 받아들이기 때문으로 보인다. 특히 서양에서는 음을 부정적으로, 양을 긍정적으로 생각한다. 내가 가르친 서양 학생들 모두 이런 인식을 가지고 있었다. 서양은 사주보다 풍수가 더 대중적인데, 실제로 풍수에서는 양을 선호한다. 집안의 음기를 덜어내고 양기를 채우기 위해 온갖 방법을 동원하기 때문이다. 따라서 사주가 음적인 사람은 안 좋게 판단하는 경우가 많았다. 이에 대해 결론을 먼저 말하면, 사주에서는 그렇게 판단하지 않는다. 사주는 음과 양을 비교적 평등하게 대우한다. 둘 중 하나를 선택하기보다 음과 양의 조화를 더 중시하는 것이다.

그에 대한 설명은 음양의 양면성으로 해야 할 것 같다. "내년에 여자친구를 만나겠네요"라는 말을 예로 들어보자. 음양에 대해 조금이라도 생각해봤다면 여자친구를 만난다는 것이 반드시 좋은 일은 아님을 짐작할 수 있을 것이다. 들어오는 것이 있으면 나가는 것이 있다는 의미이다. 여자친구를 만나기 위해 공부를 소홀히 했다면 어떨게 될까? 학업 성적이 떨어질 수도 있고, 내년에 따기로 계획했던 자격증이 늦어질 수도 있다. 무엇이든 정상적으로 이익을 얻으려면 반드시 무엇인가 투자해야 하는 것이 있다. 그래야 수익이 창출되기 마련이다.

주요 공기업의 임원으로 있는 중년신사가 어렵게 상담실 문을 두드렸다. 주로 자신의 직업과 승진에 관한 질문을 던졌는데, 상담이 끝날 무렵 조심스러운 말투로 한 가지 더 물어도 되겠냐고 했다. 바로 자신의 사랑에 대한 질문이었다. 그는 30대에 지금의 아내와 결혼한 평범한 가장이었다. 그러나 스스로는 한 번도 열정적인 사랑을 해본 적이 없다고 생각하고 있었다. 그의 질문은 "저에게도 진정한 사랑이 찾아올까요?"였다. 그의 사주에는 관(官), 즉 직장에서의 사회성을 나타내는 글자는 뚜렷한 반면 재(財), 즉 사랑을 의미하는 글자는 시지의 지장간에 숨겨져 있었다. 이렇듯 음양이란 많다고 만족하는 것이 아니라 오히려 적어서 더욱 찾게 되는 것이다.

여름에 태어난 목(木) 일간의 사주에 수(水) 오행이 부족하면 이 사람은 술을 마시든 물을 마시든 스스로 부족한 성분을 채우려 하게 되어 있다. 음양이론을 깊이 이해한다면 그 단순한 이치에 근거해 말 한마디로 통변을 시작할 수도 있다. "남편분이 술을 많이 마시게 생겼네요."라고.

다만 음양에 대해 한 가지 알아둘 점이 있다. 비록 음양에 대해 가치 판단을 하는 것은 옳지 않지만 사주를 읽을 때 몇 가지 판단 기준이 있는데, 가장 먼저 태어난 절기를 감안해야 한다. 단적으로 여름에 태어난 사람은 사주에 이미 양기가 강하다. 반대로 겨울에 태어났다면 음기가 주도하는 명조가 된다. 그렇다면 여름에 태어난 사주는 음과 양 중에서 무엇이 필요할까? 반대로 겨울에 태어난 사람은 둘 중에서 어떤 기운을 보완해야 할까? 이 질문은 상식적으로 생각하면 된다. 여름에 태어난 사람은 음기를 보완해야 하고, 겨울에 태어난 사람은 양기를 보완해야 한다.

조금 더 깊이 들어가서 여자 사주(곤명)에 필요한 것은 무엇이고, 남자 사주(건명)에 필요한 것은 무엇일까? 곤명은 그 자체가 음의 명조이고, 건명은 그 자체가 양의 명조이다. 곤명이 지나치게 음기로 가득차 있다면 음양의 조화가 깨진 것이고, 반대로 건명이 양기로 가득차 있다면 그 또한 조화가 깨진 것이다. 그 때문에 곤명은 손발이 차거나 아랫배가 차가운 여성관련 질환이 생길 수 있고, 성정도 우울할 가능성이 있다. 건명은 조급증이나 욱하는 성질을 다스리기 힘든 증세를 보일 수 있다. 따라서 음양의 조화는 명조의 상황을 파악하여 그에 맞는 처방을 내려야 한다. 이렇게 음양이론 하나로도 중요한 판단을 내릴 수 있다.

사주 사례

시	일	월	연
辛	辛	辛	辛
卯	亥	酉	亥

사주에서 음양을 판단하는 방법은 크게 두 가지이다. 하나는 천간지지 글자의 음과 양을 보는 것이고, 다른 하나는 오행의 조후에서 음과 양의 성격을 읽는 것이다(조후는 사주 내의 기후를 조절함을 말한다). 예를 들면 목(木)과 화(火)는 따뜻하고 조열한 기운으로 양적이고, 금(金)과 수(水)는 차갑고 습윤한 기운으로 음적이다.

이 명조는 1983년생 여성의 가상의 명조로 태어난 연월일시 모두 음의 천간지지로 이루어져 있다. 오행의 기운 또한 금수(金水)의 냉기가 가득차 있다. 성정이 예민하고 손발이 차가우며, 음양 조후의 부조화로 건강이나 심리적 문제를 동반할 수 있다. 이렇듯 음양에 대한 이해만으로도 그 사람의 성정이나 건강상의 특징을 읽어낼 수 있다.

4 오행론

"

오행론(五行論)은 우주 만물을 이루는 다섯 가지 기운과 그 흐름에 대해 설명한다. 『궁통보감(窮通寶鑑)』 오행론의 첫머리에 "오행이란 본성이 천지의 관계에 근거하여 끊임이 없는 것이다"라고 하였다. 『궁통보감』은 명리학 3대 고전 중 하나로, 이 책의 원제인 『난강망(欄江網)』은 일망타진의 뜻이다. 그만큼 이 책의 적중률이 높았다는 의미이다. 『난강망』은 강호에서 숨겨 보

던 보서로, 저자와 연대는 미상인데 책에 인용된 명조가 명대 인사들의 것이어서 명조 말에 쓰여졌다고 추측된다. 이 책은 청조 때 역법가가 『조화원약(造化元鑰)』이라고 명명했고, 다시 여춘대(余春臺)의 손에 들어가서 첨삭과 편집을 거쳐 『궁통보감』이란 이름으로 세상에 나왔다. 중화민국 초기의 명리학자 서락오(徐樂吾)는 『궁통보감』을 굉장히 중시해서 다음과 같이 자신만만하게 말했다. "내가 명리 연구를 여러 해 했는데, 평생 가장 따르는 책이 『자평진전(子平眞詮)』, 『궁통보감』, 『적천수(滴天髓)』 이 세 가지이다." 더불어 서락오는 명리 연구에서 제일 먼저 오행이 어떤 것인지를 반드시 밝혀야 한다고 했다. 참고로 오행(五行)에서 행(行)은 춘하추동의 기후가 천지 사이에서 변화하고 끊임없이 순환함을 일컫는다.

1. 오행 개념의 성립

오행사상의 역사적 · 학문적 기록은 중국 고대 은주(殷周) 교체기 무렵에 나타나기 시작한다. 오행은 음양과 함께 거론되며 우주의 기본적 힘과 운동을 설명하는 궁극의 원리로 받아들여졌다. 오행설에 대한 사상적 논의는 추연(騶衍 또는 鄒衍)을 비롯한 음양가의 시대로 거슬러 올라간다. 추연은 전국시대의 사상가로 기원전 350~270년 사이에 활동한 것으로 보인다. 사마천(司馬遷)의 『사기(史記)』에는 '제나라에 추(騶)씨 성을 가진 세 학자 중 하나로 맹자보다 뒷사람'이라고 소개되었으며, 중국의 명산, 대하, 계곡, 금수, 수륙의 혜택, 진기한 산물 등을 분류했을 뿐 아니라 바다 저편 인간이 관찰할 수 없는 것까지 연구했다고 쓰여 있다.

추연은 자신의 대표적 오행학설인 오덕종시설(五德終始說)에서 오행의 상생과 상극의 순서에 의해 왕조의 흥함과 폐함을 논했다. 예를 들면 하(夏)나라는 목(木) 오행의 덕이 있는 나라이고, 그 다음 왕조인 은(殷)은 목(木)을 극하는 금(金)의 덕이 있는 나라, 주(周)는 금(金)을 극하는 화(火)의 덕이 있는 나라로 오행을 배정하여 설명한 것이다.

오행은 물[水], 불[火], 나무[木], 쇠[金], 흙[土]을 가리킨다. 한나라 초기의 『상서대전(尙書大傳)』에서는 "물과 불은 백성이 먹고 마시는 것이고, 쇠와 나무는 백성이 일으키고 만든 것이며, 흙은 만물이 살아가는 것이니, 이는 사람을 위해 쓰이는 것들이다"라고 하였다. 무왕이 주나라를 토벌할 때 전사들에게 이 문장을 제창하게 했다고 알려져 있는데, 오행설과 관련된 최초의 문장으로 보인다. 오행에 관한 또다른 전거로 『서경(書經)』「홍범(洪範)편」에는 다음과 같은 내용이 있다.

> 오행에 관하여 첫째는 수(水)라 하고, 둘째는 화(火), 셋째는 목(木), 넷째는 금(金), 그리고 다섯째는 토(土)라 한다. 수(水)는 물체를 젖게 하고 아래로 흐른다[윤하(潤下)]. 화(火)는 연소하는 것이다[염상(炎上)]. 목(木)은 굽고 곧은 것이다[곡직(曲直)]. 금(金)은 따르고 바뀌는 것이다[종혁(從革)]. 토(土)는 심고 가꾸는 것이다[가색(稼穡)]. 윤하는 짠맛을 내고, 염상은 쓴맛을 낸다. 곡직은 신맛을 내고, 종혁은 매운맛을 내며, 가색은 단맛을 낸다.

위에서 윤하(潤下)는 물이 적시고 흐르는 모습, 염상(炎上)은 불이 타오르는 모습, 곡직(曲直)은 나무가 생장하는 모습, 종혁(從革)은 쇠를 틀에 맞게 성형하는 모습, 가색(稼穡)은 흙이 씨앗을 자라게 하고 추수하게 하는 모습을 의미한다.

그런데 이와 같은 정리는 오행을 다섯 종류의 서로 다른 물질로 보았다기보다는 다섯 가지의 과정으로 보고, 기본 물질과 관련지어 그 물질과의 관계를 통해 오행을 설명하는 것에 가깝다. 영국의 박물학자이자 과학사회학자인 조지프 니덤(Joseph Needham, 1900~1995)은 『중국의 과학과 문명』이란 유명한 저서에서 오행설은 사물의 기본적 성질, 즉 사물이 변화할 때 나타나는 성질을 분류하려는 노력에서 나왔다고 했다. 따라서 오행을 영어로 'Five elements', 즉 다섯 가지 요소라고 쓰는 것은 행(行)을 표현하기에 충분하지 않다. 행(行)은 글자의 뜻 그대로 '운동'을 의미하기 때문이다.

나아가 오행을 다섯 가지 맛과 관련지은 것에 대해 조지프 니덤은 다음과 같이 말했다.

> 짠맛을 물과 관련짓는 것은 해안지방에 사는 사람들로서는 자연스러운 결과이며, 용해와 결정(結晶)에 대한 소박한 실험과 관찰을 시사한다. 쓴맛과 불의 관련은 …… 약초를 달여서 약을 만들 때 불을 이용하는 것을 의미하는 듯하다. 아마도 그것은 당시 지식으로서는 가장 쓴 물질이었을 것이다. 향신료의 쓴맛과 얼얼한 맛도 관련되었을 것이다. 신맛과 나무의 관련은 쉽게 설명된다. 나무는 식물성으로, 분해하면 신맛을 내는 모든 종류의 식물성 물질과 연관될 것이다. 식물을 태운 재는 알칼리 성분인데 신맛이 난다. 매운맛과 금속의 관련은 제련조작을 단번에 알게 해준다. 그와 같은 조작은 대부분의 아황산가스 같은 지독히 자극적인 연기가 났을 것이다. 마지막으로 단맛과 흙의 관련은 땅 속의 벌집에서 꿀을 따는 일이나, 일반적으로 곡물은 단맛이 있다는 사실에서 유래했을 것이다.

니담은 이 책의 많은 부분에서 중국 과학사와 관련지어 음양과 오행 학설을 해석하고, 그 내용을 천문학이나 역학 그리고 광물이나 화학물질, 식물 등의 목록을 통해 설명하고 있다. 오행과 맛의 연관성에 대한 위 해석은 중국 고대 철학과 과학을 근거로 한다는 점에서 흥미로운 시사점이 있다.

아래는 한나라 학자 동중서(董仲舒)가 썼다고 알려진『춘추번로(春秋繁露)』「오행지의(五行之義)」에서 오행과 관련된 내용이다.

> 하늘에 오행이 있다. 제1은 목(木), 제2는 화(火), 제3은 토(土), 제4는 금(金), 그리고 제5는 수(水)이다. 오행의 순환 중 목(木)이 첫째로 나타나며, 수(水)가 마지막에 온다. 토(土)는 한가운데이다. 이것은 하늘이 정한 순서이다. 목(木)은 불[火]을 낳고, 금(金)은 물[水]을 낳고, 물은 나무[木]를 낳는다. 이것은 아비와 아들의 관계이다. 목(木)은 왼쪽에 있으며, 금(金)은 오른쪽, 화(火)는 앞쪽, 수(水)는 뒤쪽, 그리고 토(土)는 중앙에 있다. 이것도 아비와 아들의 순서이며, 각자는 순차적으로 다른 것으로부터 받는다. 즉, 나무는 물에게서 받고, 불은 나무에게서 받는 등등이다. 그것들은 전하는 입장에서는 아비이며, 받는 입장에서는 아들이다. 아들은 항상 아비에게 의존하고, 아비는 항상 아들에게 지시한다. 이것이 하늘의 도이다.

위 인용문에서는 오행의 순서에 변화가 생긴다. 앞서 인용한『서경』「홍범편」에서는 수(水)·화(火)·목(木)·금(金)·토(土)의 배열이었는데, 여기서는 상호상생의 순서인 목(木)·화(火)·토(土)·금(金)·수(水)의 배열이다.「오행지의」의 이어지는 문장을 보자.

> 이런 까닭으로 목(木)이 생하면 화(火)가 그것을 따르고, 금(金)은 죽은 후에 물 속에 저장된다. 불은 나무를 즐기고 양(陽)이 베풀

어 키워주는 것을 좇아 나무에 의해 양육된다. 물은 금을 이긴 후 음(陰)이 베풀어 키워주는 것을 좇아 그것을 묻는다. 흙은 하늘을 섬기고 충성을 다한다. 이렇게 하여 오행은 효도하는 자식과 충의스런 대신의 행위에 대응한다. 오행을 이렇게 표현한다면 다섯 종류의 행위가 되는 것은 아닐까.

위 인용문에서 천도(天道)에 나타난 오행은 지도(地道)에서 1년 사계절의 변화에 따라 만물이 생육, 번성, 쇠퇴의 과정으로 순환함을 말하고, 인도(人道)에서 사람의 다섯 가지 행위에 비유된다. 사람이 주군을 섬기는 것은 땅이 하늘을 공경하는 것과 같다. 사람이 오행에 맞추어 행동하듯 관리는 그와 같은 행동을 통해 최고의 능력을 발휘한다.

나아가 오행은 다섯 방위에 적용되는데, 그 중에서 토(土)는 중앙에 위치하여 나머지 사행(四行)과 사방(四方)을 이루어준다. 1년에 5개의 계절이 있음은 계절마다 토(土)가 있어 다음 단계로 순차적으로 이어주기 때문이다. 그것이 상(相, 돕다) · 왕(旺, 번영하다) · 휴(休, 휴식하다) · 수(囚, 가두다) · 사(死, 죽다)의 순환이다.

또한 1년 12개월을 12단계로 나누었다. 즉, ① 숨(기운)을 받다[受氣], ② 태내에 있다[胎] ③ 양육된다[養] ④ 태어나다[生] ⑤ 목욕하다[沐浴] ⑥ 의관을 갖추다[冠帶] ⑦ 관리가 되다[臨官] ⑧ 번영한다[旺] ⑨ 쇠퇴한다[衰] ⑩ 병들다[病] ⑪ 죽다[死] ⑫ 매장된다[葬]로 나누었다. 이 12단계는 이후 명리학의 십이운성법으로 발전하게 된다(십이운성법은 심화단계에서 제대로 설명되어야 할 것이다).

2. 하도낙서

앞서 음양가와 『서경(書經)』「홍범(洪範)편」에서 오행을 어떻게 설명하는지 소개했다. 하지만 오행의 학문적 근거에 대해서는 다소간의 신화적인 오해가 있다. 전설처럼 내려오는 말로는 중국 고대의 황제가 역법을 정할 때 오행이 나왔다고 하며, 그것이 하도낙서설(河圖洛書說)의 근거가 되었다. 『서경』「홍범편」에 적힌 이야기를 옮겨보면 아래와 같다.

> 하도는 복희씨가 천하에 왕 노릇을 할 때 용마가 하수에서 나왔는데, 드디어 그 무늬로 8괘를 그렸다. …… 낙서는 우임금이 홍수를 다스릴 때 신령스런 거북이 등에 무늬를 지고 나왔는데 9까지의 수가 펼쳐져 있었다. 우임금은 이를 가지고 9주를 만들었다.

위에서 9주는 9가지 조항의 정치이념인 홍범구주를 말한다. 서한의 양웅(揚雄)은 『태현경(太玄經)』에서 처음으로 십수도(十數圖)와 구수도(九數圖)의 도식을 제시했는데, 하도는 1~10까지 모두 나타나므로 십수도이고, 낙서는 1~9까지만 나타나므로 구수도라고 했다. 이후 북송의 상수역학가인 진단(陳摶)과 소옹(邵雍), 그리고 주희(朱熹)에 의해 다음과 같은 그림이 제작되었다. 여기서 흰 점은 홀수로 양을, 검은 점은 짝수로 음을 표시한다.

• 하도

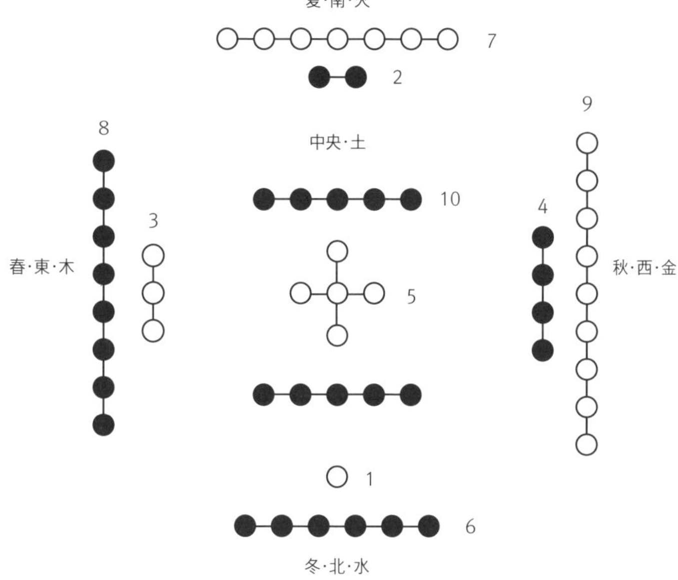
夏·南·火
7
2
8
中央·土
9
10
3
4
春·東·木
5
秋·西·金
1
6
冬·北·水

• 낙서

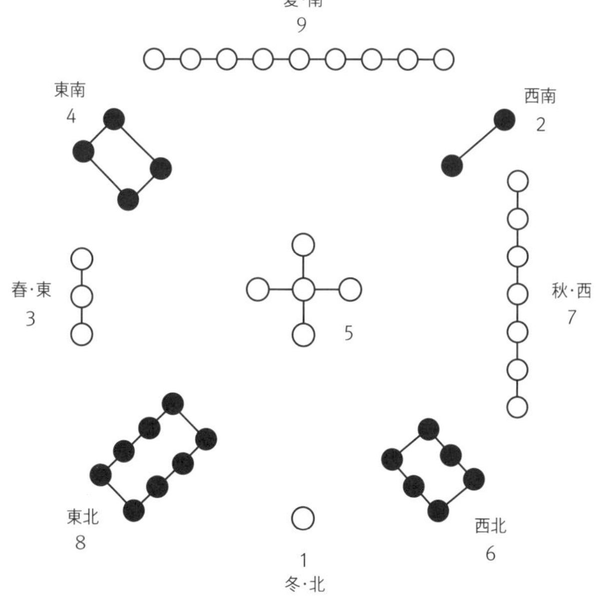
夏·南
9
東南
4
西南
2
春·東
3
5
秋·西
7
東北
8
西北
6
1
冬·北

위에서 하도는 이른바 천수(天數)와 지수(地數)가 모두 들어 있으며, 생수(1 · 2 · 3 · 4 · 5)와 성수(6 · 7 · 8 · 9 · 10)가 각각 4정방(正方)에서 대대를 이루고 있는 구조이다. 자세히 설명하면 다음과 같다.

① 1과 6은 아래의 북방에 있는데, 북방은 오행으로는 수(水)이고 감[坎 · ☵]괘의 방위이다.
② 2와 7은 위의 남방에 있고, 남방은 오행으로 화(火)이며 이[離 · ☲]괘의 방위이다.
③ 3과 8은 왼쪽의 동방에 있으며, 동방은 오행으로 목(木)이며 진[震 · ☳]괘와 손[巽 · ☴]괘의 방위이다.
④ 4와 9는 오른쪽 서방에 있으며, 서방은 금(金)이고 건[乾 · ☰]괘와 태[兌 · ☱]괘의 방위이다.
⑤ 5와 10은 중앙에 있으며, 중앙은 오행으로 토(土)에 속하고 곤[坤 · ☷]괘와 간[艮 · ☶]괘가 사귀는 것이다.
⑥ 남방의 화(2와 7)는 여름, 북방의 수(1과 6)는 겨울, 동방의 목(3과 8)은 봄, 서방의 금(4와 9)은 가을이며, 가운데는 토(5와 10)이다.

• 오행과 생수 · 성수

오행	木	火	土	金	水
생수	3	2	5	4	1
성수	8	7	10	9	6

참고로, 고대 전적 등에는 동서남북 4방위가 지금 사용하는 것과 반대로 놓여 있다. 지금과 같은 방위도식은 인간 중심의 서구적 사고방식에서 온 반면, 동양의 고대 전적은 하늘 중심의 사유이다.

이를 혼동하지 말기 바란다.

이와 같이 하도는 8괘의 기원이 되었고, 낙서는 9주의 근원이 되었으며, 이들을 취합하여 오행의 선천수와 후천수가 생겨났다. 하도와 낙서는 역의 근본이 되어 그 원리를 담고 있고, 미래의 길흉화복을 점치는 천문이나 의학 그리고 다양한 술수의 근거가 되었다. 지금의 '도서관'이라는 명칭은 하도의 '도'와 낙서의 '서'에서 왔다.

덧붙여 설명하자면, 하도낙서설이나 『서경』「홍범편」에서 비교적 자세하게 설명한 근거를 제외하면 선진시대(춘추전국시대) 전적 중 『시경』, 『예기』, 『주역』, 『도덕경』, 『논어』 등의 경전에는 오행에 대한 언급이 보이지 않는다.

3. 사주에서 오행의 사용

(1) 오행의 성정

오행은 우리가 살고 있는 자연계를 크게 다섯 가지, 즉 목화토금수(木火土金水)로 분류한 데서 왔다. 이 다섯 가지 물질은 일정한 법칙성을 가지고 순환하며, 음양이라는 테두리 안에서 돌고 돈다.

『궁통보감(窮通寶鑑)』은 오행을 먼저 말한 다음 음양을 말했는데, 이는 『궁통보감』이 오행의 상생상극 변화를 위주로 쓰여졌음을 말해준다. 왕(旺, 왕성함) · 상(相, 도움) · 휴(休, 쉼) · 수(囚, 가둠)는 운명을 논하는 중요한 근거로서 음양을 오행에 의거하여 설명한 것이다. 우주에 존재하는 각종 사물과 현상은 인간의 생명과 사업의 발전과 변화를 포괄하며, 그것들 모두 오행이란 다섯 가지 다양한 물질의 속성이 끊임없이 운동하고 서로 작용하는 결과이기 때문이다. 『궁통보감』은 오행에 대해 다음과 같이 정의했다.

북쪽에서 음이 극단에 이르러 차가움을 낳고, 추운 것이 수(水)를 낳는다. 남쪽에서 양이 극단에 이르러 열을 낳는다. 열이 화(火)를 낳는다. 동쪽에서 양이 흩어짐으로써 누설되어 바람을 낳는다. 바람은 목(木)을 낳는다. 서쪽에서는 음이 멈추니 그럼으로써 거두어들여 마름을 낳는다. 마름은 금(金)을 낳는다. 중앙에서는 음과 양이 교차하여 따뜻함을 낳는다. 따뜻함이 토(土)를 낳는다. 그것이 서로 낳으니 그러므로 서로 의지하고, 그것이 서로 이기니 그러므로 서로 억제한다. 이것을 일러 질서가 있다고 말한다.

서락오(徐樂吾)는 이에 대해 "오행으로써 춘하추동의 명칭을 대신하고 방위를 배합하니 천연인 것에서(하늘과 자연으로부터) 나온다. 북방에 있는 해(亥) · 자(子) · 축(丑)은 겨울이고, 남방에 있는 사(巳) · 오(午) · 미(未)는 여름이며, 동방에 있는 인(寅) · 묘(卯) · 진(辰)은 봄의 계절이고, 서방에 있는 신(申) · 유(酉) · 술(戌)은 가을의 계절이다"라고 하였다. 또한 "겨울의 음의 찬 기운이 수(水)이다. 여름의 양의 열기가 화(火)이다. 봄의 계절에 양이 화합(번창)하여 흩어져 누설하는 것이 목(木)이다. 가을에 추위가 엄중하여 거두어 간직하는 것이 금(金)이다. 토(土)는 전적인 유일한 위치가 없으니 중앙에 머물러서 네 모서리에 의거한다. 네 모퉁이라는 것은 간(축인), 손(진사), 곤(미신), 건(술해)인데, 네 계절이 서로 벗어나는 관계이다"라고 덧붙였다.

• 천간지지팔괘방위도

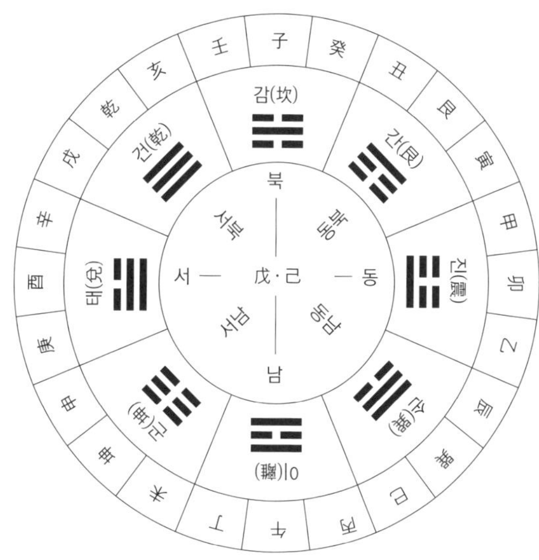

이 그림은 십천간과 십이지지, 8괘의 이름과 모양, 그리고 24방위가 모두 표시되어 있다. 이해를 돕기 위해 제작과정을 설명하면 다음과 같다.

우선 십이지지 중 처음부터 세 번째 오는 지지들의 모임인 사정지(四正支)의 글자들이 있다(6장 지지론에서 자세하게 다룬다). 바로 자(子)·묘(卯)·오(午)·유(酉)이다. 이 자(子)·묘(卯)·오(午)·유(酉)를 각각 정북, 정동, 정남, 정서에 위치시킨다. 사정지는 글자 그대로 반듯한 네 지지라는 뜻이고, 모두 순일한 기운으로 계절과 방위의 중심을 이루는 글자이다. 따라서 예전부터 과거시험과 같은 중요 국가행사를 자(子)·묘(卯)·오(午)·유(酉)년에 치렀다고 전해진다. 2장 사주입문용어에서 설명한 천간지지의 음양오행 배속을 참조하면 자(子)·묘(卯)·오(午)·유(酉)는 각각 수(水)·목(木)·화(火)·금(金)이다.

다음은 천간의 배치이다. 위와 같은 방법으로 수(水)·목(木)·화(火)·금(金)에 해당하는 천간의 글자를 자(子)·묘(卯)·오(午)·유(酉)의 좌우에 순서대로 위치시키면 임자계(壬子癸)는 북·수(水), 갑묘을(甲卯乙)은 동·목(木), 병오정(丙午丁)은 남·화(火), 경유신(庚酉辛)은 서·금(金)이다.

그리고 나서 나머지 지지를 시계방향으로 순서대로 배치하고, 서북에 건괘(하늘), 서남에 곤괘(땅), 동북에 간괘(산), 동남에 손괘(바람)를 배치하면 24방위와 그 의미가 완성된다.

간지와 팔괘, 그리고 그 의미와 배치를 이해하는 것은 향후 고급단계의 신살론 및 풍수처방에 주효한 관법이니 여기서 기본을 확실하게 다지고 가길 바란다.

다음 오행표는 각 오행의 성질과 음양이 어떻게 구분되어 있는지 정리한 것이다. 여기서 인체와 오행의 관계는 한의학의 고전인 『황제내경(黃帝內經)』에서 하늘과 인간 사이의 자연적 감응으로 인체 경락, 체계, 장상을 연관시킨 것을 참고하였다. 장상(臟象)이란 오장육부의 기능과 병리변화가 외부로 드러나는 현상을 말하는 것으로 한의학의 중요 이론이다.

• 오행표

오행	木	火	土	金	水
천간	甲·乙	丙·丁	戊·己	庚·辛	壬·癸
지지(양)	寅	巳	辰·戌	申	亥
지지(음)	卯	午	丑·未	酉	子
오색	청(녹)	적	황	백	흑
오계	봄	여름	환절기	가을	겨울
시간*	03~07	09~13	01~03, 07~09, 13~15, 19~21	15~19	21~01
오방	동	남	중앙	서	북
오미	신맛	쓴맛	단맛	매운맛	짠맛
오장	간	심장	비장	폐	신장
오부(육부)	담(쓸개)	소장	위장	대장	방광
신체계통	신경	순환	소화	호흡	배설분비
신체오주	신경·힘줄	혈맥	기육(근육)	피모(피부)	골수
얼굴오규	눈	혀	입	코	귀
오지(志)	노(화)	희(기쁨)	사(생각)	우·비(슬픔)	공(공포)
오기(氣)	풍(바람)	열(뜨거움)	습(습기)	조(건조)	한(냉기)
성향	인(仁)	예(禮)	신(信)	의(義)	지(智)
행성	목성	화성	토성	금성	수성
소리	각	치	궁	상	우
곡물	밀	콩	쌀	삼·마	수수·기장
인생	탄생	젊음	성인	노년	죽음
한글소리**	ㄱ·ㅋ (어금닛소리)	ㄴ·ㄷ·ㄹ·ㅌ (혓소리)	ㅁㅂㅍ (입술소리)	ㅅㅈㅊ (잇소리)	ㅇㅎ (목구멍소리)
숫자	3·8	2·7	5·0	4·9	1·6

* 동경 표준시를 사용하는 국제협약에 따라 한국에서 태어난 사람은 여기에 30분을 추가해야 한다.

** 한글소리 분류는 훈민정음 해례본에 근거한 것으로, 통상 성명학에서 사용하는 오음 분류와는 차이가 있어서 토(土)와 수(水)의 소리가 뒤바뀐다.

이 오행표에는 사주 기초단계에서 공부할 중요한 내용이 많이 들어 있다. 특히 몇 가지 분류는 확실하게 암기하는 것이 좋다. 천간과 지지, 오색, 오계, 오방, 시간 등은 사주입문에서 당연히 필수이지만, 곧 다루게 될 주요 주제이기 때문에 특히 강조하고 싶다.

오미, 오장, 오부(육부), 신체계통, 신체오주, 얼굴오규, 오지, 오기는 한의학에서 주로 다루는 내용이다. 그렇다고 사주와 관련이 없다고 무시하면 안 된다. 이 또한 사주 통변에서 중요한 소재이기 때문이다. 예를 들어 목(木) 일간인데 여름에 태어나고 수기(水氣)가 부족하면 성정이 어떻겠는가? 목(木)은 오장육부로 간 · 담에 소속되고, 신체계통으로 신경이며, 오지로는 노(화), 오기로는 풍(바람)이다. 이 사람이 나이가 좀 있다면 주변에서 화를 돋우는 일이 있어도 너무 신경 쓰지 말고 이해하고 넘기라고 조언해주어야 할 것이다. 아니면 욱하는 성격에 목(木)이 더욱 공격받는 세운이 오면 풍을 맞을 수도 있다. 중풍(中風)은 현대의학에서는 뇌졸중이라고 하지만 한의학에서는 갑작스럽게 발병한다고 해서 바람[風]이라는 글자를 썼다.

다른 예로 금(金)은 오장육부로 폐 · 대장, 신체계통으로 호흡기, 신체오주로 피모(피부)이며, 얼굴오규로 코이다. 금(金) 오행이 사주에 건전한 상태로 자리하지 않으면 호흡기질환이 있거나, 아토피질환이 있거나(사주에 화가 많은 경우), 이비인후과 알레르기 증상이 있을 수 있다. 사주에 음양이 조화롭지 않아 습냉하면 몸이 차고 환절기에 감기에 걸리기 쉽다. 이 정도 통변은 음양오행의 간명으로도 가능하다.

오색과 오미의 분류를 음식에 적용하면 어떨까? 푸른빛을 띠는 음식은 목(木) 오행과 관련이 있고, 붉은색은 화(火), 노란색은 토(土), 흰색은 금(金), 흑색은 수(水) 오행과 관련이 있다. 오미자는 다섯 가지 맛이 다 들어 있으니 한의에서 오행이 골고루 갖추어진 식물로 분류한다.

마지막으로 한글소리는 작명에 반드시 필요한 소재이고, 숫자는 풍수에 처방할 때 요긴하다. 사주에 목(木)이 없거나 목(木)이 용신(필요로 하는 것)이라면 한글소리 ㄱ, ㅋ(어금닛소리)로 이름을 짓거나 상호, 건물 이름, 또는 별칭으로 활용하면 좋다. 숫자 3과 8도 이와 같은 처방에 해당한다. 사무실 호수나 전화번호, 각종 비밀번호 등 사용처는 무궁무진하다.

[목 _ 木]

오행을 기질로 볼 때 목(木)은 유일한 생물이다. 따라서 다른 오행과 달리 모든 오행을 두루 갖추고 있다. 목(木)은 그 자체로 수(水)의 성분인 씨앗이 되기도 하고, 목(木) 자체의 성분인 싹으로서 성장하여 꽃이 되어 화(火)를 나타내기도 하며, 성숙하여 열매를 맺으면 금(金)이 되기도 한다. 자연의 과정으로는 발생과 시작의 의미가 있다. 생명을 가진 자연의 물상이 우주 공간의 양기를 흡입하고 지기(地氣)를 흡수하여 땅을 뚫고 뿌리를 내리거나, 새싹이 돋아 자라나는 모양이다. 자형(字形)을 보면 一자는 땅을 상징하고, 세로줄기가 땅을 뚫고 돋아나며 땅에서 영양분을 흡수하는 모습을 나타낸다.

목(木)은 새싹이 생명을 태동하여 발화하는 것으로, 어린 소년의 미숙함이나 활발한 움직임, 미래지향성, 한 해가 시작되는 봄과 동방의 해가 뜨는 아침을 상징한다. 목(木)의 운동은 화살이 날아갈 때의 나선형이나 스프링의 튀어오름, 덩굴식물이 감아 올라가는 모양을 나타낸다. 봄을 뜻하는 영어 단어가 Spring인 것은 우연의 일치가 아니다.

[화 _ 火]

화(火)는 변화와 발화의 상징이다. 변화[化], 꽃[花], 그림[畵], 화려함[華] 등이 모두 화(火)의 다양한 통변성이다. 화(火)는 태양의 빛과 불의 열기를 의미하는데, 때로는 자연 만물을 키워 꽃을 피우고, 밝은 빛을 이루지만 때로는 사물을 태우기도 한다. 자형은 사람[人]이 활개를 펼치는 모습이기도 하고, 불꽃이 위로 피어오르는 형상이기도 하다.

불은 스스로 발생할 수 없다. 나무가 있어야 태울 수 있고 기름[水]을 먹어야 불꽃이 피어나기 때문에 수(水)와 화(火)는 대립적이면서 서로 보완적인 관계이다. 불은 위로 올라가는 습성이 있고 겉은 화려해도 속은 공허하다. 오뉴월 나무는 겉은 화려하지만 더 이상 성장을 위한 힘은 남아 있지 않다. 여름의 양목이 사목(死木)이라는 말은 그러한 이유에서다.

화(火)는 뜨거우며, 폭발하여 천지 만물을 골고루 비추고자 한다. 따라서 분명한 것을 좋아하고, 밝고 명확해야 안심한다. 잘못된 것이 있으면 바로잡고 싶어하나, 그 에너지가 지나치면 상대를 파괴하고 자신도 불타버린다. 창조적이고 독창적이며 과감하여 긍정적이고 모험을 즐기지만, 때로 공격적이고 충동적이다. 화(火)는 청년의 마음으로 에너지가 넘치고 정열적이나, 의욕이 지나치고 마음이 급해 즉흥적이어서 아직은 일처리가 서툰 시기이다.

[토 _ 土]

토(土)는 오행 중에서 중화를 갖춘 글자이다. 자형으로 봤을 때 양을 의미하는 +와 음을 의미하는 −의 조합이며, 세로획을 중심으로 좌우로 뻗은 2개의 선이 네 계절을 의미하여 글자 안에 춘(辰土) · 하(未土) · 추(戌土) · 동(丑土)을 모두 가지고 있다. 따라서 만물은 토(土)를 통해서 싹을 돋우고 꽃을 피우며 열매를 맺고 씨앗을 뿌린다.

토(土)는 조용히 자신을 드러내지 않지만, 어느 한쪽에 치우지지 않고 자신의 개성을 숨겨 만물을 뒤엉키게 하고 수용하여 거두어들인다. 토(土)는 지나간 것을 묻고 마무리하고 변화시켜 다음을 열어주는 일을 한다. 토(土)는 중후하고 원만하여 신용을 중히 여기고 큰일을 도모하고 개척하려는 의지가 있으나, 자신을 잘 감추어 비밀이 많다. 토(土)에 나무를 심으면 과수원이 되고, 뜨거우면 화산이 되거나 사막이 되고, 도자기를 굽는 가마터가 되었다가 광산이 되기도 하고, 눈이 내리면 동토가 된다. 어떤 때는 집터가 되기도 하고 다양한 채소를 심어서 키우는 문전옥답이 되기도 하며, 멀리 바라보는 태산이 되기도 하고 묘지가 되기도 한다.

토(土)가 많으면 답답하고 여러 가지 복잡한 생각에 시달리며, 보통은 꾸미고 치장하는 일을 좋아한다. 토(土)의 마음은 지금까지 청춘의 삶을 돌아보고 말년을 대비하는 중년의 마음이다. 신중하고 현실적이며 인생의 일에 대해 심사숙고하여 판단한다.

[금 _ 金]

금(金)은 땅[土]에서 꽃이 피고[火] 그것이 열매가 되어 단단하게 무르익은 과일이나 곡식을 상징한다. 혹은 단단한 껍질 속의 구슬이나 쇳덩어리와 같은 모습을 나타낸다. 또한 금속 성분은 돈이나 쇠붙이로 이루어진 기계나 무기, 보석 등을 상징하기도 한다.

동양의 목기(木氣)는 인문학을 의미하는 반면, 서양의 금기(金氣)는 물질적인 과학과 자본주의를 상징한다. 초년의 목(木)은 미래를 꿈꾸는 희망을 갖고, 청년의 화(火)는 정열을 가지고 도전하는데, 장년의 금(金)은 현실의 실리와 경제를 계산하여 실용과 물질을 추구한다.

금(金)은 자신의 판단을 믿고 주체적으로 행동하여 남의 간섭이나 도움을 원하지 않는다. 또한 금(金)은 단단하여 자립심이 강하고 결단력이 있다. 금(金)은 사물을 자르고 찌르고 도려낸다. 따라서 쌀쌀하고 매서운 가을 기운이란 의미에서 숙살지기(肅殺之氣)라고도 불리는데, 흩어진 화(火)의 기운을 추슬러 결실과 결과를 맺게 한다.

금(金)은 토(土)에서 생겨나지만 자칫하면 흙에 매몰될 수 있고, 화(火)에 의해 녹지만 오히려 제련되어 기물이 된다. 금(金)은 겉으로는 강해 보이나 정이 많고, 의협심으로 인해 독선적으로 보이나 남의 꼬임에 잘 넘어가기도 하는 단순한 성정을 가졌다. 금(金)이 무기나 위험한 물건을 상징하기 때문에 군인이나 경찰, 건달과 같은 직업성에 많이 보이는 글자이다.

[수 _ 水]

수(水)는 대지를 적시고, 생기와 윤기가 흐르게 하여 만물의 씨앗을 부화시키고, 젖을 공급하여 성장하게 하는 물질이다. 수(水)는 동물에게는 피와 같은 것이고, 불꽃이 타오르게 하는 기름이기도 하다. 수(水)의 자형은 물이 흐르는 모습이고, 높은 곳에서 낮은 곳으로 모여드는 액체를 상징한다.

수(水)의 성정은 총명하고 유연하고 임기응변에 능하며, 수완과 요령이 좋다. 수(水)는 깔끔하고 단정하여 오염을 싫어하고 자비로우며, 윤하(潤下)의 기질로 만물을 적셔주는데 때로는 탁해져서 음흉하고 만물을 못 쓰게 더럽히기도 한다. 수(水)의 마음은 장년을 보낸 노년의 경륜을 나타낸다. 지혜로우나 노쇠하고 종교와 철학에 관심이 많다. 깊은 물은 음흉하고, 얕은 물은 일관성 없이 잔꾀를 부린다.

아래는 『궁통보감(窮通寶鑑)』에 주해를 단 방성죽(方成竹)이 오행에 대해 해석한 내용이다. 상당히 구체적이고 깊이가 있어서 오행과 사주명리를 함께 이해하는 데 도움이 되는 글이다. 사주 학습자가 오행을 자세히 공부하고자 할 때 참조할만하다.

『황제내경(黃帝內經)』「소문(素问)편」에 의하면, 동방이 바람을 낳고 바람은 나무를 낳으며, 남방은 열을 낳고 열은 화(火)를 낳으며, 중앙은 습을 낳고 습은 토(土)를 낳는다. 서방은 조함을 낳고 조함은 금(金)을 낳으며, 북방은 추움을 낳고 추움은 수(水)를 낳는다. 이것은 중국 대륙의 특징을 반영한다. 명리학에서는 다음과 같이 생각한다. 마찬가지로 명운은 출생 지점의 차이에서부터 유래하는데 명운의 차이를 유발할 수 있다.

오행과 오방의 배합은 명리학의 중요 내용이다. 원인은 목(木)의 본성이 온화하고 양으로 향하는데, 동방은 바로 태양이 처음 생겨나는 지역이다. 그러므로 목(木)을 써서 동방을 대표했다. 화(火)의 본성은 불타올라서 열에 이르는데, 남방의 기후가 뜨거워서 만물이 생장하는 데 유리하다. 그러므로 불을 사용해서 남방을 대표했다. 토(土)의 본성은 두텁고 실해서 적절하고 충실한데 만물이 생장하는 데 유리하다. 중앙의 땅은 동서남북 중간에 처해 있다. 그러므로 토(土)를 사용해서 중앙을 대표했다.

바로 예를 들면 주자가 다음과 같이 말한 것과 같다. 오행은 땅을 바탕으로 하고 기는 하늘에서 행하므로 하늘에는 춘하추동이 있고 땅에는 금목수화(金木水火)가 있는데, 이 모두가 때와 땅이 서로 필요한 쓰임이 있는 것이다. 금(金)의 본성은 청량숙살(清凉肅殺)인데 서방으로 태양이 떨어지니 초목이 생겨나지 않는다. 그러므로 금(金)을 사용해서 서방을 대표했다. 수(水)의 본성은 춥고 냉해서 북방의 물이 얼고 땅이 차가우니 수(水)를 사용해서 북방을 대표했다.

화(火)는 태양인데 그 성질이 타오르는 것이다. 수(水)는 태음인데 그 성질이 윤하(潤下)이다. 목(木)은 소양인데 그 성질이 끓어올라 멈추는 바가 없다. 금(金)은 소음인데 음의 성질은 가라앉아서 멈추는 바가 있다. 토(土)는 한결같이 일정한 성질이 없어서 사시가 변화하여 생기고 성하는 과정에 그 변화를 일으키고 완성하게 하는 성분이니 너무 지나치게 하거나 미치지 못하게 해서는 안 된다.

오행의 본성은 각각 그 활용을 다 한다. 수(水)라는 것은 성질이 지(智)이고, 화(火)는 성질이 예(禮)이고, 목(木)은 그 성질이 인(仁)이고, 금(金)은 그 성질이 의(義)이다. 오직 토(土)만이 그 성질이 신(信)을 주관하는데 두텁고 관용하여 허용하지 않은 바가 없다. 수(水)로 가는 것으로 말하면(수의 방향으로 가면) 수(水)가 그것에 부착해서 행해지고, 목(木)으로 가는 것을 말하면 목(木)이 그것에 의탁해서 생겨났다. 금(金)이 토(土)를 얻지 못하면 스스로 나오는 바가 없고, 화(火)가 토(土)를 얻지 못하면 스스로 귀결되는 바가 없고 반드시 실함을 덜어서 통용하게 되어야 하고 비움을 다해서 밝힘으로 삼아야 한다. 그러므로 오행은 모두 토(土)에 의존한다.

위에 인용한 문장은 오행에 대한 전반적인 설명을 포괄하고 있다. 『서경(書經)』「홍범(洪範)편」과 그 밖에 다양한 자료에 나온 오행을 정리하면 다음과 같다.

• 오행의 성정

오행	『서경』「홍범편」		기타 자료
木	곡직(曲直)	수목이 성장하는 형태, 가지가 위와 밖을 향해 자라나고 펼쳐지는 모습. 화살처럼 뻗어나감. 성장, 상승, 싹이 돋아남.	동쪽에 위치하여 따뜻한 자양의 기가 있고 봄에 해당하므로 만물을 육성하는 계절이다.
火	염상(炎上)	화(火)의 온열 상승력. 폭탄과 같이 폭발하고 뻗어나감. 성장의 최정점, 태양의 밝음과 용광로의 뜨거움. 확산, 번영.	남쪽에 위치하여 뜨겁고 불타오르는 기가 있어 여름에 해당하므로 만물을 변화하게 하는 계절이다.
土	가색(稼穡)	땅의 조화력, 곡식을 심고 거두는 과정에서 조화의 연속. 생화(낳고 변화시킴), 계승, 수납 등의 작용은 모두 토(土)에 속함. 토(土)는 사행을 가꾼다. 만물은 토(土)의 가운데에서 생기고 없어진다. 생에서 사로, 뜨거움에서 차가움으로, 모든 변화의 중앙에 토(土)가 있다.	중앙인 한가운데 위치하여 사계에 응하므로 만물을 생출하게 한다.
金	종혁(從革)	나무를 쪼개고 다듬는 도끼와 같음, 굳히고 자르고 변형하고 재건하는 모든 힘. 변혁, 청결, 숙강(청정하게 가라앉힘), 수렴.	서쪽에 위치하여 싸늘한 숙살의 기를 머금고 있어 가을에 해당하므로 만물을 단단하게 하는 계절이다.
水	윤하(潤下)	물의 자윤(촉촉하게 함)과 아래로 흐르는 성향. 하향, 한랭, 유동. 혈액, 림프, 정액, 지방, 임신, 인생.	북쪽에 위치하여 차가운 엄동의 기가 있어 만물을 장양하게 하는 계절이다.

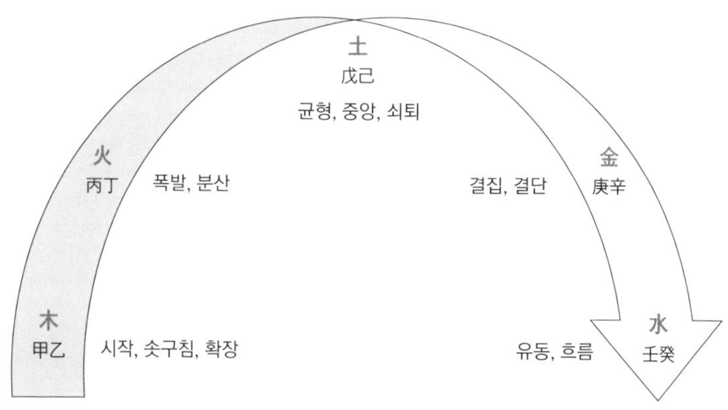

오행이 부족하면 나쁜 사주인가?

"사주에 없는 오행이 많아요. 다른 사람의 사주는 오행의 색깔이 다채로운데 저는 한두 가지 색깔밖에 없어요. 나쁜 사주인가요?"

이것은 사주 기초 첫 강의에서 만세력 어플로 본인이나 가족의 사주를 뽑아 본 초학자들이 자주 하는 질문이다. 사주팔자 여덟 글자가 오행의 색깔별로 표시되기 때문에, 아직 십천간과 십이지지 글자의 깊은 의미를 배우지 않았지만 그 사주의 음양오행을 파악할 수 있다. 처음 사주를 접하고 기대에 차서 사주명식을 뽑았는데 온통 어두운 색으로만 이루어졌거나 붉은색으로 가득차 있거나 하면 혼돈에 빠지게 된다. 그리고 걱정에 휩싸인다.

이 질문에 대해 답변하면, 사주는 조화와 중화, 즉 오행의 고른 분포를 중시하기 때문에 사주명식에 다섯 가지 색깔이 다양하게 분포되어 있는 것을 추구한다. 그러나 그렇게 간단하지가 않다. 사주를 가르치는 일부 학원에서 오행의 개수를 세고 점수를 매기는 것이 문제인 이유가 여기에 있다. 왜냐하면 사주는 글자들 간의 상호관계를 중시하는데 오행이 채워졌더라도 불을 의미하는 붉은색이 너무 왕성한 물(흑색)에 둘러싸여 있다거나, 나중에 설명할 충(沖)을 당하고 있거나, 아니면 나무를 의미하는 녹색이 금속을 의미하는 백색에 둘러싸여 충을 당하고 있으면 오히려 그 오행이 없는 것만 못하다. 그런 경우에는 병이 발생하고 사고가 뒤따른다. 이런 이유로 고급 단계의 사주이론에서는 오히려 단순한 오행이 건전하게 앉아 있는 명식을 맑다[淸]고 표현한다. 오행이 구족되어 서로 안 좋은 관계를 구성하면 탁해지기 때문이다.

따라서 사주를 제대로 읽기 위해서는 적어도 이 책에서 소개하는 입문 개념만큼은 다 배우고 생각하는 것이 좋다. 또한, 사주를 좋다 나쁘다 평가하는 것도 조심스럽다. 모든 사주는 한 사람의 소중한 인생을 담고 있고, 그 속에는 문제도 있지만 해결점도 있다. 물론 그 해결점을 찾을 수 없어 고민스러운 사주도 있지만, 어쨌든 사주를 가치판단으로 보지는 말아야 한다. 판단은 신중할수록 좋다.

(2) 오행의 상생상극

오행 목화토금수(木火土金水)는 서로 힘을 주기도 하고 빼앗기도 하는데, 이러한 움직임을 이른바 오행의 생극제화(生剋制化)라고 한다. 글자 자체의 의미에서 짐작할 수 있듯이 오행끼리 서로 도와주고 억제하는 관계를 나타낸다고 할 수 있다. 오행의 생극제화는 크게 상생(相生)과 상극(相剋)의 두 가지 개념으로 나눌 수 있다. 상생과 상극은 그것이 알맞게 적용되는 한 모두 자연현상에서 필요한 작용이다.

① 상생

힘을 북돋아주는 상생의 순서는 목(木) → 화(火) → 토(土) → 금(金) → 수(水) → 목(木) ……으로 이어진다. 그리고 나와 같은 동기(同氣) 간의 오행 또한 큰 힘을 실어주는 역할을 한다. 단, 어느 한 오행이 힘을 받으려면 그에 상응하여 힘을 실어주는 다른 오행이 있어야 한다.

중국 동한(東漢) 시대 반고(班固) 등이 편찬한 『백호통(白虎通)』에서는 오행의 상생에 대해 다음과 같이 말하고 있다. "목(木)이 화(火)를 낳는다는 것은 목(木)이 굴복하고 구멍을 뚫고 태워서 나오니 그러므로 목(木)이 화(火)를 낳는다는 것이다. 화(火)가 토(土)를 낳는 것이란 화(火)가 열로 타오르니 그러므로 목(木)을 태울 수 있다. 목(木)을 태워 재가 되니 재가 토(土)이다. 그러므로 화(火)가 토(土)를 낳는다고 말하는 것이다. 토(土)가 금(金)을 낳는다는 것은, 금(金)은 돌에 속하고 산에 의거하니 윤택하게 진액을 낳는다. 토(土)가 모여 산을 이루니 산은 반드시 바위를 낳는다. 그러므로 토(土)가 금(金)을 낳는다고 하는 것이다. 금(金)이 수(水)를 낳는다는 것은 작은 음의 기운이 따뜻하고 습해서 연못으로 흘러가는 것을 말하고, 금

• 오행상생표

목생화 (木生火)	목(木)은 자신을 태워 화(火)를 낳는다.	
화생토 (火生土)	화(火)는 목(木)을 태워 토(土)를 비옥하게 만든다.	
토생금 (土生金)	토(土)는 자신의 압력으로 금(金)을 더욱 단단하게 한다.	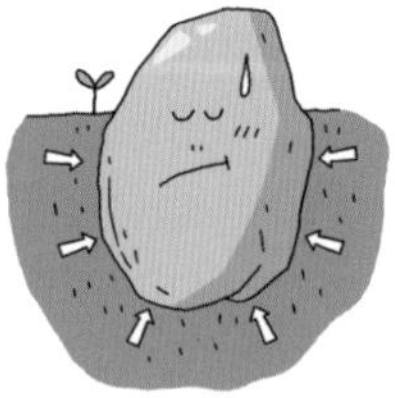
금생수 (金生水)	금(金)은 수(水)를 여과하여 맑게 하고 그 원천이 된다.	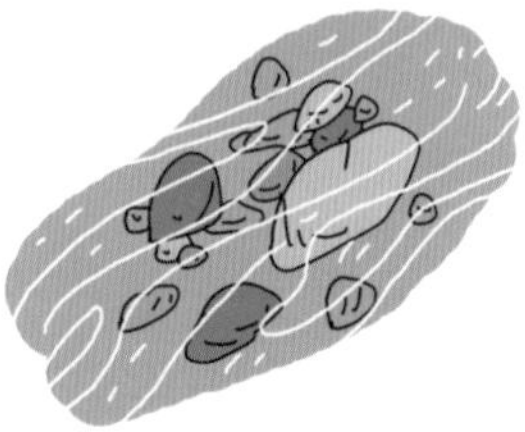
수생목 (水生木)	수(水)는 목(木)이 자라날 때 생명력을 불어넣어준다.	

(金)을 녹인 것이 물이다. 산에 구름이 있어서 습하니 그러므로 금(金)이 수(水)를 낳는다는 것이다. 수(水)가 목(木)을 낳는다는 것은 수(水)가 습기가 많기 때문에 목(木)이 생겨나니 그러므로 수(水)가 목(木)을 낳는다고 한다."

② **상극**

상극은 어느 한 오행을 억눌러 더 이상 힘을 키워 나갈 수 없게 만들어 조절해주는 것이다. 상극은 목(木) → 토(土) → 수(水) → 화(火) → 금(金) → 목(木)……으로 이어진다.

오행 상극은 목(木)이 토(土)를 이기고, 토(土)가 수(水)를 이기고, 수(水)가 화(火)를 이기고, 화(火)가 금(金)을 이기고, 금(金)이 목(木)을 이기는 것이다. 이에 대해 『백호통(白虎通)』은 "오행이 서로 해를 끼치는 것은 하늘과 땅의 본성이고 다수가 소수를 이기는 것이다. 그러므로 수(水)가 화(火)를 이기는 것이다. 정미함이 견고함을 이긴다. 그러므로 화(火)가 금(金)을 이긴다. 강건함이 유순함을 이기므로 금(金)이 목(木)을 이긴다. 한 덩어리가 흩어짐을 이기니 목(木)이 토(土)를 이긴다. 실함이 빈 것을 이기니 그러므로 토(土)가 수(水)를 이긴다"라고 설명하고 있다.

• 오행상극표

목극토 (木剋土)	목(木)은 토양의 정기를 흡수하여 토(土)를 마르게 한다.	
토극수 (土剋水)	토(土)는 수(水)를 탁하게 만들어 수(水)의 깨끗함을 흐리게 한다.	
수극화 (水剋火)	수(水)는 화(火)를 꺼트려서 타오르지 못하게 한다.	
화극금 (火剋金)	화(火)는 금(金)을 녹여 그 단단함을 유지하지 못하게 한다.	
금극목 (金剋木)	금(金)은 목(木)을 쪼개고 갈라놓는다.	

③ 상생과 상극의 조화

오행의 상생과 상극은 반드시 외워야 한다. 그 이치는 너무나 쉽기 때문에 더 설명하지 않아도 될 것이다. 위의 설명과 그림을 보면서 가만히 상상해보기 바란다. 목(木)이 화(火)를 생하는 장면과, 목(木)이 토(土)를 극하는 장면 모두를 말이다. 또한 상생과 상극 모두 자연에서 필요한 현상임을 잊으면 안 된다. 상생이 있으려면 상극이 있어야 한다. 상생은 있는데 상극이 없으면 사계절의 변화도 없다. 나무가 무성하게 자랐는데 가지를 정리해주지 않았다고 생각해보자(금극목). 드넓은 광야와 높은 산에 나무가 자라지 않는다고 생각해보자(목극토). 물이 넘쳐나는데 그것을 막아줄 제방은 바로 토극수(土剋水)의 역할이다. 광물이 제련되지 않으면 금속의 기물이 만들어지지 않는다(화극금).

문제가 되는 것은 정도가 지나침이다. 자연 만물과 현상의 기운과 숫자는 남을 때도 있고 부족할 때도 있는데 바로 그것이 흉을 유발하는 요인이다. 억누르는 것(상극)과 발양하는 것(상생)이 적정한 조화를 이루면 복이 온다. 그러나 낳고(생) 왕성함(왕)이 너무 지나치면 복 속에 재앙이 감추어져 있는 것이다. 사(死)와 절(絶) 또한 지나치면 복이 기댈 곳이 없어진다.

천간과 지지의 조합에 대해 『궁통보감(窮通寶鑑)』에서는 지지가 천간을 생해주면 기를 도와서 평생 복을 누릴 수 있고 다른 사람의 도움을 쉽게 받을 수 있으나, 반대로 천간이 지지를 생하면 기를 훔치는 것이 되어 남의 모함을 받는다고 했다. 또한, 지지가 천간을 극하면 침체되어 발화하기 어렵고, 천간이 지지를 극하면 그 위세로 사물에 해를 끼쳐 처첩과 자손에게 이롭지 않다고 했다. 아래는 상생상극의 조화가 깨어졌을 때를 설명하고 있다.

화다금소(火多金少)는 일을 혼탁하게 하여 소홀하고, 화소금다(火少金多)면 크게 길하지 못하게 한다. 음양이 치우쳐 나오고 조화가 이루어지지 않고 지나치고 모자라는 것 모두가 안 좋다(환난이 될 수 있다). 예를 들어 화다금소는 모으고 흩어지는 것이 형체를 이룰 수 없고, 만약 화소금다면 바로 제련할 수가 없다. 화(火)는 도리어 재가 날리고 연기가 없어지는 액운이 있다. 예를 들어 지나침과 모자람을 보는 것은 모두 불길하다.

상극의 과정에서 수(水)는 화(火)를 꺼트리나, 수(水)가 약하고 화(火)가 너무 강하면 수(水)는 증발하여 사라진다. 화(火)는 금(金)을 극하여 녹이나, 화(火)가 약하고 금(金)이 너무 강하면 불이 오히려 꺼져버린다. 금(金)이 목(木)을 극하여 쪼갤 수 있으나, 금(金)이 약하고 목(木)이 너무 강하면 금(金)이 오히려 상하여 이지러진다. 목(木)이 토(土)를 극하여 땅을 갈라놓을 수 있으나, 목(木)이 약하고 토(土)가 너무 강하면 나무의 뿌리가 꺾인다. 토(土)가 수(水)를 극하여 물을 멈추게 할 수 있으나, 토(土)가 약하고 물이 지나치면 흙이 붕괴되거나 탁해진다.

아래에서 첫 번째 순환표는 오행의 자연스러운 생극제화이다. 이러한 순환은 자연에서는 지극히 필요한 현상이다. 두 번째 순환표는 상생과 상극의 관계를 선으로 굵게 표시했다. 이는 상생과 상극의 반작용, 즉 부조화의 생극제화 또는 지나친 생극제화를 나타내어 그 지나침이 흉이 될 수 있음을 설명한 것이다.

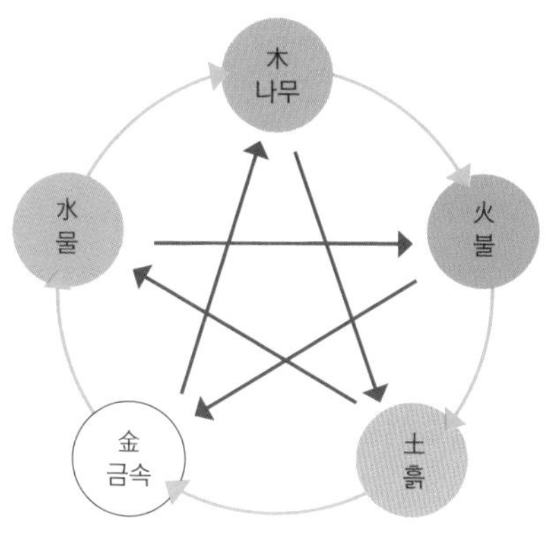

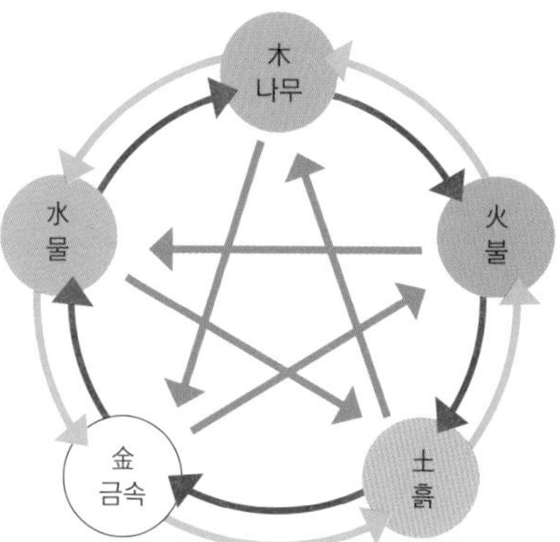

십천간과 십이지지, 연월일시 모두 천간지지의 상호작용에 근거한다. 하늘에 있으면 기가 되고 그러므로 한서조습풍열(寒暑燥濕風熱)이 있고, 땅에 있으면 형체를 이루므로 금목수화토(金木水火土)를 이루는 것이다.

마찬가지로 오행 목화토금수(木火土金水)에도 음과 양이 존재하기 마련이다. 앞서 음양론에서 탐구했듯이 어떠한 사물도 음양이라는 성질이 빠질 수 없다. 형체와 기가 서로 감응하여 만물을 생성하고, 이것이 대자연이 변화하는 법칙이다. 오행은 또한 각각 음과 양으로 나뉜다. 하늘에 있어서는 양이 되고, 그것을 일러 천간이라 한다. 오행은 유행하는데 조열냉한(燥熱冷寒)의 변화를 지닌다. 땅에 있어서는 음이 되는데, 그것을 일러 지지라 한다. 오행은 땅에 있어서는 춘하추동인데, 사시(四時)가 유행하는 질서를 지니고 이러한 오행을 음과 양의 성질로 나누어 글자로 표기한 것이 바로 천간 10개 글자와 지지 12개 글자이다.

오행의 생극제화와 그 형상

아래 그림은 오행의 생극제화를 형상화한 것이다. 목(木)형은 역삼각형이고, 화(火)형은 삼각형, 토(土)형은 가로가 긴 직사각형(또는 마름모형), 금(金)형은 세로가 긴 직사각형, 그리고 수(水)형은 둥근형이다. 오행 형상은 동양술수의 관상과 풍수지형의 이해에 필수적인 내용이다.

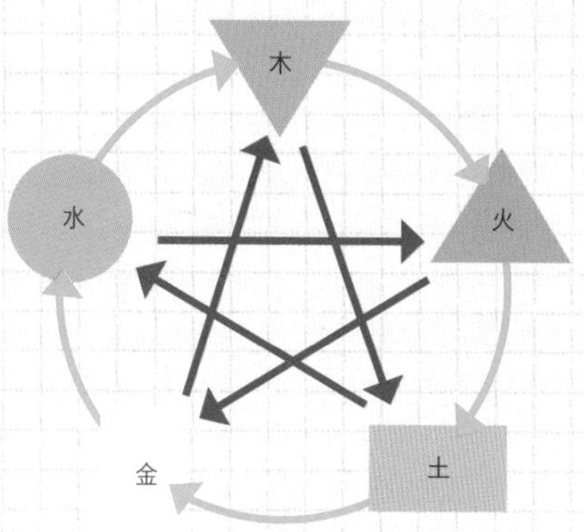

예를 들어 얼굴이 목형이라 하면 이마가 넓고 턱은 상대적으로 좁은 학자형 얼굴이다. 체형도 비교적 갸름하고 살집이 없는 편이다. 교수 출신 정치가들에 이런 얼굴형이 많다. 반대로 화형 관상은 턱, 즉 하관이 넓고 이마가 좁은 얼굴이다. 어깨가 발달되어 있고, 순간적인 반응이 빠른 운동선수나 식당업을 하는 사업가 체형에 많다. 과거 씨름선수였고 지금은 연예인인 강호동이나, 요리연구가이자 기업인인 백종원 대표의 얼굴이다. 토형은 관골, 즉 광대뼈 부위가 발달한 얼굴이다. 토형답게 살집이 두툼한 편이고 중후하다. 백범 김구선생이나 탤런트 최불암의 얼굴이 토형에 가깝다. 금형은 비교적 체격이나 얼굴이 길쭉하고, 이마와 턱이 모두 발달된 기업인이나 정치인의 얼굴에 많다. 현대자동차그룹 정몽구 회장, 영화배우이자 정치인인 아놀드 슈왈제네거의 얼굴이다. 금형은 카리스마가 돋보인다. 수형은 부드러운 인상에 얼굴은 비교적 작은 편이고 살집도 여리다. 가수 혜은이나 정치인 안철수의 얼굴이 수형이다.

오행의 물상이나 색채 등은 풍수에서 산의 형세나 빌딩 모양 등에도 적용할 수 있고, 인체의 오장육부와 음식에도 적용한다. 목(木) 오행을 대표하는 오장과 육부는 간과 담(쓸개)이다. 건물의 형태나 창문이 세로로 길쭉하고 위로 뻗은 경우는 목형을 나타낸다. 그 건물의 주인이 목(木) 오행의 성향, 즉 성장주도형이고 해외 진출형으로 발전한다. 화형은 전형적인 건물이 아니라 예술과 관련된 전시관이나 음악을 하는 곳일 가능성이 많다. 호주의 오페라 하우스가 대표적인 화형 건물이다. 토형의 건물은 가로 확장형이다. 대부분의 관공서나 학교 건물이 이런 형태이다. 금형은 좌우가 반듯하게 올라간 형태이다. 금융기관이나 은행, 또는 전자, 자동차, 컴퓨터 관련 건물들이 이런 형태이다. 금(金) 오행의 성향과 사업 아이템이 닮아 있다고 보면 된다. 현대사회는 이런 형태의 건물이 많다. 수형은 유통이나 인터넷, 통신 관련 건물이다. 그 자유로운 형태가 화형에 미치지는 못하지만, 비교적 유연하게 분할된 형태의 건물이다.

한편 한의학에서는 오행과 음식을 관련짓는다. 녹색(木)을 띠는 음식, 즉 다슬기나 미나리 등이 간에 좋은 음식이라는 것은 이미 검증된 사실이다. 백색(金)을 띠는 음식, 즉 배, 무나 파뿌리 등은 기관지에 좋고 감기에 특효이다. 백색은 금(金) 오행의 색깔이며, 금(金)의 오장은 폐이다. 나머지 오행에 대해서도 각각의 다양한 특징들을 곰곰이 살펴보면 떠오르는 바가 있을 것이다. 지금은 간략하게 소개하는 정도이지만, 앞으로 학문이 깊어지면서 모두 알아두어야 한다.

사주 사례

시	일	월	연
庚	癸	己	丁
申	亥	酉	丑

이 사주는 1997년생 곤명(坤命)이다. 유(酉)월 계수(癸水) 일간이니 사주가 우선 차갑다. 음에 치우친 사주요, 오행으로 보면 목(木)이 부족하고, 연간의 화(火)도 위태롭다. 유(酉)는 물상으로 보석이나 칼을 의미하고, 계수(癸水)는 맑은 물이다. 아름다운 모습을 유추할 수 있으나 밝음이 부족하니 아쉽고, 왕성한 수(水) 기운을 사용할 목(木)이 부족한 것도 안타깝다.

태어나서 사주에 부족한 것을 보완하기 위해 이름에 수풀 림(林) 자를 넣어 작명했다. 금수(金水)가 강하니 고집이 세고 우울함이 있었다. 이과 관련 공부에 관심이 있어 동물학이나 생물학을 공부했고, 지금은 간호학을 전공하고 있다. 다행히 남반구의 호주로 유학을 갈 수 있었고, 거기서 밝고 행복한 학창시절을 보내고 있다.

5 천간론

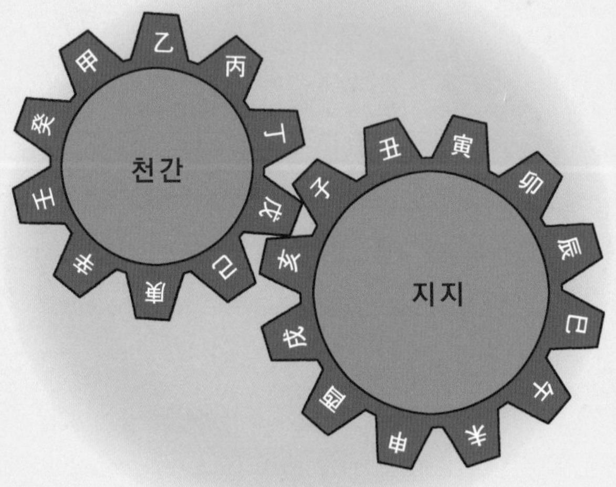

천간과 지지는 음양오행의 변화과정을 나타내는 일종의 부호로서 사주팔자의 주체인 내가 자리하는 공간이며 현실이다. 수나라 소길(蕭吉)의 『오행대의(五行大義)』 「논지간명(論支干名)편」에 의하면, 천간과 지지는 약 4,600년 전 황제시대에 대요(大撓)가 만들었다고 한다. 간지(干支)에서 중국 고대의 역법이 탄생했으며, 그 부호를 사용하고 해석하여 사람의 운명을 읽어 나가는 것이 사주명리이다.

1. 천간과 지지의 생성

간지는 갑을병정무기경신임계(甲乙丙丁戊己庚辛壬癸)라는 10개의 천간과, 자축인묘진사오미신유술해(子丑寅卯辰巳午未申酉戌亥)라는 12개의 지지를 말한다. 간지를 언제부터 사용했는지 그 유래를 찾아보면, 『후한서(後漢書)』「율력(律曆)지」에 "오행의 실정을 파악하고 북두자루(별자리로 북두칠성의 자루 부분)가 서 있는 방향을 관찰하여 처음으로 갑을(甲乙)을 만들어 날에 이름을 붙이니 이를 간(干)이라 하고, 자축(子丑)을 지어서 달의 이름을 붙이니 이를 지(支)라고 하였다. 이렇게 간지가 서로 배합하여 60일이 이루어졌다"라고 전해진다. 즉, 간(干)은 고대인들이 해를 기록하는 데 썼던 것이고, 지(支)는 달을 기록하는 데 썼던 것이다. 시대를 거슬러 올라가 갑골문자로 쓰여진 은력(殷曆)의 갑자(甲子)표에 이미 상나라 시기에 간지로 날짜를 표시한 기록이 있는 것으로 보아 그 역사는 약 3000년에 이른다고 볼 수 있다.

천간과 지지가 명리학에 사용되어 운명을 추론하는 도구의 체계로 발전한 시기는 한나라 때로 보인다. 간지로 월(月)을 기록한 때가 서한시대(기원전 104년)이고, 간지로 연(年)을 기록한 국가 역법은 동한시대의 기록(85년)에 나타난다. 이로 미루어, 시(時)를 기록한 완전한 체계는 진대와 한대 이전에는 나타나지 않았다고 보아야 할 것이다.

천지에 있는 하나의 기에서 동(動)과 정(靜)이 음양으로 나뉘고, 음양은 각기 노소(老少)가 있어서 그것이 다시 나뉘어 사상(四象)이 되었다. 노(老)는 동과 정이 극에 이른 것을 말하고, 그것이 태양(太陽)과 태음(太陰)이다. 소(少)는 동과 정이 시작하는 것을 말하고, 그것이 소양(少陽)과 소음(少陰)이다. 이 네 가지 태양, 태음, 소양, 소음을 사상이라고 한다. 청나라 때 심효첨(沈孝瞻)이 자평명리학을 바탕으로 저술한『자평진전(子平眞詮)』에서는 오행을 사상에 배치하여 수(水)는 태음이요, 화(火)는 태양이며, 목(木)은 소양이고, 금(金)은 소음이며, 토(土)는 음양과 노소와 목화금수(木火金水)의 충만한 기가 응결된 에너지라고 하였다. 근대에 이 책을 해석한 서락오(徐樂吾)는 이를 자세히 설명하여 아래와 같이 말했다.

> 음양에서 기인하여 사상(四象)과 목화금수(木火金水)가 생겼는데 목화금수(木火金水)는 춘하추동 사계절의 기이다. 대지 속에는 화(火)가 저장되어 있고 수(水)가 저장되어 있으며 금(金) 속의 광맥이 저장되어 있어서 이런 기가 무르익어 만 가지 초목이 발아하는 것이다. …… 싹을 틔우는 활동력이 바로 목(木)이다. 그러므로 금목수화(金木水火)는 천지 자연의 질이다. 만물은 흙에서 나서 흙으로 돌아가는 것이니 이 금목수화(金木水火)의 질이 바로 토(土)이다. 인간 역시 천지의 기를 받고 태어나니 따뜻한 체온은 바로 화(火)요, 흐르는 것은 수(水)요, 몸 속의 철분은 금(金)이며, 혈기가 순환하는 것은 목(木)이다.

위 글에서 서락오는 음양에서 사상으로 발전하고 그 사상이 오행에 배치되는 현상을 춘하추동 사시의 운행과 자연 만물의 생태, 그리고 인간의 골육과 그 작용에 대비하여 설명하고 있다.

• 음양·사상·오행의 생성관계

	운동	음양	노소	사상	오행	자연·인체
천지의 기	동(動)	양	소	소양	木(춘)	초목의 발아, 혈기의 유행
			노	태양	火(하)	따뜻한 체온
	정(靜)	음	소	소음	金(추)	금속과 광맥, 몸 속의 철분
			노	태음	水(동)	흐르는 것
					土	만물이 나서 돌아가는 곳

『주역(周易)』「계사전(繫辭傳)」에서도 "역에 태극이 있으니 태극이 양의를 낳고 양의가 사상을 낳고 사상이 팔괘를 낳으니, 팔괘가 길흉을 정하고 길흉이 큰 사업을 낳는다"고 하였다. 그 분화의 과정을 수리적으로 풀어보면 1(태극) → 2(양의) → 4(사상) → 8(팔괘)이다. 이것을 도표로 만들면 다음과 같다.

• 태극에서 팔괘까지 일분위법 도표

팔괘 (三變)	1 건(乾)	2 태(兌)	3 이(離)	4 진(震)	5 손(巽)	6 감(坎)	7 간(艮)	8 곤(坤)
팔괘 괘상	☰	☱	☲	☳	☴	☵	☶	☷
사상 (二變)	⚌ 태양(노양)		⚍ 소음		⚎ 소양		⚏ 태음(노음)	
양의 (一變)	⚊ 양				⚋ 음			
태극	태극							

이와 같은 사유는 태극에서 음양이라는 대대의 개념이 음진양퇴(陰進陽退)하고 음양소장(陰陽消長) 또는 음양소식(陰陽消息)하여 만들어내는 순환반복의 개념이다. 음양이 있어 오행이 생기니 모든 오행에는 음양이 있다. 이렇게 음양과 오행을 관련지어 하늘의 생기

로 나타낸 것이 십천간이고, 음양오행에 따라 땅의 사시가 유행하는 것이 십이지지이다. 아래는『자평진전』에 씌어진 내용이다.

> 오행 각각에는 음양이 존재한다. 목(木)을 논하자면 갑(甲)과 을(乙)이 있는데, 이것이 바로 목(木)의 음양이다. 갑(甲)은 을(乙)의 기이고, 을(乙)은 갑(甲)의 질이다. 하늘에서 생기가 되어 만물에서 유행하는 것은 갑(甲)이다. 땅에서 만물이 되어 생기를 받아들이는 것은 을(乙)이다. 좀 더 자세하게 말하면 생기 가운데서도 흩어진 것은 갑(甲) 중의 갑(甲)이요, 생기 가운데서도 응결된 것은 갑(甲) 중의 을(乙)이다. 만물의 지엽(가지)은 을(乙) 중의 갑(甲)이요, 모든 나무[萬木]의 지지엽엽(가지 중의 가지)은 을(乙) 중의 을(乙)이다. 결국 갑(甲)은 을(乙)의 기이므로 무르고, 을(乙)은 갑(甲)의 질이 되므로 단단하다. 또한 갑(甲)과 을(乙)이 있으므로 목(木)의 음양이 갖추어졌다.

위에서는 오행에 깃든 음양으로 인해 어떻게 10개의 천간이 형성되었는지를 설명하고 있다. 특히 양천간과 음천간의 관계에 대한 부분은 꼼꼼하게 읽고 이해할 필요가 있다. 갑(甲)과 을(乙)을 예로 들면 양천간은 하늘의 생기이고, 그 생기를 받아들인 것은 음천간의 질이다. 오행 중 목(木)이 하늘에서 음양으로 나뉜 것이 갑(甲)과 을(乙)의 천간이라면, 그 오행이 지지에서 음양으로 나뉜 것은 인(寅)과 묘(卯)이다. 천간과 지지를 음양으로 나누면 천간이 양이고, 지지는 음이다. 왜냐하면 오행은 하늘에서는 상(象, 상징)을 이루고, 땅에서는 형(形, 구체적 형태)을 이루기 때문이다. 오행이 하늘에서 생기로 유행하면 땅은 이를 받아들여 시행한다. 서락오는 "천간은 관장(官長)과 같고 지지는 관할하는 지방(地方)과 같다. 갑(甲)의 녹(祿)은 인(寅)에 있고, 을(乙)의 녹은 묘(卯)에 있으니 이는 부관(俯官)이 군(郡)에, 현관(顯官)이 읍(邑)에 있는 것과 같아서 각기 한 달 동안 명령을 집행하는 것이다"라고 하였다.

천간의 간(干)은 말 그대로 줄기이며, 영어로 'heavenly stems(하늘의 줄기)'이다. 지지의 지(支)는 가지이며, 영어로 'earthly branches(땅의 가지)'로 번역된다. 보통 하늘을 sky라고 번역하지 않고 heaven이라고 번역하는 것은 물리적 하늘뿐만 아니라 그 이상의 가치를 나타낸 흔적이다. 알다시피 동양의 천(天)은 서양의 천(天)보다 훨씬 다양하고 깊은 가치를 가지고 있다. 서양의 하늘은 물질과 자연의 하늘을 주로 의미하지만, 동양의 하늘은 때로는 자연의 하늘이지만 천지만물을 주재하는 하늘, 즉 인격적인 상제이며 창조자로서의 하늘과 인간이 어찌할 도리가 없는 대상으로서의 운명적인 하늘, 그리고 자연의 이치를 담고 있는 형이상학적 의미의 하늘 등으로 다양하게 쓰였다.

천간을 하늘의 줄기라 하고 지지를 그 줄기에서 뻗어나온 가지라 하는 데는 이유가 있다. 그것은 바로 천간과 지지의 관계를 말해주는 표현이다. 앞 장에서 음양과 오행이 상호작용하는 질서가 10개의 글자로 표기된 것이 천간임을 설명한 바 있다. 그 천간이 땅에서 동서남북이라는 공간을 만들고, 춘하추동의 사시가 유행하는 질서로 나타난 것이 12개의 지지이다. 이것이 줄기에서 가지가 뻗어 나오듯 진행된 과정이다. 하늘은 둥글어서 십천간이 모양을 갖추었고, 땅은 반듯하게 사각형으로 사시와 사방을 나타낸다. 이것이 천원지방(天圓地方)의 사유이다.

2. 십천간의 개요

천간을 열 가지로 표기한 것은 10진법의 기원과 닿아 있다. 천간의 간(干)은 줄기라는 뜻인데, 양의 기운이 자리하는 공간으로서 정신적이며 명예와 체면을 의미하는 상징적 공간이기도 하다. 천간에 배속된 음양과 오행을 정리하면 다음과 같다. 앞서 오행론에서 설명했듯이 목화토금수(木火土金水)의 순서를 따르고, 각각 양과 음을 하나씩 배속하면 된다.

갑	을	병	정	무	기	경	신	임	계
甲	乙	丙	丁	戊	己	庚	辛	壬	癸
양	음	양	음	양	음	양	음	양	음
木		火		土		金		水	

아래에 나오는 십천간 해석표는 십천간 각 글자의 뜻과 형상, 그리고 자연의 물상을 표로 정리한 것이다. 자의(字意)는『설문해자(說文解字)』의 해설에 근거한다. 특히 형상과 물상에 관한 정리는 직접 글씨를 써 가면서 그 모양을 이해하는 것이 좋다.

예를 들어, 갑(甲)이 딱딱한 씨앗의 껍질을 뚫고 싹이 돋아나는 형상이라는 것은 田과 아래로 내려 긋는 삐침이 조합된 모양에서도 알 수 있다. 그것은 바로 갑목(甲木)의 물상과 사주 성향으로 이어진다. 을목(乙木)의 경우는 글씨를 쓰는 획 자체가 휘어져 있다. 한자의 뜻 그대로 새가 날아가는 모습을 형상하기도 하고, 글자 모양대로 나무의 가지가 휘어져 자라는 모습을 나타내기도 한다. 사주의 갑목(甲木)이 머리를 앞으로 비집고 내밀기를 좋아하고 어디서든 앞으로 나서고 꼿꼿하게 처신한다면, 을목(乙木)은 장애물을 마주치면 몸을 굽히는 유연한 성향임을 알 수 있다.

병화(丙火)는 하늘에서 태양빛이 반듯한 땅을 향해 내리 비쳐 퍼지는 모양이다. 한편 정화(丁火)는 그 빛이 땅에서 복사되어 다시 튀어오르거나 반사되는 모양이다. 무토(戊土)와 기토(己土)의 글자를 보고 무토(戊土)는 태산, 기토(己土)는 농사를 짓기 위해 반듯하게 구획된 땅으로 보인다면 그것이 사주 물상의 시작이다. 경금(庚金)과 신금(辛金)을 비교하면, 경(庚)은 제련되지 않은 금속이고 신(辛)은 칼자루가 있는 날카로운 칼이나 펜의 모양으로 보인다.

심화단계에서 다룰 신살론에 현침살이란 것이 있다. 현침살은 사주팔자 글자 중에서 세로획이 있는 한자, 예를 들어 갑(甲), 정(丁), 신(辛), 묘(卯), 오(午), 미(未), 신(申) 그리고 오행 중에서 금(金)을 나타내는 지지인 신(申)과 유(酉) 등이 많은 경우이다. 심화단계 물상 통변에서는 현침살이 있으면 바늘을 많이 사용하는 직업인 의사, 한의사, 봉재, 간호사, 세공업 등에 종사하거나 고독하다고 본다. 기초단계에서 기본적인 내용들을 잘 이해하면 이후 심화단계 통변에서 훨씬 효율적인 학습을 할 수 있을 것이다.

• 십천간 해석표

	자의	형상	자연의 물상
甲	터짐[坼]이니 만물이 껍질을 풀어헤치고 양기가 움튼다.	봄에 나무가 껍질을 터뜨리고 새싹이 갑(甲)처럼 딱딱한 것을 뚫고 돋아나는 형상(시작, 성장).	우레, 봄, 아지랑이, 나무, 대들보, 통나무, 가구, 씨앗, 고집, 저돌성, 질주, 소유, 시작, 우두머리, 눈, 책임자.
乙	삐걱거림[軋]이니 봄풀이 움트고 음기가 억세다.	초목의 싹이 터서 뻗어나갈 때 그 모양이 을(乙)처럼 굴신하는 것.	풀, 꽃, 덩굴, 새, 소식, 분리, 실, 솔, 그림, 전문가.
丙	밝음[炳]이니 만물이 환하게 드러나 보이고, 음기가 새로 일어나니 양기가 스러지기 시작한다.	만물이 훤하게 밝고 정체를 드러내는 모양(발산). 하늘에서 네모난 땅으로 태양빛이 병(丙)처럼 비치는 모습.	태양, 하늘, 불, 열, 화산, 엔진, 차, 전기, 가스, 에너지, 허세, 사치, 과장, 낭비.

	자의	형상	자연의 물상
丁	장[壯]이니 사물의 몸이 장성한다.	만물이 실하게 성장하는 뜻과 광선을 의미. 태양빛이 지면이나 물체에 닿아 정(丁)처럼 다시 방출하는 형상.	달, 별, 전기, 배터리, 레이저, 소통, 램프, 빔, 촛불, 서비스, 헌신, 안내, 종교.
戊	무(茂)이니 사물이 무성하다.	만물이 무성함을 의미. 무(戊)는 태산과 같이 두터운 땅의 형상.	땅, 토지, 부동산, 집, 건설, 둑, 창고, 화산, 온천, 용암, 댐.
己	벼리[紀]가 무성함 뒤에 오고, 만물의 형체를 굽혀서 숨는다.	만물의 성장이 완전하여 완성단계에 이름을 의미. 기(己)는 토지구획이 반듯하게 정리되어 농사를 지을 수 있도록 준비된 형상.	들판, 밭, 담장, 성벽, 무덤, 모래, 돌멩이, 콘크리트, 길, 자료, 중재자.
庚	단단하고 억센 모양[堅]으로 가을철 만물이 단단하게 결실을 맺는 것을 상징한다.	만물이 결실을 맺고 수축 응고하여 고체화하고 내적으로 완성됨.	강철, 쇠, 자재, 기계, 방앗간, 재봉틀, 바위, 도끼, 폭력, 검찰, 경찰, 군인.
辛	신(新)이니 가을에 만물이 익음을 상징한다.	만물이 결실을 완성하여 모체로부터 떨어지는 이별의 고통을 의미. 신(辛)은 칼자루의 칼날이 날카롭게 뻗은 형상.	보석, 금속도구, 녹물, 부엌용품, 기계부품, 바늘, 미인, 전문가, 침.
壬	임(姙)이니 음양이 교합하여 임신함이다.	음양이 교차하고 새로움을 잉태함. 임(壬)은 막힌 데 없는 너른 물의 끌어당기는 운동성을 의미.	바다, 호수, 눈, 빙하, 기름, 음료수, 술, 방랑, 미덕, 금지.
癸	헤아림[揆]이니 도수를 세어서 낳는 것이다.	수기의 겨울에 양이 점점 자라 새로운 세계가 성장함. 육(肉)과 천(天)의 조합으로 하늘에 바치는 신성한 제사를 의미.	눈물, 보슬비, 분수, 하수, 액체, 기름, 혈액, 소변, 전립선.

천간의 물상과 자형(字形)

십천간은 2개의 음양이 오행 목화토금수(木火土金水)에 차례로 배열되기 때문에 사주를 처음 배우는 사람도 쉽게 암기할 수 있는 체계이다. 따라서 십천간은 이론적인 이해보다는 물상을 깨우치는 것이 더 중요하다. 그리고 사주의 천간과 지지를 한자로 반듯하게 쓸 수 있도록 연습해야 한다.

기본적으로 한자의 형태를 분명히 이해하여 제대로 쓸 줄 알아야 한다. 예를 들어 을(乙)과 기(己), 무(戊)와 술(戌)을 구분할 수 있어야 하고, 기(己)는 비슷한 한자인 已(이미 이), 巳(여섯째지지 사) 등과 혼동하지 말고 정확히 써야 한다. 천간의 갑(甲)과 지지의 신(申)도 구분해야 한다. 둘은 글자로는 분명한 차이를 가지고 있지만, 물상에서는 모두 큰 간판으로 쓰인다. 즉, 직장을 의미할 때는 이름 있는 직장, 사업 아이템일 때는 남들이 알아주는 크고 분명한 어떤 것으로 읽어야 한다.

계수(癸水)는 위의 표에서 설명한 물상으로는 눈물, 액체, 음용수와 같다. 그러나 글자를 분해해서 보면 계(癸)는 육(肉)과 천(天)의 조합이다. 즉, 하늘에 올리는 고기이니 종교적이고 천신에게 올리는 제사와 관련이 있다. 계수(癸水) 일간이 가지는 종교성과 신심(信心), 즉 진실성을 눈여겨봐야 한다. 종교인 중에서 권위와 지위를 가지지 않고 자신의 신명에 따라 믿음의 활동을 하는 사람들을 떠올리면 된다.

3. 오행과 십천간의 특성

(1) 목(木)_ 갑목(甲木 · 양목)과 을목(乙木 · 음목)

- 방위 동쪽
- 계절 봄
- 행성 목성
- 색 청·녹
- 오장육부 간·담
- 성질 인자함, 따뜻함, 설득, 협동, 성장
- 성향 이상적, 윤리적, 성장욕, 야망

목(木)은 단순하게 나무를 뜻하는 글자이다. 물론 일반적인 나무를 떠올려도 좋고 통나무를 떠올려도 좋은데, 한 가지 명심할 것은 나무가 상징하는 성질이다. 나무가 가지고 있는 성격을 표현했을 뿐 나무라는 실체만을 떠올리면 안 된다. 즉, 나무를 떠올리면 생각나는 비슷비슷한 성질의 형체가 없는 무형의 기운이라고 보면 된다.

목(木)이라는 기운은 하늘 위로 성장하고 싶어한다. 위로만 성장하려 하니 앞을 좋아하고 미래지향적이다. 성장하려는 의미 그대로 직선적인 형태의 기운이 있고, 그로 인해 경쟁구도를 좋아한다. 아니 좋아한다고 하기보다는 본능적으로 그러한 습성이 있다고 하는 게 옳을 것이다. 물을 좋아하고, 뿌리내릴 수 있는 따뜻한 습토(濕土)를 좋아한다. 사계 중에서 봄이며, 오행 중에서 목(木)의 음양을 나누어 갑(甲)과 을(乙)로 표현한다.

[갑목_甲木]

갑목(甲木)의 근원은 오행 중에서 목(木)이 가진 양의 성질이다. 즉, 목(木)의 위로 자라나는 성질과 경쟁적인 면을 밖으로 숨김 없이 표현하기 때문에 위와 같은 행동유형이 나타나게 된다. 자기가 마음먹은 대로 행동하는 특징이 있다. 최선의 노력을 다하고, 대체적으로 진취적이다. 좌절을 겪으면 일어서려는 의지가 약하나, 경쟁에 강하다.

① 긍정적 의미(사주 구성이 조화로울 때)

시작을 나타내고 머리를 의미하며, 한 국가의 제왕, 한 가정의 가장, 단체나 회사의 대표를 의미한다. 따라서 다른 사람에게 구속이나 지배를 받기 싫어하며 최고가 되기를 원한다. 항상 앞장서기를 좋아하고, 인자한 마음과 청순한 마음을 가지고 있으며, 당당하고 활기가 넘친다. 긍정적이고 적극적인 성격과 강한 행동력이 있는 리더의 자질을 가지고 있다.

② 부정적 의미(사주 구성이 조화롭지 못할 때)

사주팔자가 불량하면 남의 탓을 잘하고 반항적이며 시기와 질투가 많다. 때로 자신감을 잃으면 조급증, 폭력성, 변덕이 심하고, 겁이 많고 게으른 사람이 된다. 나서기를 좋아하다 보니 상대의 공격대상이 되기도 한다. 시작은 잘하지만, 마무리가 신통치 않고 결과가 없으며, 좌절하고 실패하면 회복이 쉽지 않다.

③ 물상

대림목(大林木)에 비유할 수 있다. 자연의 사물로는 소나무, 버드나무, 밤나무 등과 같이 굵고 높이 자라는 나무가 갑목(甲木)에 해당한다.

[을목 _ 乙木]

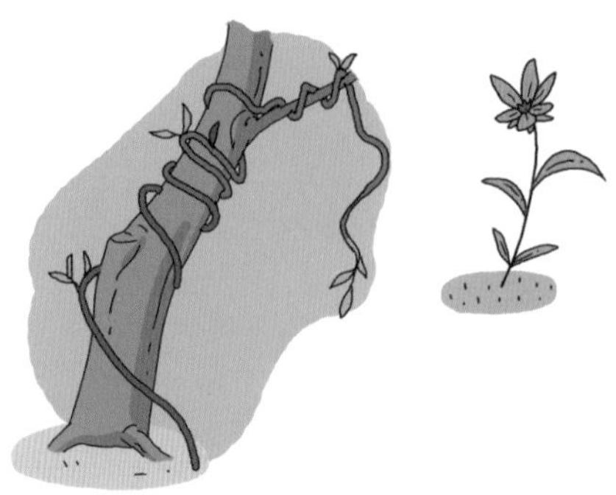

을목(乙木)은 스스로 갖는 스트레스가 심하다. 문제가 발생하면 관망하다가 묘한 타개책을 발견한다. 심사숙고형으로 고민과 생각이 많다. 생각이 많다 보니 다소 계산적인 구석이 있다. 기본적으로 화려하고자 하는 끼가 있다.

① 긍정적 의미(사주 구성이 조화로울 때)

현실적이고 생활력과 인내심이 강하다. 환경 적응력이 뛰어나고, 쉽게 포기하거나 좌절하지 않고 끈질기며, 모든 것을 이용할 줄 아는 지혜가 있다. 외적 화려함보다는 내실을 중시하고 유연하다.

② 부정적 의미(사주 구성이 조화롭지 못할 때)

집착이 너무 강하고 이해타산적이어서 소인배 기질이 나온다. 사주팔자가 불량하면 비현실적이고 줏대가 없다. 겁이 많고 신경질적이며 집중력이 약하다.

③ 물상

화초목에 비유할 수 있다. 자연의 사물로는 높이 자라지 않는 대신 화려함이 있는 들판의 꽃이나 화초, 잔디, 덩굴 잡초, 장미, 작은 나무, 곡식 등이 을목(乙木)에 해당한다.

정리하면, 갑목(甲木)이 목(木) 중에서 양에 해당한다면, 을목(乙木)은 목(木) 중에서 음에 해당하는 성질이기 때문에 목(木)의 성향을 가지고 있지만 겉으로 발현되지 않고 주로 안으로만 궁리를 한다. 위로 자라나려는 목(木)의 성질 중 음의 드러나지 않는 성향을 가지고 있어서 갑목(甲木)처럼 크게 자라지는 못하기 때문이다.

사주 사례

시	일	월	연
壬	乙	丙	丁
午	巳	午	卯

이 사주는 1987년생 여성의 명조이다. 일간 을목(乙木)이 병화(丙火)와 정화(丁火)의 뜨거운 화기에 휩싸여 있다. 병화(丙火)는 꽃의 아름다움을 빛나게 해줄 수 있지만, 너무 지나친 화기는 꽃을 건조하게 만들거나 자칫하면 태울 수도 있다. 수분을 제공해야 할 임수(壬水)조차 을목(乙木)에게 충분히 물을 주기에는 힘이 부족해 보인다.

이 여성은 아름다운 모델이다. 일간 을목(乙木)이 빛을 받아 반짝이는 형상은 그녀가 스포트라이트를 받고 런웨이를 걷는 모습을 연상하게 한다. 그러나 이 여성은 한 번씩 빈혈로 쓰러지기도 하며 건강상태가 좋지 못하다. 이 사주의 물은 그녀의 공부나 어머니를 의미한다. 본인의 건강 문제와 어머니의 심리적 불안정으로 사주 주인공은 학교를 마치지 못했다.

(2) 화(火)_ 병화(丙火 · 양화)와 정화(丁火 · 음화)

- 방위 남쪽
- 계절 여름
- 행성 화성
- 색 적
- 오장육부 심·소장
- 성질 역동성, 정열, 열정, 모험
- 성향 경쟁적, 리더십, 강인함, 일편단심, 사랑, 정신, 신비, 영적 교류

화(火)를 바라보면 뜨겁다, 밝다는 생각이 떠오른다. 우리 주위에서 명랑, 쾌활 등등 화(火)의 성질을 흔히 사용하고 있기에 화(火)의 물상은 쉽게 찾을 수 있다. 화(火)는 군자가 갖추어야 할 다섯 가지 덕목 중에서 예(禮)를 담당한다. 기본적으로 화(火)의 정기를 받은 사람들은 예의를 알고 있다. 불의를 보면 참지 못한다. 또한, 불처럼 명랑하고 쾌활하며 사람에 따라서는 화도 잘 낸다. 남을 위해 빛을 내어주니 희생정신도 있다. 태양을 보면 항상 혼자 자존심이 강하기도 하고 고독하기도 하다.

화(火)는 또한 화려하고자 하는 끼가 있다. 하지만 을목(乙木)의 끼와는 차이가 있다. 을목(乙木)은 단아하고 예쁘게 꾸미려 하는 끼이고, 화(火)는 드러내 보이고 싶은 끼라고 할 수 있다.

오행에서 화(火)는 금(金)을 극하여 금(金)의 생명력을 제어하는 역할을 한다. 병화(丙火)는 녹이기보다는 사물을 기르고 따뜻하게 해주는 역할을 주로 하며, 정화(丁火)는 불의 뜨거운 점만 모아놓은 결정체이므로 직접적으로 사물에 영향을 주어 녹이고 태우는 역할을 한다.

[병화_丙火]

병화(丙火)는 분명한 성품으로 자신을 감추지 못하고 드러낸다. 의협심이 강하고 잔재주가 많다. 어디서든 한두 번은 눈에 띄는 행동을 골라서 한다. 대체적으로 명랑하며, 남을 배려하는 마음이 있고, 은근히 자랑하기를 좋아하며 인기인이 많다.

① 긍정적 의미(사주 구성이 조화로울 때)

개성이 강하고 열정적이다. 예의가 바르고 원칙을 중시하며 봉사정신이 뛰어나다. 공명정대한 성품으로 거짓이 없다. 바른말을 잘하고 뒤끝이 없다. 성정이 활달하고 매사에 적극적, 긍정적이다.

② 부정적 의미(사주 구성이 조화롭지 못할 때)

때로는 남의 일에 간섭을 많이 하고, 말이 많다보니 구설수가 많이 따른다. 불 같은 성질 때문에 항상 본인이 손해를 볼 때가 많다. 침착성이 부족하며 무례하고 폭력적, 공격적이다.

③ 물상

하늘의 태양에 비유할 수 있다. 실제로는 만질 수 없는 양화(陽火)인 태양은 실체라기보다는 기(氣)적 의미가 가장 강한 기운이다. 따라서 주변환경에 큰 영향을 받지 않고 자체적으로 뜨거운 열기와 강한 빛을 발산한다. 병화(丙火)는 화(火) 중에서 양의 성질을 갖고 있고, 화(火)의 성질을 겉으로 발산한다. 즉, 하늘의 태양처럼 두루두루 비춰주기를 좋아하고 예의에 어긋나는 것을 좋아하지 않으며, 태양이 어딜 가든 눈에 띄듯이 남들이 자신을 쳐다봐주기를 바란다. 태양이 타인을 비춰주는 것처럼 기본적으로 봉사하려는 마음 또한 있다. 한 곳으로 집중되지 못하고 넓게 퍼지는 영향이 있으므로 자신의 관심에서 멀어지면 열정이 금방 사라진다.

[정 화 _ 丁 火]

정화(丁火)는 내면에 정열을 간직하고 있으며 진취적이고 머리 회전이 빠르다. 봉사하고픈 배려심이 있다. 이기심이 있고 내면의 욕구가 많다.

① 긍정적 의미(사주 구성이 조화로울 때)

사교적이며 화술이 뛰어나고 활발하다. 헌신적인 봉사정신과 모성애적 기질이 강하다. 인정이 많고 희생정신이 강하다. 현실적, 긍정적, 진취적이다.

② 부정적 의미(사주 구성이 조화롭지 못할 때)

환경이 불안정하면 이중성, 양면성이 나타난다. 변덕과 감정 변화가 심하다. 사주팔자가 불안정하면 기복이 심하고 집중력이 결여된다. 사회활동에 관심과 비중을 두다가 가정문제가 발생할 소지가 있다.

③ 물상

촛불, 난롯불, 등불, 전깃불 등 인간과 관련된 모든 음의 불을 말한다. 따뜻하고 포근하며 아늑함을 주는 모든 음의 불로 실체화할 수 있지만, 기(氣)적 의미로 이해하기 바란다. 음화(陰火)로서 자체적인 열기나 빛을 발산하기 어렵기 때문에 주변환경에 절대적 영향을 받는다.

정화(丁火)는 화(火) 중 음의 성질을 나타내며, 화(火)의 특색을 응집하여 모아놓은 화(火) 중 음의 결정체이다. 화(火)가 발산하는 성질을 안으로 추구하며 욕구가 많은 편인데, 겉으로 뽑아내지 못하는 아쉬움으로 생각에만 그치는 수가 있다. 또한, 자기 몸을 태워 남을 이롭게 하는 촛불의 특성상 타인을 배려하고 봉사하는 마음이 자리잡고 있으나, 자신의 그러한 성향을 못마땅하게 여기거나 불만스러워하는 점도 많다.

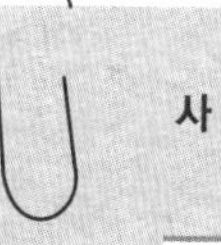

사주 사례

시	일	월	연
庚	丁	丁	壬
戌	巳	未	寅

이 사주는 1962년생 남자 무당의 명조이다. 촛불을 의미하는 정화(丁火)가 일간을 포함하여 천간에 2개나 떠 있으니 단순히 촛불을 켜놓고 기도하는 사람이라고 읽기도 한다. 나중에 지지론에서 설명하겠지만, 시지의 술(戌)과 월지의 미(未)는 비록 오행으로는 토(土)이지만 옆에 있는 지지들과의 관계에 따라 화(火)로 쉽게 변화한다. 목(木) 오행인 연지의 인(寅)도 마찬가지다. 이 사주는 전체적으로 아주 뜨거운 사주라 할 수 있다. 평범하게 직장생활을 하던 이 남성은 아버지가 돌아가시고 관을 매장하던 순간에 이상한 영적 기운을 느끼게 되었다. 이후 소위 말하는 신내림을 받아 법당을 차리고 무당이 되었다. 시간에 있는 경금(庚金)은 이 사주의 뜨거운 화토(火土) 성분을 사용하여 힘을 빠지게 하는(설기한다고 표현한다) 유일한 글자이다. 이 남성은 무당의 미신적 행위를 피하기 위해 침술을 공부하여 환자를 치유하고 있다.

(3) 토(土)_ 무토(戊土 · 양토)와 기토(己土 · 음토)

- 방위 중앙
- 계절 환절기
- 행성 토성
- 색 황
- 오장육부 비·위
- 성질 침착, 안정, 신중, 성실, 고집, 신뢰
- 성향 절제된, 논리적, 의무

토(土)는 오행 중에서 가장 알기 쉬울 것 같지만, 이해하기 복잡한 구조를 가지고 있다. 나중에 다룰 지지를 보면 알겠지만, 토(土)라는 성분은 오행이 균형을 이루고 변화할 수 있도록 중간에서 조절해주는 역할을 한다.

토(土)는 오행 중에서 가장 중화를 이루었고, 목화금수(木火金水)의 다른 기운이 모두 담긴 형태이다. 땅이 사물을 키우고 안주하게 해주는 것을 보면 어머니와도 같은 성향이 있으며, 또한 넓은 들판을 보면 가슴이 탁 트이게 해주기도 하며, 산을 보면 웅장하고 거대한 기운을 느끼게 해준다. 하지만 어떻게 보면 굉장히 단순한 오행이기도 하다. 아마도 이 토(土)라는 오행을 다 알 때가 오면 사주명리를 몇 고비 뛰어넘은 자신을 발견하게 될 것이다.

[무토_戊土]

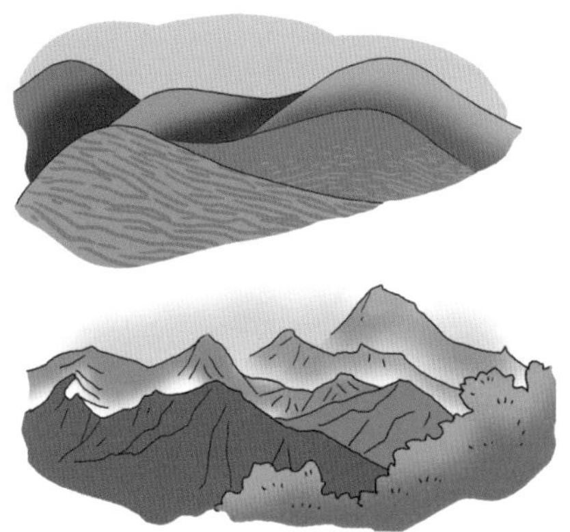

무토(戊土)는 신의를 지키고 절도를 존중하지만, 사려가 깊지 못하고 단순하다. 내면은 수수하고 자존심이 강하다. 고독과 옹고집이 특징이다. 습기가 없이 건조하다.

① 긍정적 의미(사주 구성이 조화로울 때)

믿음과 신용을 중시한다. 자기 주관이 뚜렷하고 묵직하며 중후한 인품을 갖고 있다. 포용력과 리더십이 강점이며, 일희일비하지 않는다.

② 부정적 의미(사주 구성이 조화롭지 못할 때)

너무 고지식하고 무뚝뚝하며 고집이 세다. 성격이 신경질적일 수 있고 이중적이며 속을 알 수 없다. 사소한 일에 너무 무관심하며 정이 없다.

③ 물상

황량한 들판, 황무지, 메마른 고원, 고산지대 등 목(木)이 성장하기에는 부적절한 양의 땅이다. 양토(陽土)는 양의 기운이 많은 땅, 즉 열기와 온기가 습기보다 훨씬 강해서 초목이 생장하기에 좋지 않은 환경의 땅이다. 토(土)의 본분은 목(木)이 자랄 수 있는 환경을 갖추는 것인데, 무토(戊土)는 그 점이 결여되어 있다. 단, 주변상황에 따라 좋은 환경으로 바뀌기도 한다.

무토(戊土)는 토(土) 중 양의 성질을 가지고 있다. 평면으로 깔리는 토(土)의 성질보다는 겉으로 솟아올라 눈에 띄는 성질이 있기에 산에 비유한다. 산을 바라보면 그 기세가 사뭇 웅장해 보인다. 또한, 홀로 외로이 있는 모습은 고독해 보이기도 하지만, 마치 그것을 즐기는 듯도 하다. 산은 나무와 동물 그리고 잡초 등 모든 생물들이 살아갈 수 있게 항상 자신을 개방해놓는다. 그 웅장하고 강한 모습을 지키려면 자존심 또한 강해야 한다. 자신의 모든 것을 개방하는 것처럼 내면은 수수하고 순박하다.

[기토_己土]

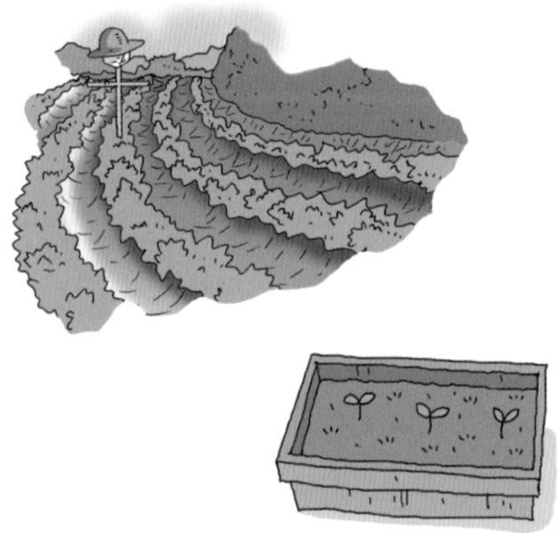

기토(己土)는 순진하고 말이 적은 편으로 사교성이 부족하나, 성격상 강인함이 내재되어 있다. 비밀이 많지만 인내심이 강하고 인자하다. 무토(戊土)와 달리 축축한 습기를 포함하고 있다.

① 긍정적 의미(사주 구성이 조화로울 때)

고지식하며 신용과 믿음을 중시한다. 타인을 배려하고 이해하는 마음이 강하며 희생적이다. 포근히 감싸주는 모성애 같은 성정을 가지고 있다. 안정과 평화의 마음이 있고 항상 중립적이다.

② 부정적 의미(사주 구성이 조화롭지 못할 때)

개성이 없고 속을 알 수 없으며 이중적인 성격을 나타낼 때가 있다. 사물을 보는 시야가 좁고 의심이 많으며 능글맞다. 이기적이고 보수적이며 자기중심적으로 고집이 세다.

③ 물상

초원지대와 문전옥답 등 목(木)이 성장하기에 적당한 음의 땅으로 갑목(甲木)이 제일 좋아하는 땅이다. 음토(陰土)는 음의 기운인 습기가 많아서 초목이 생장하기에 적당한 환경을 갖춘 땅으로서 무토(戊土) 이외의 모든 땅을 말한다. 음토인 기토(己土)는 선천적으로 목(木)이 성장하기에 가장 좋은 환경을 갖추었지만, 심한 가뭄이나 장마, 혹서 등 주변상황에 따라 양토인 무토(戊土)보다 못한 땅이 될 수도 있다.

기토(己土)는 토(土) 중 음의 성질에 해당한다. 무토(戊土)처럼 겉으로 드러나는 양의 성질이 아닌 음의 성질이기 때문에 평평한 모습을 하고 있다. 기토(己土)는 무토(戊土)처럼 자신의 모든 면을 개방하는 토(土)의 모습이되, 무토(戊土)가 장부다운 열린 마음이라면 기토(己土)는 어머니의 심성을 닮았다고 할 수 있다. 기토(己土)가 무토(戊土) 같은 강직함을 안으로 갖고 있고 수수하고 순박함을 지닌 것은 토(土)가 가지고 있는 기본적인 성향 때문이라 할 수 있다.

사주 사례

시	일	월	연
戊	己	己	己
辰	丑	巳	亥

이 사주는 태양열 사업을 하는 1959년생 남성의 명조이다. 사주팔자 중 여섯 글자가 토(土) 오행이고, 나머지 두 글자는 사화(巳火)와 해수(亥水)이다. 월지에서 직업성을 찾는다고 할 때, 이 남성이 태양열과 관련된 사업을 하는 것은 이해가 간다. 그러나 이 사주는 수극화, 즉 사화(巳火)가 해수(亥水)의 위협을 받고 있다는 것이 문제이다. 나중에 설명하겠지만 해수(亥水)는 토(土) 일간에게 재물을 의미하는데, 건명(乾命) 사주에서는 아내를 뜻하기도 한다. 이 남성은 태양열 사업에서 계속된 실패로 인해 경제적으로 어려운 상태이고, 아내와의 불화도 겹쳐 고민 중이다.

(4) 금(金)_ 경금(庚金 · 양금)과 신금(辛金 · 음금)

- 방 위 서쪽
- 계 절 가을
- 행 성 금성
- 색 백
- 오 장 육 부 폐·대장
- 성 질 결단력, 자립, 완강, 강인함, 단호
- 성 향 속을 내비치지 않음, 자신만의 공간이 필요함, 절제, 세련

[경 금 _ 庚 金]

금(金)의 기본적인 성질은 묵직하고, 무게감 있는 모습이다. 더불어 예리하고 날카로운 모습이며, 무엇이든 결단을 잘 하는 절도와 카리스마를 상징한다. 흔히 사주를 볼 때 "사주에 금기(金氣)가 많네요"라고 말해주면 일반적인 문점객은 돈이 많은 줄 알고 좋아하는데, 금기가 모든 사람에게 다 돈이 되는 게 아님을 알아야 한다.

오행 중에서 금(金)은 강단이 있는 편이며 대인으로 인정받길 원하는 속성이 있다. 자기 암시가 강하고, 의리가 있고 묵직하며 과묵하다. 빛을 받아 빛나고 싶어한다.

① 긍정적 의미(사주 구성이 조화로울 때)

심성이 강직하고 순수하다. 의리와 소신, 결단성이 강하다. 천진난만하고 마무리를 중시하며 실리적이다. 의지가 굳으며 인간관계를 맺으면 변치 않는다.

② 부정적 의미(사주 구성이 조화롭지 못할 때)

고집이 세고 무모한 행동을 서슴지 않는다. 남의 눈치를 보고 자기중심적이다. 융통성이 없고 순발력이 떨어진다. 결론이 없고 가정적이지 못하다.

③ 물상

강철, 바위, 원석 등 제련되지 않은 모든 양의 금(金)이며, 어느 곳에 존재하든 크기에 상관 없이 인간의 손길이 미치지 않은 자연 상태의 원석인 모든 금석을 말한다. 양의 금(金)인 경금(庚金)도 때에 따라서는 음의 금(金)으로 변할 수 있다.

경금(庚金)은 금(金) 중 양의 결정체로 금(金)이 가지고 있는 묵직함과 과묵함을 겉으로 방출하는 습성이 있다. 자신의 가치를 타인에게 인정받고 싶어하기 때문에 자기 재주를 남들 앞에 선보이거나, 금(金)이 가진 예리함의 영향으로 언행에 맺고 끊음이 확실한 과단성이 있다.

[신 금 _ 辛 金]

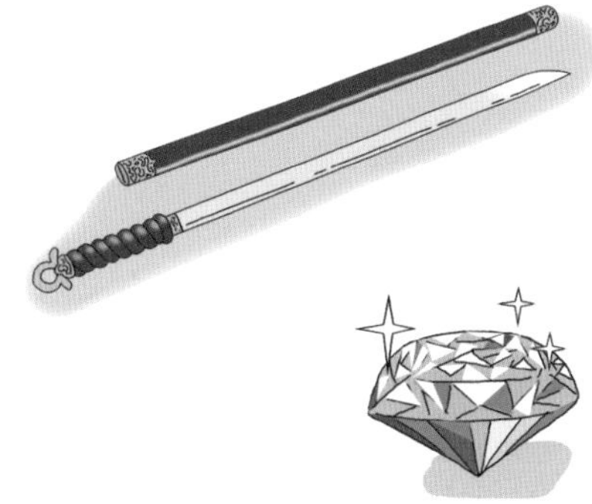

신금(辛金)은 엄격함, 냉정함, 온화함을 모두 갖춘 양면성이 있다. 언어 사용이 날카롭고 절도가 있다.

① 긍정적 의미(사주 구성이 조화로울 때)

깔끔하고 내적으로 대단히 강하며 자기의 감정을 표출하지 않는다. 강한 정신력의 소유자로서 굳은 마음과 단호한 행동을 한다. 칼 같은 사람으로 보이지만, 의외로 온순하고 부드러운 성품을 가지고 있다. 보석과 같이 섬세하고 깨끗한 사람이다.

② 부정적 의미(사주 구성이 조화롭지 못할 때)

너무 냉철하고 과시욕이 강하며 남이 알아주길 바란다. 사주팔자에 따라 마무리가 신통치 않고 비관적이다. 때에 따라 살기를 띠기도 한다. 강한 집착으로 소외되기 쉽다.

③ 물상

가공된 모든 금속을 말하며 모래, 자갈 등에서 변화가 일어난 음의 금(金)이다. 위치나 크기에 상관 없이 양금(陽金)에서 외부환경에 의해 변화가 일어난 것은 모두 음의 금(金)으로 분류한다. 음금(陰金)이라도 쓰임새가 없으면 아무런 의미가 없다.

신금(辛金)은 금(金) 중 음의 결정체로 그 성질을 겉으로 드러내지 않고 안으로 모아들인다. 경금(庚金)처럼 언행에 품위가 있되, 될 수 있으면 칼같이 예리하고 직선적인 면이 있다. 또한 빛나는 보석처럼 남들이 알아주길 원하며, 자신의 기질을 다 드러내고 나면 인기가 사라진다. 행동이 바르고 올곧으니 단체의 지도자로서 지시하고 진행하는 유형이 많다.

사주 사례

시	일	월	연
丙	辛	乙	甲
子	卯	亥	戌

이 사주는 1934년생 여성의 명조이다. 신금(辛金) 일간은 깔끔하고 경우에 어긋나는 일이 없다. 특히 금전적인 문제에 정확하다. 이 여성은 사물에 대한 이해가 빠르고, 그 당시에 고등교육을 받았고 경제적으로 많은 재물을 모았다. 그러나 겨울에 태어난 신금(辛金)이 차가운 조후로 인해 평생 천식질환에 시달렸다. 신금(辛金)은 한의학에서 말하는 오장으로는 폐를 의미한다. 다행히 시간에 보이는 병화(丙火) 천간이 장수할 수 있게 긍정적으로 기여했다.

(5) 수(水)_ 임수(壬水 · 양수)와 계수(癸水 · 음수)

- 방위 **북쪽**
- 계절 **겨울**
- 행성 **수성**
- 색 **흑·진청**
- 오장육부 **신장·방광**
- 성질 **외교적, 매력적, 직관, 연민, 감각적, 창의적**
- 성향 **유연, 순응, 의사소통, 지성**

오행에서 수(水)는 상생 과정의 마지막 단계로, 모든 것을 원점으로 돌리는 것을 의미하기도 한다. 그러나 수(水)에서 끝나는 것이 아니라 다시 목(木)으로 출발시켜주기 때문에 끝이라기보다는 새로운 출발을 위한 응집과정이라고 하는 것이 타당하다. 이처럼 모든 기운을 응집하고 수렴하는 만큼 수(水)는 지혜와 총명함을 담당한다. 계절로는 겨울인데, 우리가 보고 느끼는 겨울이라는 계절은 사실 활동이 그다지 많지 않은 시기이다. 그만큼 수(水)는 차갑고 응집하는 기운이다.

수(水)에도 화(火)처럼 폭발력이 있지만, 그 성질은 화(火)의 성질과는 다르다. 응집하는 기운인 만큼 폭발력이 있지만, 화(火)처럼 때와 장소를 가리지 않고 발산하며 폭발하는 것이 아니라 어느 정도 모아진 상태에서 거대하게 폭발하는 점이 다르다.

[임수 _ 壬水]

임수(壬水)는 재주와 배짱이 있다. 대인관계의 교묘함은 누구도 따를 수 없고, 상대는 임수(壬水)의 페이스에 말려들게 된다.

① 긍정적 의미(사주 구성이 조화로울 때)

융통성, 포용력, 순발력이 대단하다. 마음이 넓고 깊으며 이해심이 많다. 지혜와 유연성을 겸비하고 있다. 침착하고 차분하며 사고가 긍정적이고 시작을 잘한다. 자신을 낮추는 마음을 갖고 있다.

② 부정적 의미(사주 구성이 조화롭지 못할 때)

속을 알 수 없으며 비밀이 많다. 음란하고 능글맞다. 광풍노도와 같은 성정을 가지고 있으며 변덕이 심한 편이다. 중립적이지 못하고 편견을 가질 때가 많다. 타인의 능력이 자신보다 뛰어나면 순종적이지만, 그렇지 못하면 상대를 무시한다. 사색적인 성품으로 비현실적일 때가 많고 감정 조절이 잘 안 된다.

③ 물상

강, 바다, 호수같이 넓고 거대한 물이다. 임수(壬水)는 양수(陽水)로서 수(水)의 성질을 겉으로 보여준다. 타고난 성품을 알 수 없는 음흉함도 있지만, 지능적인 면에서는 다른 오행을 능가한다. 바다는 깊고 넓어 보이지만, 속을 들여다보면 이것저것 다양한 종류의 생물들이 무수히 많다. 담고 있는 것이 많은 만큼 생각하는 시간이 많은 임수(壬水)이다. 말재간이 좋고, 타인을 다스릴 줄 아는 지혜가 있다.

경신금(庚辛金)의 리더십은 결단력이 좋고 우유부단함이 없는 리더십이고, 임수(壬水)의 리더십은 끝없는 지혜와 임기응변에서 나오는 리더십이다. 경신금(庚辛金)은 군인과 같은 규율이 있는 조직사회에 알맞고, 임수(壬水)는 지식을 사용하는 조직사회에 적합하다는 점이 다르다.

[계 수 _ 癸 水]

계수(癸水)는 온화하고 유순하며 소극적인 노력가 타입이다. 남에게 베푸는 후덕함이 있다. 욕심이 많고 이기심도 있지만, 그 점을 이용하지는 않는다.

① 긍정적 의미(사주 구성이 조화로울 때)

마음이 온순하고 깨끗하다. 순종적이며 눈물이 많고 거짓말을 못한다. 총명하고 영리하며 지혜로운 사람이다. 모질지 못하고 여린 성품의 소유자이다.

② 부정적 의미(사주 구성이 조화롭지 못할 때)

변화와 변덕이 심하다. 환경변화에 대단히 민감하게 반응한다. 너무 냉철하여 주변사람들로부터 소외되기 쉽다. 사주팔자에 따라 정신이 산만하고 소극적, 비관적이며, 집중력과 실천력이 떨어진다.

③ 물상

계곡물, 단비, 이슬비, 음용수 등 모든 음의 물이다. 정지된 물이 아닌 항상 흐르는 물로서 생명수이다.

계수(癸水)는 음수(陰水)로서 수(水)의 성질을 안으로 내포하고 있다. 산에 흐르는 물처럼 깨끗한 면도 있고, 소리 없이 내리는 비처럼 조용한 면도 있다. 수(水)의 기본적인 성질로 응집력이 굉장히 강한 편이나, 겉으로 방출하기가 쉽지 않다. 자신의 깨끗한 성향으로 자연을 맑게 정화시켜주는 모습이 있다. 자연의 식물들은 이 계수(癸水)를 기본 바탕으로 살아간다 해도 과언이 아닐 만큼 계수(癸水)에게 크게 의존한다. 자신의 지혜를 타인에게 베풀어 봉사하는 면이 있다.

병화(丙火)나 정화(丁火)가 자연을 비추어 봉사하는 것과 계수(癸水)가 봉사하는 것이 어떻게 다른지 보면, 화(火)가 빛으로 봉사함은 눈에 잘 나타나지만 계수(癸水)의 봉사는 음지에서 양으로 가는 것으로서 암암리에 사회의 밑바탕에서 도와주어 잘 드러나지 않는다는 차이가 있다.

사주 사례

예1)

시	일	월	연
庚	壬	丁	丙
戌	午	酉	午

이 사주는 1966년생 남성의 명조이다. 임수(壬水) 천간은 앞에서 설명했듯이 융통성과 순발력이 뛰어나고, 대인관계에서 상대의 기선을 제압하는 글자이다. 육친론에서 다루겠지만 주위의 뜨거운 화기(火氣)는 임수(壬水)에게 재성, 즉 돈을 의미한다. 사주에 재성이 많다고 무조건 돈이 많은 사주라고 읽으면 안 되겠지만, 이 사주는 유(酉)월, 즉 일간 임수(壬水)를 생하는 금(金)이 왕한 계절에 태어나서 물의 원천(수원)을 얻었다. 금(金)은 수(水) 일간에게 문서, 계약, 자격, 라이센스 등을 의미한다.

이 사주의 주인공은 중국에서 다양한 아이디어 물품을 제조하여 한국에서 큰 유통망을 운영하는 사업자이다. 그리고 그 아이디어 물품들의 특허 라이센스로 돈을 벌어들인다. 뜨거움(재물)이 가득한 사주가 자격증으로 금생수를 해야 재물과 사회적 지위를 유지할 수 있는 명조라 하겠다.

예2)

시	일	월	연
甲	壬	丁	庚
辰	申	亥	辰

이 사주는 전도유망한 청년의 명조이다. 월지에 일간과 같은 수(水) 오행을 깔고 앉아 신강하고, 천간의 다양한 오행 구성이 조화롭다. 연간 경금(庚金)은 금생수를 하여 어린 시절부터 학업에 뛰어났음을 보여주고, 시간의 갑목(甲木)은 일간이 수생목을 하여 두각을 나타내는 재능을 말한다. 이 청년은 영재학교를 졸업하고 미국의 유수 대학에 합격함과 동시에 유럽 유소년 축구단에서 스카우트 제의를 받았다.

지금까지 설명한 십천간의 성향, 물상, 직업적성 등을 표로 정리하면 다음과 같다.

천간	성향	자연의 물상	직업적성 및 기타
甲	대지를 뚫고 나오는 새싹의 모양을 형상화한 것, 우레, 봄의 아지랑이, 십천간의 우두머리이고 사계절의 시작. 사목(死木), 재목(材木).	소나무, 전나무처럼 잔가지나 곁가지가 거의 없이 하늘 높이 솟아오른 거목. 대림목, 동량지목, 강목. 오행 중 유일한 생명체. 환경을 중시하고 기토(己土)를 좋아함.	계획, 창조, 긍정성, 학자, 기획, 교육, 창시자, 정치, 총무, 목재, 건축. 을목(乙木)은 계절을 중시하는데 비해 갑목(甲木)은 계절을 잘 안 탄다.
乙	지엽이 번지기 시작하는 만춘의 나무, 바람, 생명, 창조, 살아 있는 화초목으로 꽃이 피어 열매가 있음. 갑목(甲木)에 이어 만물을 키움. 활목(活木).	화초, 잔디, 잡초, 덩굴, 곡식, 작은 나무, 습목, 환경적응이 뛰어나고 모든 물체를 이용할 줄 아는 화초목.	원예, 섬유, 중개, 출판, 화장품, 한약, 인테리어, 상담, 유아교육. 을목(乙木)은 계절을 중요시한다. 병(丙)은 태양, 정(丁)은 별, 을(乙)은 달이다.
丙	가지에 꽃이 달려 있는 모양. 빛, 태양. 만물을 비추고 배양하여 발달이 빠름.	하늘의 강한 빛, 뜨거운 열기, 발산하는 태양, 만질 수 없어 기(氣)적인 의미, 강한 기운, 주변 영향을 안 받는 자체의 열기.	안과, 감정사, 오락, 항공, 전도, 교육, 상단, 연예인, 미용, 예술. 문명, 화려함을 상징, 즐거움, 신남. 여자, 남자가 대체로 예쁘다.
丁	기운이 솟아 있는 모양, 하늘에서는 별(달), 땅에서는 열기. 병화(丙火)에 이어 만물의 정(精)이 되어 문명의 상(象)이 됨. 활화(活火), 등화(燈火), 별, 저녁에 사용.	촛불, 난로, 등불, 전깃불, 따뜻함, 포근함, 아늑함. 기운 자체가 열기로서 빛이 아니므로 주변환경에 절대적 영향을 받음.	미용, 포장, 예술, 연예인, 연설, 교육, 화술. 병정(丙丁)은 임계(壬癸)를 두려워하지 않고 구름과 땅인 무기(戊己)를 두려워한다. (불이 나면 흙으로 끈다.) 병정(丙丁)은 허무하다.

천간	성향	자연의 물상	직업적성 및 기타
戊	사물이 무성하다. 물을 잘 막을 수 있는 힘이 있다. 산, 제방, 성벽.	황량한 들판, 황무지, 메마른 고원, 고산지대, 목(木)이 성장하기에 조건이 부실한 땅. 열기와 온기가 습기보다 강해 초목이 성장하기 어려움, 주변 조후를 살펴야 함.	장관, 교도관, 보험, 부동산, 국방, 건축, 산림, 미용, 디자인, 인테리어. 하늘에서는 구름, 땅에서는 산, 하늘과 땅 사이의 용(用)이다.
己	음을 일어나게 한다. 수목을 생한다. 전원의 땅.	초원지대, 문전옥답, 목(木)이 성장하기 적당한 음토, 갑(甲)이 제일 좋아함. 그러나 주변환경에 따라 무토(戊土)보다 못한 땅이 될 수도 있으니(심한 가뭄) 조후를 살펴야 함.	주말농장, 비서, 도시계획, 식량, 기획. 양(봄, 여름)과 음(가을, 겨울) 사이에 있다.
庚	질은 강하고 예리하며 잘 제련되면 강하고 위엄이 있다. (큰) 칼, 원광석, 도끼, 가을 기운.	강철, 바위, 원석, 제련되지 않은 금, 자연원석, 금석, 환경에 따라 음의 금으로 바뀌기도 함.	군인, 검과 총, 종, 도끼, 기차, 자동차, 운동기구, 강철, 광업, 카리스마. 을(乙)이 보름달이라면 경(庚)은 초승달.
辛	강한 듯 유하다. 수중에서 빛을 발한다. 물을 좋아한다. 토(土)가 많은 것을 기피한다. 주옥, 만들어진 보석, 서리, 작은 칼, 연필 깎는 칼, 침, 바늘.	보석, 칼 등 제련되고 가공된 금, 위치나 크기에 관계없이 양금에서 외부 환경에 의해 변화가 일어난 모든 금. 쓰임새가 없으면 무의미함.	검찰, 조사관, 세무, 의사, 연예인, 반도체, 액세서리, 청결.

천간	성향	자연의 물상	직업적성 및 기타
壬	임수(壬水)는 많은 물[百川]의 수원지이다. 초목을 자양하고 만물을 육성한다. 겨울 초입, 임신을 가능케 하는 물, 강물, 호수나 바다, 큰물.	강, 호수, 바다와 같은 거대한 물. 양과 관계없이 동식물이 이용하기 어려운 물. 환경에 따라 음수로 변하기도 한다.	사업가, 연구직, 교수, 산부인과, 교통, 인터넷, 냉동 수산, 자궁, 난자와 정자.
癸	활수(活水)로 수맥은 수목의 뿌리를 적시고 춘추 계절의 생을 좋아한다. 우로, 얼음, 빗물.	석간수, 계곡물, 시냇물, 비, 이슬비, 음용수, 흐르는 물, 생명수, 주변 환경에 따라 임수(壬水)로 변하기도 한다.	종교, 심리, 잠수, 소방, 스파이, 참모, 설계, 측량, 청결. 갑(甲)을 열어주는 존재, 양을 가지고 있다. 물 위에 얼음이 뜬다. 음중의 음.

이상으로 천간의 기본적인 성향과 각 천간의 오행 특성을 살펴보았다. 천간은 비교적 간단하게 설명되어 있지만 궁리할 것이 많다. 천간의 기본적인 성향을 숙지하고 잘 이해하여 적절히 이용할 줄 알아야 한다. 기초단계에서는 우선 천간을 일간에 대입하여 일간의 성향 위주로 읽는 연습을 하도록 권한다. 아직은 전체를 볼 수 있는 여유가 없을 것이다. 하지만 심화단계에서 사주를 읽을 때는 전체 구조와 희기(喜忌)를 살펴서 통변해야 함을 기억하기 바란다.

천간은 무형의 기운이기 때문에 형체가 없다. 따라서 이 책에서 비유한 자연의 물상은 이해를 돕기 위함이지 무리하게 적용하여 그대로 읽으면 안 된다. 심화단계에서 조후용신을 다시 배우게 되면 지금 공부한 기초 십천간이 큰 도움이 될 것이다.

세계 유명인사의 사주

필자는 일반인들의 사주뿐만 아니라 당대 정치인이나 세계적인 유명인사의 사주 또한 틈나는 대로 검색하여 읽는다. 이러한 연습은 사주명리를 일반화하는 데 도움이 된다. 다음은 전 세계 역사적 인물들의 사주를 십천간 순서대로 정리한 자료이다. 지금 단계에서는 그들의 사주를 자세하게 통변하는 것이 목적은 아니다. 우선 우리가 아는 역사적 인물들이 어떤 일간을 갖고 태어났는지 그 특징과 공통점을 찾아보는 것이 중요하다. 십천간의 개념을 이해하는 데 많은 도움이 될 것이라 생각한다.

주의할 점으로 사주를 볼 때 좋은 사주와 나쁜 사주로 구분하지 말아야 한다. 선하다, 악하다 등의 가치 판단을 사주에 적용하기보다는 객관적인 성향을 일간에 대비하여 생각하면 된다. 일간의 성향과 그 사주 구조로 말미암아 어떤 인생을 살았는지 담담하게 읽어보기 바란다. 독자들의 이해를 위해 각자의 간단한 이력을 적었다.

• 나폴레옹(Napoleon Bonaparte) **1769. 8. 15 ~ 1821. 5. 5**

프랑스의 군인, 제1통령 및 황제이다. 프랑스혁명의 사회적 격동기 이후 제1제정을 건설했다. 제1통령으로 국정을 정비하고 법전을 편찬하는 등의 개혁정치를 실시했으며, 유럽의 여러 나라를 침략하여 세력을 넓혔다. 1812년 러시아 원정에 실패하여 엘바섬에 유배되었고, 1815년 워털루전투에서 패배하여 세인트헬레나 섬에 유배되었으며 그 곳에서 죽었다.

시	일	월	연
庚	甲	壬	己
午	午	申	丑

• 콘돌리자 라이스(Condoleezza Rice) **1954. 11. 14~**

1989년 미 대통령 국가안보 특별보좌관으로 임명되었고, 2004년 미 국무부장관에 올랐다.

시	일	월	연
己	甲	乙	甲
巳	戌	亥	午

• 블라디미르 푸틴(Vladimir Putin) 1952. 10. 7~

1975년 페테르부르크 대학교 법학과를 졸업했다. 1999년 총리가 되었으며, 2000년, 2004년 러시아 제3~4대 대통령에 임명된 후 2012년과 2018년에 재선되었다.

시	일	월	연
癸	丙	己	壬
巳	戌	酉	辰

• 아돌프 히틀러(Adolf Hitler) 1889. 4. 20~1945. 4. 30

제2차세계대전 당시 독일 정치가이자 독재자로 불리는 인물이다. 게르만 민족주의자이며 반유태주의자이다. 1933년 독일 수상이 되었고, 1934년 국가원수가 되었으며 총통으로 불렸다. 제2차 세계대전의 패색이 짙어지자 자살했다.

시	일	월	연
丁	丙	戊	己
酉	寅	辰	丑

• 로널드 레이건(Ronald Reagan) 1911. 2. 6~2004. 6. 5

미국 제40대 대통령이다. 공화당 소속으로 1981년부터 1989년까지 재임했다. 취임 초기부터 경제회복을 위해 레이거노믹스라는 정책을 펼쳤고, 대외적으로는 군사력을 바탕으로 한 평화를 표방했다.

시	일	월	연
壬	戊	庚	辛
子	申	寅	亥

• 도널드 트럼프(Donald Trump) 1946. 6. 14~

기업인 출신의 미국 제45대 대통령이다. 2004년부터 2015년까지 무려 10년 이상 〈어프렌티스(The Apprentice)〉라는 TV 프로그램을 진행했고 'You're fired(넌 해고됐어)'라는 유행어를 만들어내기도 했다. 부동산 복합기업인 트럼프

기업의 대표를 지낸 세계적인 부동산 재벌이다.

시	일	월	연
己	己	甲	丙
巳	未	午	戌

• 헨리 키신저(Henry Kissinger) **1923. 5. 27~**

독일에서 출생하여 1938년 나치의 유대인 박해를 피해 미국으로 이주한 정치가이다. 하버드대학에서 정치학을 전공하고 해당학과 교수를 지냈으며, 미 대통령 보좌관 및 국가안전보장회의 사무국장과 국무장관을 역임하고 1973년 노벨 평화상을 수상했다.

시	일	월	연
丙	庚	丁	癸
戌	子	巳	亥

• 이순신 장군 1545. 4. 28~1598. 12. 16

고려 때 중랑장을 지낸 이돈수(李敦守)에서 내려오는 문반(文班)의 가문으로, 이돈수의 12대손이다. 조선왕조에 들어서서 5대조인 이변(李邊)은 영중추부사(領中樞府事)와 홍문관 대제학을 지냈고, 증조부 이거(李琚)는 병조참의에 올랐다. 그러나 기묘사화 등을 거치면서 소장파 사림들과 뜻을 같이하다가 이순신이 태어날 즈음엔 가세가 이미 기울었다. 이순신은 사대부가의 전통인 충효와 문학에 뛰어났고 시재에도 특출하여 정의감과 용감성을 겸비했는데, 거기에는 어머니 변씨의 사랑과 엄격한 교육이 있었다. 1592년 임진왜란이 일어나자 연승을 거두며 수훈을 세웠으나, 선조와 조정 내신들의 모략으로 해군 지휘권의 어려움을 겪었고 1958년 노량해전에서 적의 유탄에 맞아 전사하였다.

시	일	월	연
甲	庚	辛	乙
申	辰	巳	巳

• **고이즈미 준이치로 1942. 1. 28~**

일본 정치가로 2001년부터 2008년까지 일본 총리를 지냈다. 야스쿠니 신사참배, 자위대 집단 자위권 등의 보수정책을 고수하여 한국 등 주변국의 반발을 샀다.

시	일	월	연
戊	辛	辛	辛
戌	酉	丑	巳

• **빌 게이츠(Bill Gates) 1955. 10. 28~**

미국의 기업가이다. 1975년 하버드대를 중퇴하고 21살의 폴 앨런(Paul Allen)과 함께 자본금 1500달러로 마이크로소프트사를 창업했다. 20세기 후반부터 21세기까지 세계 정보기술시대를 이끌었고, 약 100조원 대의 자산으로 세계 최고의 부자 자리를 지키고 있다.

시	일	월	연
庚	壬	丙	乙
戌	戌	戌	未

• **세종대왕 1397. 5. 7~1450. 4. 8**

조선 제4대 왕으로 1418년부터 1450년까지 재위하였다. 원래 아버지 태종의 뒤를 이을 왕세자는 형인 양녕대군이었으나, 그가 세자로서 품위를 손상시킨 여러 행동과 사건으로 밀려나고 충녕대군이 왕세자에 올랐다. 재위기간 중 훈민정음 창제는 물론이고, 다양한 과학기술의 발전과 기술서적의 편찬이 이루어졌다.

시	일	월	연
甲	壬	乙	丁
辰	辰	巳	丑

• **달라이라마(Dalai Lama) 1935. 7. 6~**

티베트 정부의 자치권 확대를 주장하며 중국으로부터 독립을 요구한 티베트 정부의 실질적 지도자이며 정신적 지주이다. 몽골어로 큰 바다를 의미하는 '달라이'와 티베트어로 영적인 스승을 말하는 '라마'가 합쳐진 말이다.

시	일	월	연
甲	癸	壬	乙
寅	未	午	亥

이 밖에 2010년 서울 G20 정상회의에 참석한 전 세계 지도자들 중 몇몇의 일간만 간단히 소개한다. 프랑스의 니콜라스 사르코지(1955. 1. 28) 전 대통령은 정축(丁丑)월 기축(己丑) 일주, 앙겔라 메르켈 독일 총리(1054. 7. 17)는 신미(辛未)월 갑술(甲戌) 일주, 룰라 다 실바 브라질 전 대통령은 병술(丙戌)월 기사(己巳) 일주이다. 미국 정치인 힐러리 클린턴은 경술(庚戌)월 무인(戊寅) 일주이고, 남아프리카 최초 흑인 대통령이자 인권운동가인 넬슨 만델라는 기미(己未)월 병인(丙寅) 일주이다.

전체적으로 요약하면, 갑목(甲木) 일간은 정통적 리더십, 경금(庚金) 일간은 군인정신이 보인다. 박정희 전 대통령도 경금(庚金) 일간이다. 그리고 신금(辛金) 일간의 예리함, 병화(丙火) 일간의 정신적 지도력, 임수(壬水) 일간의 정보력과 지혜, 계수(癸水) 일간의 종교성 등이 보인다. 또한 간과할 수 없는 흥미로운 사실은 현대 정치권에서 기토(己土)의 세력이 부상하고 있다는 것이다.

6 지지론

천간과 지지는 하늘과 땅을 상징적인 에너지로 나타내고 그것을 부호로 표시한 인식의 도구이다. 그 부호의 상징적 체계를 해석하여 인간사에 적용하고, 그 체계에 나타난 미세한 변화를 이해하여 과거를 밝히고 현재를 관찰하며 미래를 예측하는 것이 사주명리이다. 천간은 하늘에 있는 별자리의 모양을 관측하여 갑을(甲乙)로 시작하는 10개의 간(干)으로 표시하여 날짜에 적용한 것이 기록으로 남겨져 있고, 지지는 절기에 자축(子丑) 등의 12개 지(支)를 적용했다고 하였다. 그 두 가지를 배합한 것이 육십갑자이다.

양천간과 음천간은 하늘의 양기인 생기와 음기인 질의 상(象)이다. 하늘의 기운이 땅으로 내려와 음양으로 나뉘어 시행한 것이 형(形)을 이루어 지지가 되었다. 천간의 줄기인 간(干)은 땅으로 내려와 가지[支]를 이루고, 동서남북의 사방 공간과 춘하추동의 사시에 배정되어 순환을 계속한다.

1. 십이지지의 개요

하늘에 있는 무형의 기운인 천간들은 일정한 시간이 흐르면 그 기운이 땅으로 내려와 어떤 화학적 작용을 일으키게 되는데, 그 결과물이 바로 지지이다. 지지는 땅에서 일어나는 다양한 현상, 즉 사계절, 사방위, 자연만물의 생태, 인간의 행위 등과 관련이 있다. 천간들끼리 혼합하여 지지가 생겨났다는 것은 지지 속에 여러 개의 천간이 들어 있을 수 있음을 말한다. 따라서 천간은 순일하지만, 지지는 서로 다른 기운이 섞여 있어 주변 상황이나 여건에 따라 변화하므로 해석에 어려움이 있다. 지지는 음양오행의 상생상극뿐만 아니라 서로 간에 기운이 화합하거나 어긋나고 부딪쳐 충돌하여 깨어지는 등 다양한 증상을 동반한다.

사주명식을 보고 운을 판단할 때, 변화를 가져오고 사건의 성패를 결정짓는 대부분의 원인은 바로 지지이다. 그만큼 지지를 이해하는 것이 무엇보다 중요하다. 사람이라는 생명체는 하늘의 상징적 에너지의 영향을 받기보다는 땅 위에서 두 발로 생활하기 때문에 땅의 변화와 운동과 밀접한 관계를 맺는다. 자연의 일부분인 사람은 땅의 시간적 흐름에 따라서 운의 변화에도 큰 영향을 받기 마련이다.

①지지는 사주팔자의 주체이자 주인공인 나(일간)의 환경이며 조후이다.

②지지는 사주팔자의 주인공이 실제로 생활하는 공간을 뜻한다.

③지지는 인간이 살아가는 공간과 방향을 나타낸다.

④지지는 인간의 일생에서 시간적 변화를 나타낸다.

다음은 천간에서와 같이 십이지지 각 글자의 의미와 성향, 그리고 자연의 물상을 요약하여 정리한 표이다.

	자의	형상	자연의 물상
子	낳음[孳]이다. 양기가 움트기 시작하여 아래로 낳는다.	양기가 싹틈을 말하니 아이를 비로소 잉태한 것과 같다.	씨앗, 종자, 난자, 정자, 처음, 시작. 쥐는 지혜롭고 영민하며, 밤에 활동하는 것에서 알 수 있듯이 어두운 곳을 좋아한다.
丑	맺음[紐]이다. 찬 기운이 스스로 구부려 얽어맨다.	굴종됨을 의미하니 한기가 계절에 굴복하기 시작한다.	소는 행동이 느리지만 우직하게 끝까지 자기 일을 한다. 말이 적고 우유부단하여 아직은 봄의 양기가 오지 않았으니 성취가 더디다.
寅	풀어냄[演]이다. 만물을 풀어 살려낸다.	양기가 겉으로 나와 만물이 활동하려는 의욕이 강해진다.	범은 대범함과 포식성이 있지만, 고양이과로서 행동이 민첩하고 증거를 남기지 않는다. 단독으로 행동한다.
卯	무릅씀[冒]이다. 무릅쓰고 땅을 헤치고 나온다.	무릅쓰는 행동이라 만물이 땅 위로 솟아나오는 성향이다.	토끼는 민첩하고 영리하지만, 변덕이 심하고 인간관계에서 배신을 당할 일이 있다. 소심하여 무리를 지어 다니고 일을 그르치면 남을 원망한다.
辰	펼침[伸]이다. 만물이 모두 펼쳐져 나온다.	만물이 기개를 펼치고 발전하는 기상이다.	상상의 동물인 용은 여의주를 물고 하늘로 비상한다. 천지의 기운을 변화시키는 뛰어난 재주와 재능을 지녔다.

	자의	형상	자연의 물상
巳	그침[巳]이다. 양기가 베풀기를 멈춘다.	양기가 충만하다.	뱀은 전통적으로 재물이 들어오는 것을 의미했고, 지혜와 부활의 상징이다. 항공, 역마, 전파, 방송, 통신.
午	거스름[忤]이다. 음기가 아래에서 올라와 양을 거스른다.	음양이 교차함에 서로 놀라고 미워하는 것이다.	문명의 발달을 이끈 불로 인간 정신과 문화를 상징한다. 교육, 문화, 방송, 언어, 문자, 인기.
未	맛을 냄[味]이다. 나무가 미(未)에서 힘을 다하니 나무의 가지와 잎의 움직임이 적다.	양이 쇠잔해지기 시작함을 의미한다.	양떼는 들판의 초목을 보이는 대로 다 뜯어먹어 없앤다. 순해 보여도 뿔을 가진 동물이라 포악함이 있고 스스로 고독하다.
申	몸[身]이다. 사물이 몸체를 완성하니 각자 펴고 묶어 완성된 모습을 갖춘다.	만물의 형체가 완성되었음을 뜻한다.	원숭이는 재주가 뛰어나고 지능적이다. 화려하고 바빠 보이는 겉모습과 달리 내면은 외롭다. 갑목(甲木)과 함께 큰 깃발, 높이 매단 간판을 상징한다.
酉	빼어남[柔]이다. 만물이 무르익어 완성되니 부드럽고 빼어나다.	만물이 그 결실을 완료한 것이다.	닭의 벼슬은 관직을 상징하고, 싸움에서는 용맹을 자랑한다. 신금(辛金)과 같은 성향으로 담백하고 처세가 정확하며 꼼꼼하다. 술 주(酒)와 같은 자원으로 농사를 수확하여 술을 곁들여 잔치하는 모습이다. 닭을 올리고 치르는 전통혼례를 상징하기도 한다.
戌	불쌍히 여김[恤]이다. 만물을 거두어 들임은 불쌍히 여겨서이다.	만물이 생성하는 과정이 다하였음을 뜻한다.	개는 충성심이 뛰어난 동물로 인간과 가깝게 생활하고 책임감이 강하다. 무성할 무(茂)와 같이 사용하여 추수가 끝나고 풍성한 때를 의미한다. 도자기를 굽는 가마나 아궁이를 상징한다.
亥	씨앗[核]이다. 사물이 완성되어 단단한 씨가 된다.	만물의 한 시대는 끝났지만, 그 씨앗이 저장됨을 뜻한다.	돼지는 식복을 상징하며 부자를 의미한다. 낙천적이고 걱정이 없으며 이것저것 끌어모으는 기질로 욕심이 지나칠 수 있다.

지지의 물상과 통변

먼저 십이지지가 상징하는 동물에 대해 이야기하고 싶다. 우리는 쥐띠가 밤에 태어나면 바쁘다거나, 소띠가 낮에 태어나면 일이 많아 힘들다는 이야기를 흔히 듣곤 한다. 이 책에서는 십이지지와 동물 상징에 대해서 깊이 있게 다루지 않지만, 그것을 버리지는 않았으면 한다. 왜냐하면 물상 통변에 들어가면 이러한 민간 상식이 곧잘 활용되기 때문이다. 예를 들어 아내궁인 일지에 인(寅)이 앉아 있으면 '처가 호랑이이니 무섭다, 사회활동을 크게 한다' 등의 통변을 할 수 있다. 축(丑)은 어떨까. 소는 열심히 일하며 웅크리고 있다. 밖에 나가서 친구들과 노는 걸 좋아하기보다는 꾸준히 자기 책임을 다하는 유형이다. 또한 진(辰)이 상징하는 용은 상상의 동물이기 때문에 그 사람은 현실적이기보다 공상을 좋아할 수 있다.

지지 물상에 대해 좀 더 이야기하면, 자(子)는 오행으로 수(水)이고 색깔로는 검은색이다. 사주명식이 자(子)를 용신으로 쓴다면 어떤 물상통변이 가능할까. 그 사람이 생선을 다루는 직업이라면 오징어 먹물이 떠오른다. 만약 취미생활을 한다면 서예나 캘리그라피를 할 수도 있다. 직업을 나타내는 글자가 신(申)이라면 어떤 통변이 가능할까. 신(申)은 양금(陽金)이고 글자에 커다란 깃발이 보인다. 금속을 다루는 직업, 또는 신(申)이 역마의 글자이니 자동차와 관련되거나 컴퓨터 통신과 관련될 수도 있다. 또한 큰 깃발이 있으니 간판이 큰 이름 있는 직장을 의미할 수도 있다. 이와 같이 지지 물상은 그 지지의 의미에서부터 형태나 음양오행까지 활용할 수 있는 정보가 무궁무진하다. 따라서 지지의 기초부터 제대로 숙지하는 것이 매우 중요하다.

한편, 십이지지도 십천간과 마찬가지로 글자의 모양과 의미 등에 유의하여 공부할 필요가 있다. 우선 표기할 때 진(辰)은 장(長), 오(午)는 우(牛), 사(巳)는 이(已)나 기(己), 미(未)는 말(末), 신(申)은 갑(甲), 유(酉)는 사(四), 술(戌)은 무(戊)와 혼동하지 말아야 한다. 글자를 안다고 해도 생김새가 비슷하기 때문에 급하게 쓰다가 실수할 수도 있다.

2. 십이지지의 범주

십이지지에는 기본 음양오행 외에 12절기와 하루 중의 시간, 주역의 괘 그리고 동남서북의 방위 등이 배속된다. 그래서 천간보다 훨씬 다양한 범주에 관여한다.

(1) 지지와 시간

천간과 같이 지지도 일정한 법칙과 순서에 따라 순환한다. 지지를 특징짓는 가장 중요한 범주의 첫 번째는 바로 시간이다.

• 자(子)로 시작하는 십이지지표

자	축	인	묘	진	사	오	미	신	유	술	해
子	丑	寅	卯	辰	巳	午	未	申	酉	戌	亥
쥐	소	범	토끼	용	뱀	말	양	원숭이	닭	개	돼지
음	음	양	음	양	양	음	음	양	음	양	양
水	土	木		土	火		土	金		土	水
11월	12월	1월	2월	3월	4월	5월	6월	7월	8월	9월	10월
23~01	01~03	03~05	05~07	07~09	09~11	11~13	13~15	15~17	17~19	19~21	21~23
대설 동지	소한 대한	입춘 우수	경칩 춘분	청명 곡우	입하 소만	망종 하지	소서 대서	입추 처서	백로 추분	한로 상강	입동 소설
복 (復) ䷗	임 (臨) ䷒	태 (泰) ䷊	대장 (大壯) ䷡	쾌 (夬) ䷪	건 (乾) ䷀	구 (姤) ䷫	둔 (遯) ䷠	비 (否) ䷋	관 (觀) ䷓	박 (剝) ䷖	곤 (坤) ䷁

* 동경 표준시를 사용하는 국제협약에 따라 한국에서 태어난 사람은 여기에 30분을 추가해야 한다.

지지를 자(子)에서 시작하는 이유는 자(子)가 밤 11시에서 새벽 1시 사이, 즉 과거를 보내고 새날을 시작하는 시간이기 때문이다. 주역 64괘 중 복(復)괘의 부호는 ䷗으로, 일양(—)이 밑에서 하나가 생겨나 점점 위로 올라가기 시작하는 형상이다. 음이 극에 이르러 그 힘이 다하고 다시 양이 돌아오는 것이다. 복(復)은 근본으로 돌아간다는 뜻이다. 절기로 동지는 자(子)월에 배속되고, 북반구에서 1년 중 낮이 가장 짧고 밤이 가장 긴 날이다. 동지에서 시작하여 낮은 서서히 길어진다. 『주역』에서 "복괘에서 천지의 마음을 본다"고 하였다. 여기서 말하는 천지의 마음은 우주 만물이 주기에 따라 시작하고 순환하는 운동, 즉 우주 자연의 밤낮과 사계절의 변화 및 순환과정을 의미한다.

반대로 음력 5월, 즉 지지 오(午)는 일음(--)이 밑에서부터 올라오기 시작한다. 바로 1년 중 낮이 가장 길다는 하지가 여기에 배속되고, 이 날로부터 밤이 점점 길어진다. 각 십이지지에 주역괘가 배속된 것을 보면 각 절기의 진행과 시간의 흐름을 알 수 있다.

그렇다면 음력 1월이 배속된 인(寅)은 어떤 의미가 있을까? 바로 춥고 얼어 있는 겨울이 끝나고 인간과 만물이 꿈틀거리며 생성되고 활동을 시작하는 때이다. 절기로는 입춘에 해당한다. 인(寅)월을 시작으로 십이지지를 다시 배열하면 아래와 같다.

• **인(寅)으로 시작하는 십이지지표**

인	묘	진	사	오	미	신	유	술	해	자	축
寅	卯	辰	巳	午	未	申	酉	戌	亥	子	丑
양	음	양	양	음	음	양	음	양	양	음	음
1월	2월	3월	4월	5월	6월	7월	8월	9월	10월	11월	12월
입춘	경칩	청명	입하	망종	소서	입추	백로	한로	입동	대설	소한
봄			여름			가을			겨울		

자(子)로 시작하는 십이지지표와 달리 인(寅)으로 시작하는 십이지지표를 보면 12개월과 사계절의 배치가 더욱 확실해진다. 12개의 지지가 3개씩 짝을 이루어 춘하추동을 진행한다. 각 계절은 2개

의 해당 오행 지지와 1개의 토(土) 오행 지지로 구성되어 있다. 예를 들어 봄은 목(木) 오행인 인(寅)·묘(卯)와 토(土) 오행인 진(辰)이 하나의 모임을 형성한다. 여름은 화(火) 오행인 사(巳)·오(午)와 토(土) 오행인 미(未)의 모임이다. 가을은 금(金) 오행인 신(申)·유(酉)와 토(土) 오행인 술(戌)의 모임이다. 마지막으로 겨울은 수(水) 오행인 해(亥)·자(子)와 토(土) 오행인 축(丑)의 모임이다.

춘	寅(입춘)	卯	辰	봄에 싹이 돋아 성장한다
	양	음	양	
하	巳(입하)	午	未	성장한 초목은 꽃이 만발한다
	양	음	음	
추	申(입추)	酉	戌	가을이 되어 결실을 맺고 수확을 한다
	양	음	양	
동	亥(입동)	子	丑	겨울에 종자를 모아 저장한다
	양	음	음	

각 계절에 배속된 지지를 보면 춘하추동의 변화에 토(土) 오행이 관여함을 알 수 있다. 각 계절의 해당 오행은 양에서 시작하여 음으로 진행하고, 토(土) 오행도 자체적으로 양에서 음으로 진행한다. 절기를 보면 각 계절의 첫 달, 즉 첫 오행은 각각 입춘, 입하, 입추, 입동으로 해당 절기의 절입을 알리고 있다.

지지의 토(土) 오행과 계절

천간과 달리 지지에서는 토(土) 오행이 각 절기마다 들어가 있어 변화를 도모하기 때문에, 각각 배속된 절기에 따라 토(土) 오행의 특색이 달라진다고 추론할 수 있다. 예를 들어 진토(辰土)는 춘절기의 토(土)로 봄에 만물이 생장할 수 있는 여건을 갖춘 땅이라 생각할 수 있고, 미토(未土)는 하절기의 뜨겁고 조열한 땅이며, 술토(戌土)는 가을 추수가 끝난 쓸쓸하고 황량한 땅이며, 마지막으로 축토(丑土)는 겨울의 차갑게 얼음이 얼고 눈이 내려앉은 땅이다. 따라서 사주에서 토(土) 오행을 해석할 때는 다른 오행들보다 훨씬 주의를 기울여서 절기에 나타난 조후와 주변 글자들의 상태를 고려해야 한다. 토(土)는 오행 해석에서 가장 난해한 글자이고, 따라서 사주에 토(土) 오행이 많이 보이면 그만큼 통변에 주의해야 한다.

각 계절에서 시작하는 지지와 중간의 지지, 그리고 마지막 지지를 정리하면 다음과 같다. 시작하는 글자는 생한다고 해서 생지(生支)라 하고, 중간 글자는 기운이 왕성하여 왕지(旺支)라 하며, 마지막 글자는 마무리하여 수납한다고 하여 고지(庫支)라 한다. 각각 지지 네 글자씩이므로 사생지, 사왕지, 사고지라고 한다.

참고로 인사신해(寅巳申亥)라 하지 않고 인신사해(寅申巳亥)로 순서를 약간 바꾸었는데, 그 이유는 이후에 설명할 지지의 상호관계에서 중요한 작용을 쉽게 암기하기 위해서이니 순서에는 개의치 않길 바란다. 나머지 자오묘유(子午卯酉)와 진술축미(辰戌丑未)의 배열도 마찬가지다.

① 사생지(四生支)_ 각 계절의 첫 글자인 인신사해(寅申巳亥). 역마라고도 한다.
② 사왕지(四旺支)_ 각 계절의 중간 글자인 자오묘유(子午卯酉). 도화라고도 한다.
③ 사고지(四庫支)_ 각 계절의 마지막 글자인 진술축미(辰戌丑未). 화개라고도 한다.

(2) 지지와 공간

지지는 12절기와 춘하추동과 같은 시간의 의미를 가지며, 동시에 동서남북 사방위와 같은 공간의 의미도 가진다. 이렇듯 시공을 포괄하는 지지는 사주에서 다양한 작용을 하는데, 아래 그림과 같이 공간적으로 표시할 수 있다.

• 12지지의 사시·사방 배치

		북방·水·겨울			
서방 金 가을	戌	亥	子	丑	
	酉			寅	동방 木 봄
	申			卯	
	未	午	巳	辰	
	남방·火·여름				

목(寅卯) · 화(巳午) · 금(申酉) · 수(亥子)의 네 오행과 8개의 지지가 순서대로 동 · 남 · 서 · 북, 또는 봄 · 여름 · 가을 · 겨울에 위치하고, 각 귀퉁이 즉 그 변화의 자리에 토(土)인 진술축미(辰戌丑未)가 위치하고 있다.

여기서 진술축미(辰戌丑未) 네 지지는 토(土) 오행으로서 한 계절을 마무리하여 다음 계절로 바꾸어주는 역할을 함과 동시에 공간적인 배치, 즉 동서남북 모두에 관여한다. 그것을 도식화하면 다음 그림이 된다. 이것은 십이지지가 천간과 같은 순수한 무형의 기운이라기보다, 인간과 자연 만물이 우주공간에서 생성되고 활동하는 것과 더욱 밀접한 관련이 있음을 말해준다.

• 12지지와 오행의 방위 배치도

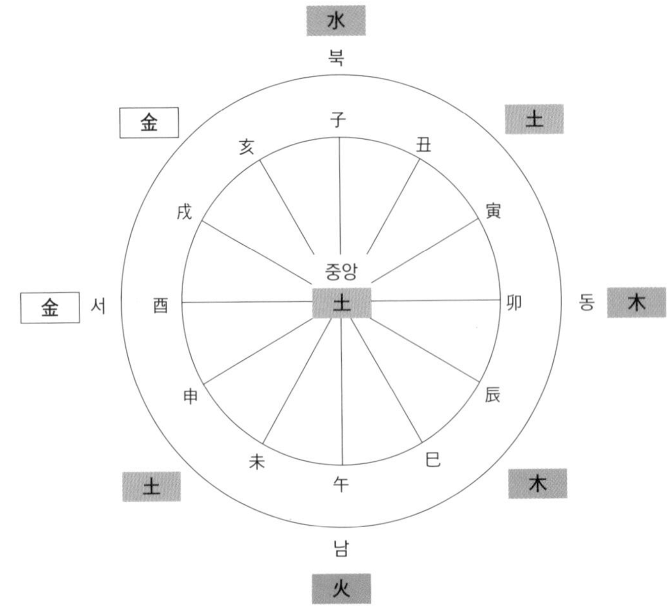

3. 지장간

지장간(支藏干)이란 글자 뜻 그대로 지지 속에 들어 있는 천간들을 의미하며, 여기(餘氣) · 중기(中氣) · 본기(本氣)의 세 가지 기운으로 이루어져 있다. 지장간이 있는 이유는 지지가 천간처럼 단순하게 한 가지 순일한 오행으로만 이루어진 것이 아니라 천간의 여러 가지 기운들이 혼합되어 만들어진 결과물이기 때문이다. 이러한 혼합작용에는 일정한 순환의 법칙성이 있다.

지지	자	축	인	묘	진	사	오	미	신	유	술	해
	子	丑	寅	卯	辰	巳	午	未	申	酉	戌	亥
여기	壬	癸	戊	甲	乙	戊	丙	丁	戊	庚	辛	戊
중기		辛	丙		癸	庚	己	乙	壬		丁	甲
본기	癸	己	甲	乙	戊	丙	丁	己	庚	辛	戊	壬

① 여기(餘氣)

초기라고도 한다. 지난 달의 남은 기운이 이번 달로 넘어온 것이며, 전성기를 지난 노년의 기운에 비교할 수 있다. 전에 있었던 지지의 본기(정기)가 그대로 넘어오지만, 기(己)는 무(戊)로 바뀐다는 점만 기억하면 된다. 여기에 해당하는 지지는 인(寅)과 신(申)이다. 하나씩 살펴보면, 축(丑)의 여기인 계(癸)는 자(子)의 본기에서 온 것이다. 인(寅)의 여기인 무(戊)는 축(丑)의 본기인 기(己)가 무(戊)로 바뀐 것이다. 예전에 쓰여진 책들 중 일부는 신금(申金)의 지장간에 기(己)를 추가하여 기무임경(己戊壬庚)으로 표시하기도 했다. 그러나 시간이 흐르면서 신금(申金)에서 기(己)의 성분이 점차 사라지기 시작했다고 추측된다.

② 중기(中氣)

중기는 여기와 본기(本氣) 또는 정기(正氣) 사이의 기운이다. 다른 두 기운에 비해 세력이 비교적 약하다. 사생지인 인신사해(寅申巳亥)의 중기는 앞으로 다가올 계절(오행)의 기운을 미리 준비하여 그 계절(오행)의 양간이 되고, 사고지인 진술축미(辰戌丑未)의 중기는 지나간 계절(오행)의 음간이 된다.

먼저 사생지부터 살펴보자. 인(寅, 입춘)은 목(木, 봄)의 시작이고, 그 중기는 다음 계절인 화(火, 여름)의 양간인 병(丙)이다. 사(巳, 입하)는 화(火, 여름)의 계절이고, 그 중기는 다음 계절인 금(金,

가을)의 양간인 경(庚)이다. 신(申, 입추)은 금(金, 가을)의 계절이고, 그 중기는 다음 계절인 수(水, 겨울)의 양간인 임(壬)이다. 해(亥, 입동)는 수(水, 겨울)의 계절이고, 그 중기는 목(木, 봄)의 양간인 갑(甲)이다.

한편 사고지인 진(辰)은 봄을 마무리하고, 그 중기는 이전 계절인 수(水, 겨울)의 음간인 계(癸)이다. 미(未)는 여름을 마무리하고, 그 중기는 목(木, 봄)의 음간인 을(乙)이다. 술(戌)은 가을을 마무리하고, 그 중기는 화(火, 여름)의 음간인 정(丁)이다. 축(丑)은 겨울을 마무리하고, 그 중기는 금(金, 가을)의 음간인 신(辛)이다.

이를 통해 사생지는 앞을 바라보고, 사고지는 지나간 과거를 바라본다는 것을 알 수 있다. 그것은 또한 이들 지지 그룹의 특징이기도 하다. 사왕지인 자오묘유(子午卯酉) 중에서 오(午)만 중기로 기(己)를 가지는데, 그 이유는 봄 · 여름 양기의 계절에서 가을 · 겨울 음기의 계절로 변화하므로 기토(己土)를 넣은 것이다.

③ 본기(本氣)

정기(正氣)라고도 하며, 해당 지지의 대표성을 띤 음양과 오행이다. 세 가지 세력 중에서 가장 강한 기운이다.

지장간 적용

지장간을 다른 각도로 적용해보면 지지를 더 깊이 이해할 수 있다. 먼저 양간의 생왕묘를 보자. 갑(甲)은 목(木)의 계절인 봄을 대표한다. 이전 계절의 생지인 해(亥)에서 생겨나고(亥의 중기가 甲), 묘(卯)에서 자기 계절의 왕지를 차지하며, 다음 계절의 고지인 미(未)에서 무덤과 창고를 뜻하는 묘고(墓庫)로 들어간다(未의 여기가 乙). 즉, 갑(甲)의 생왕묘 모임은 해묘미(亥卯未)이다. 마찬가지로 병(丙)은 인(寅)에서 생하고,

오(午)에서 왕하며, 술(戌)에서 묘고로 들어간다. 그래서 병(丙)의 생왕묘 모임은 인오술(寅午戌)이다. 십천간 중에서 무(戊)는 병(丙)과 같은 인생을 산다. 경(庚)의 생왕묘는 사유축(巳酉丑)이고, 임(壬)은 신자진(申子辰)이다. 모두 이전 계절의 생지에 태어나서 자기 계절에서 왕지를 차지하고, 다음 계절에서 묘지에 들어간다는 특징이 있다.

한편, 음간의 생왕묘를 보면 을(乙)은 오인술(午寅戌), 정(丁)은 유사축(酉巳丑), 기(己)는 정(丁)과 같은 인생을 사니 유사축(酉巳丑), 신(辛)은 자신진(子申辰), 계(癸)는 묘해미(卯亥未)이다. 공통점이 보이는가? 음간은 다음 계절의 생왕묘를 배열순서만 달리한다는 것이다. 즉, 을(乙)은 다음 계절인 화(丙, 여름)의 생왕묘를 재배열한 오인술(午寅戌)이고, 정(丁)과 기(己)는 금(庚, 가을)의 생왕묘를 재배열한 유사축(酉巳丑), 신(辛)은 수(壬, 겨울)의 생왕묘를 재배열한 자신진(子申辰), 계(癸)는 목(甲, 봄)의 생왕묘를 재배열한 묘해미(卯亥未)이다. 내용을 도표로 정리하면 다음과 같다.

겨울			甲(봄)			여름		
생				왕				묘
亥	子	丑	寅	卯	辰	巳	午	未

봄			丙·戊(여름)			가을		
생				왕				묘
寅	卯	辰	巳	午	未	申	酉	戌

여름			庚(가을)			겨울		
생				왕				묘
巳	午	未	申	酉	戌	亥	子	丑

가을			壬(겨울)			봄		
생				왕				묘
申	酉	戌	亥	子	丑	寅	卯	辰

4. 월령

(1) 월령의 개념

사주용어 중에 월령(月令)이란 말이 있다. 월지사령(月支司令)의 줄임말로 사주팔자 중 태어난 달의 지지, 즉 월지가 그 사주의 핵심기운으로서 사령관이 되어 명령한다는 뜻이다. 식물은 본질적으로 파종을 하면 발아하고 성장하여 꽃이 피고 결실에 이르러 그것을 수확하고 종자를 모아 저장하는 과정을 거친다. 이러한 과정은 계절에 적합하지 않으면 안 된다. 천하만물은 모두 이와 같이 하늘의 때를 얻어 성장하고 발전하는 과정을 거치는데, 그것을 오행관에 착안하여 정리하면 다음과 같다.

① 목(木)은 봄이다.
② 화(火)는 여름이다.
③ 금(金)은 가을이다.
④ 수(水)는 겨울이다.
⑤ 토(土)는 계절의 말기와 변화기이다.

이러한 계절관과 해당 오행이 변화하는 모습에 착안한 것이 월령이다. 봄 즉 목기(木氣)는 파종하여 싹이 발아하는 계절이고, 여름 즉 화기(火氣)는 꽃이 만발하는 계절이며, 가을 즉 금기(金氣)는 열매가 단단해지며, 겨울 즉 수기(水氣)는 그 속에 씨앗이 생기고 인간은 다음에 올 봄을 대비하여 씨앗을 저장하는 때이다. 모든 생명체가 각 계절에 맞추어 행동하고, 상황이 맞으면 순조로운 성장을 하고 계절에 맞지 않으면 발육이 안 되는 것은 당연한 이치이다. 인간의 운명을 볼 때 각 계절의 어느 달, 어느 오행에 태어났는지를 중요시하는 것은 바로 이러한 이유에서다. 사주를 통변할 때 태어난 월을 따져 해당 월지의 글자를 파악하고, 그에 따라 나머지 모든 글자의 상태 및 동태를 읽는 것이 첫 번째이다. 즉, 사람의 생일이 생월에 대해 타당성을 얻었는지 얻지 못했는지를 읽는 것은 중요한 의미가 있다.

음양은 춥거나 따스한 기운을 주관하고, 오행은 춘하추동 사시의 기후를 지배한다. 하늘과 땅 사이에 생존하는 인간은 만물의 영장이면서 동시에 하나의 소우주이고 소천지이다. 아무리 대단한 지혜를 가지고 영리하게 우주를 경영하려 해도 월령의 지배를 벗어날 수는 없다.

(2) 월령의 분류

월령을 얻었다 혹은 월령을 얻지 못했다 함은 바로 생일의 오행과 생월 기후의 연관성을 말한다. 예를 들어 춘월(목) 갑을목(甲乙木) 일간은 월령을 얻었다 할 수 있고, 추월(금) 갑을목(甲乙木) 일간은 부득령(不得令), 즉 월령을 잃었다고 할 수 있다. 반대로 춘월(목) 경신(庚辛) 일간은 월령을 얻지 못했고, 추월(금) 경신(庚辛) 일간은 월령을 얻었다.

• 월령표

구분 / 오행	득령(得令)	퇴기(退氣)	부득령(不得令)	진기(進氣)
木(甲乙)	춘(寅卯辰)	하(巳午未)	추(申酉戌)	동(亥子丑)
火(丙丁)	하(巳午未)	추(申酉戌)	동(亥子丑)	춘(寅卯辰)
土(戊己)	하(巳午未)	추(申酉戌)	동(亥子丑)	춘(寅卯辰)
金(庚辛)	추(申酉戌)	동(亥子丑)	춘(寅卯辰)	하(巳午未)
水(壬癸)	동(亥子丑)	춘(寅卯辰)	하(巳午未)	추(申酉戌)

위 표를 보면 알겠지만, 화(火)와 토(土)는 화토동근(火土同

根), 즉 그 뿌리를 같이 본다고 하여 오행순환의 과정을 동일하게 읽는다. 1년은 사계절이 있으므로 극단의 계절이 아닐 때 태어나는 경우 진기생(進氣生) 또는 퇴기생(退氣生)이라 칭하여 조금 득하였다 혹은 조금 실하였다고 이해한다. 진기(進氣)란 생월 오행이 일간이나 다른 천간을 생조함을 말한다. 득령과 마찬가지로 진기 때도 해당 천간이 힘을 얻는다. 예를 들면, 봄의 계절은 화(火)와 토(土) 오행의 진기월이고, 여름의 계절은 금(金) 오행의 진기월, 가을은 수(水) 오행의 진기월, 겨울은 목(木) 오행의 진기월이다. 이와 같이 월령을 득하거나 득하지 못하는 것은 사주명리에서 말하는 천간의 강약, 통근의 강약을 파악하는 데 중요한 영향을 미치므로 통변의 기초라 하겠다.

(3) 왕상휴수사

왕(旺)·상(相)·휴(休)·수(囚)·사(死)는 일간과 태어난 달의 관계를 보는 것이다. 왕(旺)은 일간과 같은 오행, 상(相)은 일간을 생하는 오행, 휴(休)는 일간이 생하는 오행, 수(囚)는 일간이 극하는 오행, 사(死)는 일간을 극하는 오행이다.

• 오행의 왕상휴수사

일간 \ 월지오행	춘(木)	하(火)	사계(土)	추(金)	동(水)
木	왕	휴	수	사	상
火	상	왕	휴	수	사
土	사	상	왕	휴	수
金	수	사	상	왕	휴
水	휴	수	사	상	왕

(4) 월령의 기간

월령의 기간은 4개의 생지인 인사신해(寅巳申亥), 4개의 왕지인 자묘오유(子卯午酉), 4개의 고지인 진술축미(辰戌丑未)로 나눈다. 먼저 사생지는 여기-중기-본기가 각각 7-7-16일이다. 사왕지는 여기-본기가 각각 10-20일인데, 오(午)는 여기-중기-본기가 각각 10-10-10일이다. 사고지는 여기-중기-본기가 각각 9-3-18일이다.

• 지장간 월률

	지지	여기-중기-본기	특징
사생지(사맹)	寅	戊-丙-甲	1. 여기-중기-본기의 사령일이 7-7-16일이다. 2. 모두 무(戊)로 시작한다. 3. 중기는 다음에 오는 계절의 양간이다. 4. 모두 양간으로 이루어져 있다.
	申	戊-壬-庚	
	巳	戊-庚-丙	
	亥	戊-甲-壬	
사왕지(사정)	子	壬 -- 癸	1. 여기-본기의 사령일이 10-20일이다. 2. 오(午)만 중기 기(己)를 가지고 있다. 3. 해당 지지의 대표 오행으로만 이루어져 있다.
	午	丙-己-丁	
	卯	甲 -- 乙	
	酉	庚 -- 辛	
사고지(사묘)	辰	乙-癸-戊	1. 여기-중기-본기의 사령일이 9-3-18일이다. 2. 중기는 지난 계절의 음간이다. 3. 음양오행이 복잡하게 섞여 있어 잡기(雜氣)라고 불린다.
	戌	辛-丁-戊	
	丑	癸-辛-己	
	未	丁-乙-己	

사생지인 인(寅)을 예로 들면 여기 무(戊)가 7일, 중기 병(丙)이 7일, 본기 갑(甲)이 16일이다. 여기 무(戊)는 이전 지지인 축(丑)의 본기인 기(己)가 변한 것이고, 중기 병(丙)은 다음 계절인 여름의 양간이며, 본기 갑(甲)은 지지 인(寅)의 대표 음양오행이다.

사왕지인 묘(卯)는 여기와 본기로만 이루어지는데, 갑(甲)이

10일, 을(乙)이 20일이다. 여기 갑(甲)은 이전 지지인 인(寅)의 본기가 넘어온 것이고, 본기 을(乙)은 지지 묘(卯)의 대표 음양오행이다.

사고지인 진(辰)은 여기 을(乙)이 9일, 중기 계(癸)가 3일, 본기 무(戊)가 18일이다. 을(乙)은 지난 지지인 묘(卯)의 본기였고, 계(癸)는 지나간 계절인 겨울의 음간이며, 무(戊)는 진(辰)의 대표 음양오행이다.

일간과 월지의 관계

일간과 월지의 관계를 보면 동양과 서양의 세계 인식 차이를 알 수 있다. 명리학 고서에서는 일간은 재상이라 표현하고, 월지는 상제(上帝)에 비유한다. 사주를 배우는 서양 학생들이 가장 이해하기 어려워하는 부분이 바로 이 지점이다. 서양의 인식 체계로 보면 당연히 일간이 왕이어야 하기 때문이다. 서양은 인간이 자연을 극복하고 개척하여 인간의 삶에 맞추는 것을 발전이라고 생각한다. 근대에 산업혁명이나 기술과 과학의 발전을 구가한 방식이 바로 이러했다.

그러나 동양에서 상제는 바로 우주천지와 자연이다. 서양화와 동양화를 비교해도 이런 차이를 알 수 있다. 서양화는 인물이 중심에 나온다. 그림의 초점이 그 인물에 맞추어져 있고 배경은 상대적으로 초점의 대상이 아니다. 그러나 동양화는 거대한 산수 자연 속에 인간은 하나의 점으로 표시된다. 대부분 인간이 주제가 아닌 듯 그 존재를 찾기조차 어려운 경우가 많다. 사주의 관점에서 보면 일간으로 태어난 인간이 상제인 월령과 조화를 이루는 관계가 바로 좋은 명이다.

서양 학생들에게는 이 점을 한참 설명해야 한다. 물론 사주명리를 공부하는 학생들은 비교적 쉽게 받아들인다. 이러한 차이를 이해해야 앞으로 사주 공부가 쉬워진다. 그만큼 월령이 중요하다는 말이다.

5. 십이지지의 특성

(1) 자수(子水)_ 수(水)의 왕지

- 지장간 임(壬) 10일, 계(癸) 20일
- 띠 쥐
- 월 음력 11월(양력 12월)
- 계절 한겨울(대설 절입기)
- 성질 음

음력 11월은 매우 추운 겨울이다. 응집하는 계절의 중앙에 있어서 웅크리고 기운을 모으는 때이다. 오행 중 수(水)는 수렴의 기운이다. 자(子)월은 매우 추운 겨울의 중심으로서 모든 기운이 동결되어 있으며, 다가올 봄을 위해 에너지를 아끼고 준비하는 시간이다.

자(子)월은 지장간이 임수(壬水)와 계수(癸水)로만 이루어져 있으므로 차가운 기운이 최고조에 달해 있다. 여기 임수(壬水)가 10일, 본기 계수(癸水)가 나머지 20일을 담당한다. 음의 기운인 계수(癸水)가 양인 임수(壬水)보다 더 많이 담당하고 있으니 그 본기를 따라 자수(子水)는 음의 속성을 갖게 된다.

한밤중이며 어둠을 뜻하고, 새로운 시작을 의미한다. 또한 초목의 씨앗을 의미한다. 인간의 정자, 난자를 의미하며, 여성의 자궁 자체를 의미하기도 한다. 예를 들어 갑자(甲子)는 모든 생명의 시작을 의미한다.

물상으로는 생명체인 동식물이 이용할 수 있는 지구상의 맑고 깨끗한 물로서 옹달샘, 이슬, 계곡물, 냇물, 수돗물 등 인간과 관련 있는 물 자체를 의미한다. 잉태의 뜻이 있다.

쥐는 어둠 속에서 활동하고 번식력이 강하며 예민한 동물이다. 사람으로 보면 차분하고 침착하나 때로는 냉철하며, 대단히 예민하고 깨끗함을 추구한다. 환경에 따라 감정 기복이 심하고 변화가 자주 나타난다. 태어난 월을 우선기준으로 살핀다.

(2) 축토(丑土)_ 금(金)의 고지

• 지장간	계(癸) 9일, 신(辛) 3일, 기(己) 18일
• 띠	소
• 월	음력 12월(양력 1월)
• 계절	겨울과 봄의 환절기(소한 절입기)
• 성질	음

자(子)월의 차가운 기운이 차츰 줄어들기 시작한다. 만물이 태동할 움직임이 포착되지만 아직도 기운이 차갑다. 얼어 있는 땅이니 준비기간이 더 필요한 시점이다. 지장간을 살펴보면 화기(火氣)가 없어서 차가운 기운을 녹일 힘이 부족하다.

자(子)월의 마지막 기운인 계수(癸水)가 여기로 남아 축(丑)월의 초기에 9일을 담당한다. 얼음과 눈에 덮인 동토를 생각하면 된다. 음의 기운인 기토(己土)가 본기이므로 음의 속성을 갖게 된다.

물상으로는 여성의 태반을 의미하기도 하고, 습한 기운이 많고 축축한 12월의 언 땅으로 초목이 성장하기에 부적합하다. 축토(丑土)는 식물의 성장을 위한 땅이 아니라, 식물의 종자나 인간의 태아를 숙성시키고 임신기로서 탄생을 돕는 역할을 담당한다. 초봄에 싹을 틔우기 위해 종자를 숙성시키는 과정인 것이다.

소는 우직하고 고집이 세며 앞만 바라보고 묵묵하게 일하는 동물이다. 사람으로 보면 속을 드러내지 않는다. 보수적이며 서두르지 않고 침착하다. 고집이 세고 근면성실하다. 내향적 성향이 강하고 표출하지 않는다.

(3) 인목(寅木)_ 화(火)의 생지

• 지장간	무(戊) 7일, 병(丙) 7일, 갑(甲) 16일
• 띠	호랑이
• 월	음력 1월(양력 2월)
• 계절	초봄(입춘 절입기)
• 성질	양

세운이 바뀌는 입춘 1월에 해당한다. 얼었던 땅이 비로소 녹기 시작하며 생명의 움직임이 보인다. 지장간은 여기 병화(丙火)가 7일을 담당하면서 동토를 녹이고 갑목(甲木)의 기운이 생긴다. 하지만 이제 막 움직이는 시점이라서 그 기운이 강하지는 않다. 양의 기운인 갑목(甲木)이 본기를 차지했으니 인목(寅木)은 양의 속성을 갖게 된다.

물상으로 소나무나 전나무 등과 같이 곁가지가 거의 없이 하늘 높이 솟은 나무를 의미한다. 탄생이며 인생의 시작이다.

호랑이는 용맹함, 폭발적인 힘, 위엄을 갖춘 동물이다. 사람으로 보면 포부가 크고 추진력이 있다. 강력한 리더십을 바탕으로 지도자의 기질을 가지고 있다. 인자한 성품과 순수한 마음의 소유자이다. 남에게 지기 싫어한다.

(4) 묘목(卯木)_ 목(木)의 왕지

	• 지장간 갑(甲) 10일, 을(乙) 20일 • 띠 토끼 • 월 음력 2월(양력 3월) • 계절 늦봄(경칩 절입기) • 성질 음

만물의 성장이 활발하고 그 움직임이 강하게 보이는 시점이다. 왕성한 생명력과 함께 훈훈한 기운이 감도는 시기이다.

지장간을 살펴보면 인(寅)월의 여기인 갑목(甲木)이 10일을 담당한다. 음의 기운인 을목(乙木)이 본기이므로 묘목(卯木)은 음의 속성을 갖게 된다.

초목의 입장에서는 싹이 돋아나서 왕성한 성장을 하는 시기이며, 사람의 입장에서는 탄생하여 유아기를 거쳐 성장을 시작하는 소년기이다. 물상으로는 잔디, 잡초, 화초 등 을목(乙木)의 성향을 갖고 있다.

토끼는 순수하고 선한 동물로서 욕심이나 강한 동물적 특성이 없다. 그러나 총명하고 재빠른 동물이다. 사람으로 보면 인정이 많고 순하며 마음이 여리다. 활동적인 성정보다는 현실적이고 끈질기며 온화한 편으로 사교적 성향을 나타낸다.

(5) 진토(辰土)_ 수(水)의 고지

- 지장간 을(乙) 9일, 계(癸) 3일, 무(戊) 18일
- 띠 용
- 월 음력 3월(양력 4월)
- 계절 봄과 여름의 환절기(청명 절입기)
- 성질 양

산천초목이 성장하기에 가장 좋은 시기이다. 적당한 수분과 생명력이 어우러진 축축한 토양이기 때문에 초목이 가장 좋아한다. 지장간을 보면 묘(卯)월의 을목(乙木)이 진(辰)월의 여기로 남아 있다. 초목이 싹을 틔우고 꽃피울 준비를 하는 시기이며, 사람은 유소년기를 거쳐 청년기에 접어드는 시기로 사춘기에 가깝다. 변덕이 심한 시기이다.

물상을 보면 겉으로는 양토 같지만 실제 성분은 나무가 성장하기에 가장 적당한 흙으로 흔히 문전옥답이라고 한다. 적당한 물(계수)과 거름(을목)이 혼합된 양질의 흙이라서 갑목(甲木)이 아주 좋아하는 땅이다.

용은 상상의 동물로 비현실적이면서 한편으로는 영험하고 상서로운 의미가 있다. 용의 조화는 변덕, 승천은 이상이 높음을 의미한다. 사람으로 보면 꿈과 이상이 높고 진취적 기상의 소유자이다. 비현실적이고 이상만 추구하는 경향이 있다. 듬직하지만 현실에 무감각하고 무뚝뚝하다. 안정된 상태에서는 침착하고 조용하지만, 주변환경에 따라 폭발력을 나타내기도 한다. 경우에 따라 변덕이 심하고 끈질긴 면이 있다.

(6) 사화(巳火)_ 금(金)의 생지

- 지 장 간　무(戊) 7일, 경(庚) 7일, 병(丙) 16일
- 띠　뱀
- 월　음력 4월(양력 5월)
- 계 절　초여름 (입하 절입기)
- 성 질　양

병화(丙火), 즉 태양의 기운이 왕성하고 본격적으로 따뜻한 양기가 감도는 때이다. 더위가 시작되긴 했지만 아직 무더운 폭염은 없다. 양의 성질인 병화(丙火)가 본기를 담당하고 있으므로 사화(巳火)는 양의 속성을 갖게 된다.

초목에 싹이 돋고 성장하여 꽃을 피우기 시작하는 개화기를 말한다. 사람으로 치면 유년기와 소년기를 거쳐 인생의 최절정기에 들어서는 문턱으로 청년기가 시작된다.

물상으로는 병화(丙火)의 속성을 가졌기 때문에 태양처럼 열기가 대단하다. 용광로의 불이나 열기, 화산의 폭발, 용암의 분출을 생각하면 된다. 땅의 뜨거운 열기나 불 또는 폭발물이다.

뱀은 독이 있는 동물로 깨끗하고 예민하다. 기회를 노리며 건드리지 않으면 자기 위치를 지킨다. 사람으로 보면 외골수 기질이 강하며, 단정하고 깔끔한 용모이다. 두뇌가 명석하고 사색적이며 예의바르다. 때로는 화끈하고 세밀하고 침착하며 논리적이다. 근면성실하고 자존심이 강하다. 환경에 따라서는 폭발하는 성격 때문에 타인에게 배척당한다. 균형을 잃으면 의심이 많고 화를 잘 내며 타인과 화합하지 못하여 고독하다.

(7) 오화(午火)_ 화(火)의 왕지

- 지 장 간　병(丙) 10일, 기(己) 10일, 정(丁) 10일
- 띠　말
- 월　음력 5월(양력 6월)
- 계 절　늦여름(망종 절입기)
- 성 질　음

오화(午火)는 지장간으로 병(丙)과 정(丁)이 주된 세력을 장악하고 있어서 그 뜨거움이 말로 표현할 수 없을 정도이다. 오화(午火)는 지장간의 월률 구조가 다른 왕지와는 달라서 습토인 기토(己土)가 화(火)의 기운을 적절히 조율하고 있다. 음의 속성인 정화(丁火)가 본기이니 오화(午火)는 음의 성질을 갖게 된다.

초목은 인(寅)월에 싹이 돋아 묘(卯)월에 왕성하게 성장하고, 진(辰)월에 꽃피울 준비를 하며 사(巳)월에 개화가 시작된다. 오(午)월이면 꽃이 만발하니 사람으로 치면 인생의 최절정기이다.

물질적으로 인간과 직접 관련이 있는 모든 음화(陰火), 즉 촛불, 화롯불, 난로, 전기, 등불 등과 같이 온화하고 따뜻한 불을 말한다. 말은 순종적이고 인간과 가까우며, 초원을 질주하는 동물로서 마구간에 갇혀 있는 말은 의미가 없다. 활동적이고 역동적이다.

인간적으로 말띠, 한여름, 한낮, 따뜻한 불 등의 의미를 생각하면 된다. 따뜻하고 포근하며 화려한 사람이다. 화술이 뛰어나고 사교적이며 예의바르다. 희생과 봉사정신이 강하고 모성애 기질이 있다. 항상 활발하고 활동적이며 긍정적이다. 균형을 잃으면 이중적, 변태적이며 예의가 없고 무례하다. 변덕이 심하고 주색에 능한 사람을 생각하면 된다.

(8) 미토(未土)_ 목(木)의 고지

	• 지장간	정(丁) 9일, 을(乙) 3일, 기(己) 18일
	• 띠	양
	• 월	음력 6월(양력 7월)
	• 계절	여름과 가을의 환절기(소서 절입기)
	• 성질	음

오(午)월에서부터 정화(丁火)가 여기로 진입하여 습기가 조금도 없어 보이는 마른 토양의 형태이다. 무더운 여름 토양으로서 조토이고, 생명력이 점차 사라지는 시기이다. 음의 속성인 기토(己土)가 본기이니 미토(未土)는 음의 성질을 갖게 된다. 초목은 꽃이 지고 결실을 위한 준비를 하는 시기이다. 사람은 청년기를 지나 중년기로 접어드는 시기이다.

물상은 음토로 분류되지만, 실제로는 습한 기운이 거의 없는 메마른 땅으로 열기가 대단하다. 양은 순하고 얌전하며 차분한 동물이지만 열이 많고 인내심과 고집이 있으며 양털과 고기 및 우유를 제공한다.

사람으로 치면 양띠, 삼복더위, 메마른 땅의 의미를 적용해 보면 된다. 음토라서 겉으로는 차분하고 침착해 보이지만, 이 흙은 속에 열기를 포함하고 있어서 대단한 폭발력과 급한 성격이 표출된다. 중심을 지키려 하고 나서지 않으며 침착하다. 남을 배려하고 희생정신이 있다. 사교술과 화술이 뛰어나다. 때로는 고집과 자존심 때문에 스스로 파멸에 이르는 경우가 있으며, 남의 간섭을 싫어한다. 균형을 잃으면 비관론자나 변절자가 되기도 한다. 화술이 뛰어나지만 이로 인해 구설을 낳기도 한다.

(9) 신금(申金)_ 수(水)의 생지

	• 지장간 무(戊) 7일, 임(壬) 7일, 경(庚) 16일
	• 띠 원숭이
	• 월 음력 7월(양력 8월)
	• 계절 초가을(입추 절입시기)
	• 성질 양

결실의 계절로, 나무는 열매라는 결과물을 보는 시기이다. 우리 눈으로는 나무가 자태를 뽐내며 자랑하는 것 같지만, 사실 속내는 죽어가고 있는 것과 같다. 음양론에서 설명했듯이 태양빛이 강렬할수록 그림자는 더욱 짙게 드리워진다. 달도 차면 기우는 법, 만월은 서서히 이지러지며 더 이상 확장의 기세는 없다. 금기(金氣)가 지배하기 시작하는 신(申)월은 오행의 생극제화로 금극목의 관계가 성립하니 나무의 기가 꺾이는 이치로 볼 수 있다. 양의 속성인 경금(庚金)이 본기이니 신금(申金)은 양의 속성을 갖게 된다.

초목은 꽃이 지고 실체의 결실이 시작된다. 사람은 중장년기에 접어드는 시기로 과거를 돌아보게 된다. 물질적으로는 가공이나 제련되지 않은 쇠붙이와 바위를 의미한다. 크고 단단하고 겉에 습기가 없어 생명체가 존재하기에 부적절한 고체 등의 물체를 말한다.

원숭이는 인간 같기도 한 동물로 변화무쌍하고 진지한 면이 부족하며, 임기응변에 강하고 예민하다. 때로는 신경질적인 반응을 나타내고 불안정한 동물이다. 사람으로 치면 순수하고 천진난만한 성격이다. 단단하고 고집이 세며 의리가 있다. 결과를 중시하고 현실적이며 물질을 중시한다. 변덕이 심하고 타인을 억누르려는 습성을 보이기도 한다. 사주가 탁하면 신경질적이고 불안정하며 원칙이 없다. 재주가 많고 순발력이 있지만 아집으로 인해 실패가 반복되기도 한다. 자기 주장이 강하고 가정적이지 못하다.

(10) 유금(酉金)_ 금(金)의 왕지

	• 지장간	경(庚) 10일, 신(辛) 20일
	• 띠	닭
	• 월	음력 8월(양력 9월)
	• 계절	늦가을(백로 절입기)
	• 성질	음

지장간으로 신(申)월의 경금(庚金)이 유(酉)월의 초기에 진입해 있으며, 본기까지 금기(金氣)로 똘똘 뭉쳐 있다. 유금(酉金)은 그야말로 금(金)의 결정체로서 그 단단함을 짐작할 수 있다. 유금(酉金)은 이와 같이 어떤 충격에도 부서지지 않는 단단함을 가졌다. 음의 속성인 신금(辛金)이 본기이니 유금(酉金)은 음의 성질을 갖게 된다.

초목은 신(申)월에 결실이 시작되어 유(酉)월에 마무리된다. 사람은 인생의 최절정기에서 왕성한 활동으로 얻은 안정과 평화를 중시하는 중년기를 지난 장년기에 해당한다.

물상으로는 모래, 자갈, 조약돌, 금은보석, 칼, 각종 금석기구 등 인간과 관련이 있는 금(金)의 물질을 총칭한다. 닭은 새벽을 알리는 가축, 씨암탉, 또한 인간과 관련이 있으면서도 인간을 가까이하지 않는 가축이다. 사람으로 치면 내적으로 대단히 강하고 감정표출을 잘 하지 않는다. 총명하고 이기적이며 자기중심적 사고가 강하다. 환경에 민감하게 반응하고 과시욕이 강하다. 성격이 깨끗하고 담백하며 보석처럼 빛난다. 탁해지면 직선적 성격으로 타인과 불화가 심하고 구설이 따른다. 자기과시와 색정이 강하여 남녀관계로 구설이 따른다. 집착이 강하고 때로는 살기를 띠기도 하며 두려움이 없다.

(11) 술토(戌土)_ 화(火)의 고지

• 지장간	신(辛) 9일, 정(丁) 3일, 무(戊) 18일
• 띠	개
• 월	음력 9월(양력 10월)
• 계절	가을과 겨울의 환절기(한로 절입시기)
• 성질	양

습기가 없으며 극도로 메마른 땅이다. 전월의 신금(辛金)이 여기로 진입하였다. 토양의 임무는 초목을 길러내는 일인데, 과연 식물이 자랄 수 있는 환경인지 아닌지가 가장 중요하다. 술토(戌土)는 습기가 없는 토양이므로 죽어가는 토양이라 할 수 있다. 양의 속성인 무토(戊土)가 본기이니 술토(戌土)는 양의 성질을 갖게 된다.

초목은 다음 봄에 파종할 종자를 저장하고 보관하는 시기이며, 사람은 모든 인생 문제를 정리하고 휴식기에 접어들기 전이다. 물상으로는 추수가 끝난 황량한 들판 또는 찬바람이 몰아치는 을씨년스런 초겨울 들판이다. 초목에 싹이 돋게 하고 성장하도록 돕는 땅이 아니라 모든 만물을 감추거나 보관, 저장하는 의미의 땅이다.

개는 인간과 가장 친한 동물로서 충성심이 강하고 정직하다. 열기가 많고 예민함과 일관성이 있으며, 희생정신을 가진 영민한 동물이다. 인간적으로는 표정이 없고 듬직한 편이며 내색을 하지 않는다. 성실성과 침착성을 가지고 있으며, 집착이 있어 서두르지 않고 꾸준하다. 일관성을 가지고 희생정신이 있다. 때로는 냉철하고 자기주장이 강하다. 속마음을 알기 어렵고 겉과 달리 색정이 강한 편이다. 강한 고집과 인색함으로 인해 타인으로부터 배척당하기 쉽다. 때로 주변을 의식하지 않는 무례한 행동으로 구설이 따르기도 한다.

(12) 해수(亥水)_ 목(木)의 생지

• 지 장 간	무(戊) 7일, 갑(甲) 7일, 임(壬) 16일
• 띠	돼지
• 월	음력 10월(양력 11월)
• 계 절	초겨울(입동 절입기)
• 성 질	양

인(寅)월에서 태동한 생명의 기운이 다시 응집의 기운으로 마무리되는 해(亥)월에 이른다. 해(亥)월에서 자연의 생명체들은 움직임을 서서히 줄이고 다가올 따뜻한 봄을 위해 에너지를 모으기 시작하니 휴식, 단절, 동면, 죽음의 시작을 뜻한다. 양에 해당하는 임수(壬水)가 본기를 차지하므로 해수(亥水)는 양의 속성을 갖게 된다.

초목은 술(戌)월에 종자를 남기고 생명체로서 모든 것을 마무리하고, 해(亥)월에 들어 끝이 난다. 사람은 장년기를 지나 노년기로 접어드는 시기로 한평생, 즉 육십갑자를 마무리하게 된다. 물질적으로는 거대한 물, 바다, 호수 등을 뜻한다. 돼지는 우리에 갇혀 인간에게 사육되며, 복돼지나 돼지꿈, 고사머리 등 인간이 복과 행운을 기원하는 동물이다. 아둔해 보이지만 순하고 식탐이 많다.

지혜가 뛰어나고 순발력이 대단하다. 인정이 많고 포용력과 응용력이 강점이다. 사색적이며 어떤 문제와 사물에 대한 집착이 강하다. 항상 새로움을 추구하고 시작을 잘하며 생명 관련 분야에 관심이 많다. 식복을 타고났으며 까다롭지 않고 선량한 편이다. 속을 알 수 없고 변화무쌍한 사람이다. 단, 환경에 따라 폭발적인 성정을 드러내며, 사주팔자가 온전치 못하면 속이 검은 사람이다. 흑심이 있으며 음흉하고 변덕이 심하다.

이상으로 십이지지가 각각 어떤 특색을 가지고 있는지 살펴보았다. 여기서 중요한 것은 각 지지에 포함된 지장간이 어떻게 구성되어 있으며, 어떤 지장간이 본기를 차지하여 해당 지지가 음으로 구성되는지 혹은 양으로 구성되는지를 익혀야 한다. 지금까지의 학습은 천간과 지지를 신속하게 음과 양으로 구분하는 훈련과정이라고 생각하면 된다. 이어질 설명에서 음양오행 판단을 재빨리 할 수 없다면 상당히 답답하게 느껴질 것이다. 직접 많이 써보면서 구분하는 훈련을 게을리하지 말아야 한다.

강의 노트

지장간의 본기가 중요한 이유

지금까지 설명한 십이지지의 특성을 요약하면, 지지는 가장 마지막에 들어 있는 본기가 그 지지의 음양을 대표한다. 지지의 음양은 천간처럼 순서대로 단순 반복되는 게 아니어서 구분하기 혼란스러울 것이다. 다시 한번 정리하면, 지지의 음양을 구분하는 방법은 지장간에 있다. 즉, 지지에 들어 있는 지장간 중에서 가장 많은 일수를 차지하는 천간인 본기가 지지의 음양을 결정짓는다.

한 가지 덧붙이면, 지장간의 월률에서 각각 며칠인지 모두 외울 필요는 없다. 여기-중기-본기의 내용과 의미가 중요할 뿐이다. 실제 통변에서는 지장간의 천간 성분, 즉 인원용사(人元用事) 위주로 하지 월률 날짜수를 참고하지는 않는다. 지장간 이론은 천지인(天地人) 삼재가 토대를 이루는데, 천간이 하늘의 영역, 지지가 땅의 영역, 지장간이 인간사의 복잡한 사연을 말해준다. 따라서 반드시 지장간을 알고 사주를 해석해야 깊이 있는 인생사가 보인다는 점을 잊지 말기 바란다.

6. 십이지지의 역할

지금까지 살펴본 지지의 시공 순환과 공간 변화를 바탕으로 십이지지의 기능과 주의할 점을 정리하면 다음과 같다.

첫째, 지지는 천간의 통근처, 즉 뿌리가 된다. 통근(通根)은 천간과 같은 오행이 지지에 있어서 그 힘의 뿌리가 된다는 뜻이다. 통근은 천간 각 글자의 힘의 세기를 결정짓는 중요한 역할을 하기 때문에 통근을 읽으면 사주의 구조를 파악할 수 있다.

둘째, 지지의 음양 배속을 이해해야 한다. 강의 현장에서 자주 받는 질문의 하나가 바로 해자(亥子)와 사오(巳午)의 음양 문제이다. 앞서 십이지지표에서는 해(亥)와 사(巳)를 양에 배속하고, 자(子)와 오(午)를 음에 배속하였다. 이는 용(用)에 따른 구분이다. 용이란 실제 내용물에 따른 사용을 말한다. 그러나 체(體)의 관점에서 보면 해(亥)와 사(巳)는 음이 되고, 자(子)와 오(午)는 양이 된다. 체는 관계와 구조적 특성을 말한다. 체의 측면에서 해(亥)와 사(巳)는 음간과 짝을 이루고, 자(子)와 오(午)는 양간과 짝을 이루기 때문에, 해사(亥巳)는 음에 배속하고 자오(子午)는 양에 배속하였다. 이처럼 해자(亥子)와 사오(巳午)는 체와 용이 모두 다르다. 이런 혼란이 생긴 이유는 진술축미(辰戌丑未) 토(土) 오행 중에서 양의 속성으로 변화를 도모하는 기운이 가장 강한 진(辰)과 술(戌)의 작용 때문이다.

• 사오(巳午)·해자(亥子)의 음양 배속

지지	巳	午	亥	子
지장간	戊庚丙	丙己丁	戊甲壬	壬癸
용	양	음	양	음
체	음	양	음	양

셋째, 지지의 역할에 따라 사생(四生) · 사왕(四旺) · 사묘(司墓)를 분류하는 일이다. 지지를 춘 · 하 · 추 · 동, 동방 · 남방 · 서방 · 북방으로 재배치한 것에서 사생지(역마), 사왕지(도화), 사고지(화개)라는 구분이 나왔다. 십이지지는 크게 계절이 시작하는 글자는 생(生), 계절의 기운이 왕성한 글자는 왕(旺), 계절이 끝을 알리는 글자는 고(庫)로 분류된다. 각 역할에 해당하는 4개의 글자가 묶여 나름대로의 특징을 갖게 된다.

• 계절에 따른 지지의 분류

분류	다른 이름	해당 지지	특징	직업성
사생지	사맹, 역마	寅申巳亥	각 계절의 첫 글자	관, 특수직업
사왕지	사패, 도화	子午卯酉	각 계절의 중간 글자	장사, 영업, 인기
사고지	사묘, 화개	辰戌丑未	각 계절의 마지막 글자	명예, 공부, 종교

사맹, 사왕, 사고의 지지는 각자가 가지는 뚜렷한 특성 때문에 통변 현장에서 자주 활용된다. 예를 들어 각 그룹의 글자가 사주에 많을 때 그 특징을 읽어주면 되는데, 사주에 많다는 기준은 지지에 두 글자 이상인 경우를 말한다. 이때, 사주의 지지 4개 중 단순히 개수로 파악할 수도 있지만, 사맹 · 사왕(사정) · 사고의 글자가 섞여 있을 때는 궁성론과 근묘화실을 적용하면 더욱 정교한 해석이 가능하다.

시주	일주	월주	연주
아들	나	아버지	조부
딸	배우자	어머니	조모
자녀	부부	부모·형제	조상
말년기	중·장년기	청년기	유년기
개인		사회·국가	

근묘화실은 연지를 유년기, 월지를 청년기, 일지를 중·장년기, 시지를 말년으로 읽는 것이고, 궁성론은 연지를 조상, 월지를 부모와 형제, 일지를 부부, 시지를 자식으로 읽는 것이다. 예를 들어 부부궁에 역마의 지지가 앉아 있으면 아내(또는 남편)의 성향을 역마의 특징으로 읽는다. 근묘화실은 특정 시점에 해당하는 글자의 특성이 해당 궁성에서 강렬하게 드러난다고 읽는다.

한편, 앞으로 설명할 육친은 사주를 통해 그 사람의 가족이나 사회적 관계를 설명하고 공부, 진로, 직업, 명예, 재물 등의 운을 보여준다. 아내가 사생의 글자라면 그 아내는 사회생활을 할 가능성이 많다. 만약 사고의 글자라면 단순한 타입이 아니기 때문에 상대하기 어렵다. 말이 없고 사색에 젖어 책을 많이 읽는다. 종교생활을 한다고도 할 수 있다. 사정의 글자라면 단순히 아내가 예쁘다고 말할 수도 있다. 남편이나 아내의 글자가 사정, 즉 도화이기 때문에 바람을 피운다고 통변하는 술사가 많다. 근거가 전혀 없지는 않지만, 과연 그 사람의 직업이나 전후 상황 그리고 이후에 다룰 신살론의 도화살을 알아보고 통변했는지 의심스럽다.

사맹의 글자가 공부를 나타낸다면, 그 사람의 공부 습관은 벼락치기이다. 사고의 글자라면 자기 마음이 동해야 공부하는 타입이다. 또한 예술감각이 뛰어나고 감각적이기도 하다. 이렇듯 사맹, 사정, 사고를 사주에 적용하면 그 사람의 흥미로운 특징을 발견할 수 있고 통변의 설득력도 생긴다.

(1) 사생지

각 방위 및 계절의 첫 글자인 인사신해(寅巳申亥)는 모두 새로운 계절을 시작하는 글자로, 활발하게 움직여서 시작하고 창조하며 개발하는 기운을 가지고 있다. 사생지(四生支)를 사맹지(四猛支),

역마(驛馬)라고도 한다.

생지(生支)라고 하는 이유는 각 계절의 시작을 나타내기 때문이다. 인묘진(寅卯辰)에서 인(寅)은 봄의 첫 달이다. 마찬가지로 사오미(巳午未)에서 사(巳)는 여름, 신유술(申酉戌)에서 신(申)은 가을, 해자축(亥子丑)에서 해(亥)는 겨울의 시작을 의미한다. 또한 기의 흐름으로 보면 인사신해(寅巳申亥)는 각각 다음 계절을 준비하는 첫 시작을 알린다. 이 말은 각각 다음 계절의 양간을 지장간의 중기로 갖고 있다는 뜻이다. 즉, 봄(입춘)인 인(寅)은 다음 계절인 여름의 양천간인 병화(丙火)를, 여름(입하)인 사(巳)는 다음 계절인 가을의 양천간인 경금(庚金)을, 가을(입추)인 신(申)은 다음 계절인 겨울의 양천간인 임수(壬水)를, 겨울(입동)인 해(亥)는 다음 계절인 봄의 양천간인 갑목(甲木)을 지장간으로 품고 있다. 이런 이유로 생지는 하나의 기운이 시생(始生)하는 자리라고 하였다. 다시 말해 인목(寅木, 봄)은 다음 계절인 화(火, 여름)의 생지, 사화(巳火, 여름)는 다음 계절인 금(金, 가을)의 생지, 신금(申金, 가을)은 다음 계절인 수(水, 겨울)의 생지, 해수(亥水, 겨울)는 다음 계절인 목(木, 봄)의 생지인 것이다.

예를 들어 인목(寅木)은 사화(巳火)라는 미래의 상황을 준비하고 있다고 볼 수 있다. 따라서 역동성이 있고 생기가 감돌게 된다. 현실에 안주하지 않고 미래를 위해 분주히 움직이는 모습이고, 이러한 모습 때문에 생지 인(寅), 사(巳), 신(申), 해(亥)를 가리켜 역마(驛馬)라 부른다. 역마는 예전에 말이 먼 길을 여행하면서 잠깐씩 머물던 곳이다. 그러니 사람으로 치면 한 곳에 안주하기보다 항상 움직이고 다음 목적지를 준비하며 변화를 추구하고 도전하는 모습이다.

이렇게 역마의 특성을 가진 4개의 글자가 사주에 있으면 그 일간은 어떤 성향을 보일까? 우선 정신이 자유롭다. 대상을 빨리 이해하며, 싫증을 빨리 느낀다. 싫증을 잘 느끼기 때문에 반복적인 일을 싫어하고, 창조적인 일에 흥미를 느끼며 그것을 통해 자아성취감을 가진다. 본인의 의사전달이 빠르기 때문에 자신의 생각이나 행동에 제약이 오면 반발한다.

이사를 잘 가거나, 집안 환경이나 사무실 환경도 자주 바꾸고 싶어한다. 그것이 여의치 않으면 가구 배치를 바꾼다. 직장생활도 마찬가지인데, 자신이 어느 정도 만족할만한 직위에 오르거나 새로운 자극이 없으면 별다른 이유 없이 직장을 옮기거나 그만둔다. 하다못해 여행이라도 꿈꾼다. 사맹이 원인이 되어 움직이는 것은 나름대로 큰 변화를 암시한다. 이사를 하더라도 간단하게 근처로 이동하지 않는다. 타도시, 심지어 해외로 이동하는 것을 포함하여 멀리 이동한다. 사맹의 변화는 비교적 분명한 원인과 결과를 암시한다.

인사신해(寅巳申亥)는 활발하고 역동적이기 때문에 직업적성 역시 검경, 무역, 의사, 운동선수, 여행, 출장 등과 관련된다.

(2) 사왕지

자오묘유(子午卯酉)는 각 계절과 방위의 중간에 위치하여 그 기운이 가장 왕성하고 분명하기 때문에 왕지(旺支), 정지(正支), 패지(敗支)라고 부른다. 자(子)는 수(水)의 왕지, 오(午)는 화(火)의 왕지, 묘(卯)는 목(木)의 왕지, 유(酉)는 금(金)의 왕지이다.

자오묘유(子午卯酉)는 각 오행의 기운이 절정에 다다른 시기로서 자신의 순수한 기운만을 갖게 된다. 그만큼 복잡하지 않고 단순하며, 미래나 과거에 대한 개념보다는 현실적인 개념이 앞선다. 사생지는 지장간 중기에 미래를 나타내는 양천간을 함유하고, 사고지는 지장간 중기에 지나간 과거를 나타내는 음천간을 함유하는데, 사왕지는 그러한 성분이 섞이지 않았다. 따라서 사왕지는 주변의 기운을 자신의 중심으로 끌어들이며 현 상황에 안주하려는 성향이 강하다.

사왕지는 도화(桃花)나 장성(將星)이라고 표현한다. 도화는 복숭아꽃이다. 왜 복숭아라는 과일을 이름에 사용했을까? 도화살은 바람기나 인기를 말한다. 복숭아는 여러 가지 과일 중에서 사람의 살결과 가장 비슷한 감촉과 모양새를 가지고 있다. 과피에 있는 보드라운 털과 마치 사람의 엉덩이처럼 생긴 모양새가 그렇다. 그래서 복숭아를 보면 아기처럼 예쁘고 고운 사람을 떠올리고, 모두가 탐내는 과일이라 하여 바람기나 인기의 의미로 통변하게 된 것이다.

자오묘유(子午卯酉)를 사정(四正)이라고도 하는데, 말 그대로 반듯한 것을 뜻한다. 이목구비가 반듯하여 남의 관심을 끌 수 있는 외모를 갖추고 있거나, 그런 분위기를 풍기는 것이 사정지이다. 사정의 글자가 많은 사람은 의사표현이 명확하고, 대체로 자신감이 넘친다. 그런 만큼 본인과 의사가 맞지 않으면 타협하지 못하는 고지식한 모습을 보이기도 한다. 그러므로 인간관계에서 신뢰를 얻기도 하지만, 유연함이 없어 쉽게 가까워지기는 어려운 사람이다.

도화가 예쁘고 인기 있는 이유는 음양과 오행이 분명하고 섞임이 없어서이다. 연예인, 영업, 인기, 아름다움, 방송 등에 어울리는 글자이다.

(3) 사고지

진술축미(辰戌丑未)는 각 계절의 끝이나, 각 방위의 모퉁이에 위치한다. 지나간 기운을 거두어 저장하고 흡수하고 종합하여 다음을 기약하는 글자라서 고지(庫支) 또는 묘지(墓支)라 부른다. 진술축미(辰戌丑未)를 화개(華蓋)라고도 하는데, 예전에 스님이 입던 화려한 의장을 말한다. 여기서 유래하여 화개가 스님이나 종교를 뜻하는 글자가 되었다.

이 글자들을 무덤에 들어간다는 뜻으로 입묘나 입고라 부르는데, 죽어서 무덤에 묻히는 것처럼 무력하고 답답한 상태를 의미한다. 진술축미(辰戌丑未)가 입묘시키는 천간은 다음과 같다.

사고지(입묘지)	입묘되는 천간
辰	壬·辛
未	甲·癸
戌	丙·戊·乙
丑	庚·丁·己

위 표를 보면 각각의 오행은 자신이 상징하는 계절의 다음 계절 마지막 월에 가서 입묘한다는 것을 알 수 있다. 목(木)은 봄의 계절이다. 다음 계절은 화(火), 즉 여름이다. 목(木)은 지지 미(未)를 보면 입묘하는데, 이 미(未)는 목(木)의 다음 계절인 여름의 마지막 달이다. 다른 오행도 마찬가지다. 여기서 말하는 오행의 대표는 천간 중 양간을 말한다.

한편 음간은 양간의 순행 운동과 반대로 역행한다. 양간이 생하는 곳에서 음간은 죽으며, 양간이 죽는 곳에서 음간은 태어난다. 이런 이유로 진(辰)에서 양간 임수(壬水), 그리고 임수(壬水)의 이전 오행인 음간 신금(辛金)이 입묘된다. 또 미(未)에서 양간 갑목(甲木), 그리고 갑목(甲木)의 이전 오행인 음간 계수(癸水)가 입묘된다. 술(戌)에서 양간 병화(丙火), 화(火)와 토(土)는 흐름을 같이하므로 무토(戊土), 그리고 병화(丙火)의 이전 오행인 을목(乙木)이 입묘된다. 마지막으로 축(丑)에서 양간 경금(庚金)과 정화(丁火), 경금(庚金)의 이전 오행인 기토(己土)가 입묘된다. 이와 같은 이치는 심화단계에서 더욱 자세히 배우게 된다.

사고지의 특성

입묘지, 즉 사고(四庫)의 글자는 지나온 계절을 마무리하는 작용을 한다. 지나온 시절에 대한 회상, 과거의 영광에 대한 그리움, 죽음을 눈앞에 둔 존재로서의 심리 등을 상징하기 때문에 사고지는 종교와 철학성을 가진다. 따라서 이런 글자를 2개 이상 가지고 있는 사주는 철학적, 사색적, 종교적인 성향을 띠는 경우가 많다.

또한, 사고의 글자는 학문에 두각을 나타내는 성분이기도 하다. 화개를 스님의 화려한 의장에 비교하여 불교와 연관시키는 경우가 많은데, 사고지는 불교뿐만 아니라 모든 종류의 종교와 관련이 있다고 생각하면 된다. 즉, 불교뿐만 아니라 기독교나 천주교 등의 종교도 여기에 해당한다. 목사의 사주에도 화개의 지지가 많을 수 있다. 그 외에 철학적이고 사색적인 사람도 사고지를 많이 가지고 있을 수 있다. 그래서 책을 즐기고 공부를 잘한다.

사고의 글자는 감추고 묻어버리므로 속을 알 수가 없다. 따라서 어느 날 갑자기 잠수를 타버리면 오랫동안 연락이 두절된다. 종교인들이 속세를 떠나 수도에 정진하는 모습을 생각하면 된다. 사고의 글자가 원인이 되어 이사를 한다면 어떤 상황이 벌어질까? 사고의 글자는 비밀이나 사연을 동반한다. 그 중에는 말 못할 사연도 있다. 그 특성이나 구체적인 내용은 사고의 글자 옆에 있는 글자를 통해 해석하는 것이 좋다. 또한 가족사나 겪어온 사연 등 비밀이 있거나 감추고 싶어하는 경우도 있다.

사고지 중에서 진(辰)과 술(戌)을 화개역마라고 한다. 종종 사주에 진(辰)·술(戌)을 깔고 있는 사람들이 이사를 많이 다녔다, 직장 이동이 많았다고 말하는 경우가 있다. 진(辰)·술(戌)도 역마성이 있어서 운명에 변화를 많이 준다는 점을 잊지 말기 바란다. 예를 들어 진(辰)·술(戌)이 원인이 되어 이동하는 경우는 단순히 자녀교육 또는 남편의 직장이나 출장 때문이 아니다. 사업하다 문제가 생겼는데 이동하는 수밖에 없어서, 혹은 부동산 계약을 했는데 날짜가 안 맞아서 부득이 이동하게 되거나, 교육 때문이긴 한데 자식이 사고를 쳤다거나 하는 복합적이고 곤란한 상황들이 원인이다.

7 사주명식의 구성

“

사주명리를 공부하기 위해서는 명식(命式)이라는 것을 뽑아야 하는데, 그것은 태어난 연월일시를 육십갑자로 변환하여 얻는다. 이 작업에 필요한 자료가 바로 만세력(萬歲曆)이다. 만세력은 매년, 매월, 매일, 매시의 육십갑자를 기록한 일종의 명리 달력이라고 보면 된다. 글자 그대로 만년의 세월을 기록한 달력이라는 의미에서 영어로도 ‘10000 year calendar’로 번역된다.

1. 만세력

예전에는 명리를 처음 공부하려면 제일 먼저 서점에 가서 만세력부터 샀다. 사주를 보러 점집에 한 번이라도 가본 사람은 사주를 보는 할아버지나 스님이 낡고 두꺼운 책을 한참 동안 뒤적이며 명조를 적던 모습을 기억할 것이다. 강의를 하다보면 종종 만세력 보는 법을 가르쳐 달라는 학생이 있어서 설명해주기도 하는데, 이제는 만세력을 책으로 보는 경우가 거의 없는 것 같다. 얼마 전까지만 해도 컴퓨터로 뽑는 사주에 의구심을 갖던 사람들도 이제는 대부분 자연스럽게 적응하고 있다. 물론 사주명식을 뽑는 것에 한정해야 하고, 인터넷 사주상담과는 분명하게 구별해야 한다.

요즘에는 컴퓨터와 인터넷의 보급으로 많은 것이 참으로 편리해졌다. 만세력도 인터넷에서 쉽게 찾을 수 있다. 또한 스마트폰에서 사용할 수 있는 다양한 무료 만세력 어플이 있어서 초보자도 쉽게 접근할 수 있다. 대부분의 프로그램에 생년월일시와 음력 · 양력, 남 · 녀, 윤달 여부만 입력하면 컴퓨터가 알아서 사주명식을 계산해준다. 음력 · 양력과 윤달은 물론 각 나라의 서머타임까지 계산해준다. 사주팔자의 오행 색깔이 나타나고 지장간도 표시되며, 대운(대운수) · 세운과 월력 · 일진까지 찾아볼 수 있다.

이렇게 육친과 신살, 심지어 용신에 이르기까지 다양한 정보를 얻을 수 있지만, 사주를 조금만 공부해보면 이러한 정보가 오히려 혼란스럽게 한다는 것을 알게 될 것이다. 여기서 사주명식 뽑는 법과 그 구성을 설명하는 이유가 바로 이 때문이다. 사주의 구조를 이해하는 것은 통변에서 아주 중요하기 때문에 다소 복잡하더라도 기초단계에서 확실히 정리하고 넘어가야 한다.

강의노트

만세력을 볼 때 주의사항

만세력에서 주의할 것이 있다. 바로 시주(時柱)를 뽑는 기준이다.

첫째, 생시가 자(子)시일 때 자정을 기준으로 야자시(夜子時)와 조자시(早子時) 또는 명자시(明子時)를 구분하는 이론이 있다. 야자시는 밤 11시~12시이고, 조자시는 새벽 0시~1시이다. 따라서 이 이론은 생시가 밤 11시~12시이면 당일 일진을 쓰고(야자시), 새벽 0시~1시이면 다음날 일진을 쓴다(조자시). 필자는 야자시와 조자시를 구분하지 않기 때문에 밤 11시~새벽 1시를 같은 날로 쓴다. 컴퓨터 만세력에서는 사용자가 시간 표준을 선택할 수 있으니 참조하기 바란다.

둘째, 한국인의 사주에서 생시의 문제이다. 한국 표준시의 기준 경선은 동경 127.5°인데 국제협약상 일본 표준시 기준인 동경 135°를 사용하기 때문에 실제로는 30분의 시차가 발생한다. 예를 들어 일본이 정오 12시이면 한국은 오전 11시 30분이다. 사주명식을 뽑을 때 이러한 시차를 반영해야 하는데, 이 또한 컴퓨터 사주가 해결해준다. 즉, 태어난 곳의 지명(도시명)을 입력하면 컴퓨터가 정확한 시차를 계산해준다. 이와 관련하여 외국인의 생시는 어떻게 적용하는지 질문하는 사람도 많은데, 단순히 그 사람이 태어난 곳의 도시명과 현지 시간으로 시주를 뽑으면 된다.

2. 24절기

사주명식을 작성할 때 중요한 것은 절기이다. 먼저 사주에서 해가 바뀌는 기준은 양력 1월 1일도 아니고, 음력 1월 1일(설날)도 아니다. 한 해가 바뀌는 것은 입춘이란 절기에 근거한다. 다음으로, 월이 바뀌는 기준은 24절기 중에서도 12절기이다. 예를 들어 1월은 음력 1월 1일부터가 아니라 입춘일부터 시작되고 2월은 경칩, 3월은 청명…… 의 순서이다. 12절기는 태양이 황도를 따라 운행할 때 지나가는 12개의 분할점이다. 따라서 사주의 달력은 절기 개념을 따르는데, 좀 더 엄밀히 말하면 양력과 음력 모두를 참조해야 한다. 즉, 음력의 개념도 취용하지만, 양력 기준의 절기 개념도 적용한다. 이 모든 것은 만세력에 나타나 있다.

24절기는 태양력에 근거한다. 대부분의 사람들은 사주가 음력에 근거한다고 알고 있다. 그러나 사주는 음력뿐만 아니라 양력에도 근거한다. 태양력의 24절기와 음력 날짜의 육십갑자를 절묘하게 적용하는 것이 사주의 특징이자 장점이다. 원고시대부터 인간은 수렵을 하거나 농사를 지을 때 태양과 달 모두의 움직임에 영향을 받았다. 이러한 근거가 사주의 과학성을 입증해준다.

다음은 24절기의 특징과, 24절기와 관련된 인간의 행동특성을 요약한 것이다. 참고로 사생지인 인사신해(寅巳申亥)의 절기는 순서대로 각각 입춘, 입하, 입추, 입동에 해당한다.

① 입춘 _ 立春

양력 2월 4일경, 음력 1월, 태양의 황경(황도상의 위치)이 315°이며, 봄이 시작되는 날이다. 가정에서는 문이나 마루에 콩을 뿌려 악귀를 쫓고, 대문 기둥이나 대들보, 천장 등에 좋은 글귀를 써 붙인다. 마을에서는 공동으로 입춘 굿을 크게 하고, 농사의 기초인 보리의 뿌리를 뽑아 풍흉을 점쳤다.

② 우수 _ 雨水

양력 2월 19일경, 음력 1월중, 태양의 황경이 330°이며, 눈이 비로 변하고 얼음이 녹아 물이 된다는 뜻이다. 이 때 얼었던 대동강 물이 풀리고 물고기가 올라오며, 기러기는 다시 추운 지방을 찾아 떠난다.

③ 경칩 _ 驚蟄

양력 3월 6일경, 음력 2월, 태양의 황경이 345°이며, 겨울잠을 자던 동물들이 깨어나기 시작한다. 이 때 보리 싹의 성장을 보고 그 해 농사의 풍흉을 가늠했으며, 개구리나 도롱뇽 알을 먹으면 건강에 좋다 하여 먹는 풍습이 있다. 또한 1년 동안의 빈대를 모두 잡기 위해 흙담을 쌓거나, 물에 재를 타서 그릇에 담아 두기도 했다.

④ 춘분 _ 春分

양력 3월 21일경, 음력 2월, 태양의 황경이 0°이며, 태양이 적도를 똑바로 비추고 있어서 낮과 밤의 시간이 같아진다. 농촌지역에서는 흙을 일구고 씨 뿌릴 준비를 한다. 그러나 2월 바람에 김칫독 깨진다는 속담이 있듯이 바람이 강해 흔히 꽃샘추위가 찾아온다.

⑤ 청명 _ 淸明

양력 4월 5일경, 음력 3월, 태양의 황경이 15°이며, 봄이 되어 삼라만상이 맑고 밝으며 화창해 나무를 심기에 적당한 시기이다. 대부분 한식일과 겹친다. 농사를 준비하기 위해 논과 밭의 둑을 손질하기도 하고, 못자리판을 만들기도 한다.

⑥ 곡우 _ 穀雨

양력 4월 20일경, 음력 3월, 태양의 황경이 30°이며, 봄비가 내려 여러 가지 작물에 싹이 트고 농사가 시작된다. 나무에 물이 가장 많이 오르는 시기이므로 사람들은 자작나무과에 속하는 나무에서 채취한 곡우물(고로쇠물)을 먹으러 깊은 산이나 명산을 찾기도 한다. 수액을 받기 위해 나무에 홈을 파고 통을 매달아 놓은 것을 볼 수 있다.

⑦ 입하 _ 立夏

양력 5월 6일경, 음력 4월, 태양의 황경이 45°이며, 이 때부터 여름이 시작된다. 농작물이 자라기 시작하며, 해충과 잡초가 많아져 농가의 일손이 바빠진다.

⑧ 소만 _ 小滿

양력 5월 21일경, 음력 4월, 태양의 황경이 60°이며, 햇볕이 충만하고 만물이 자라서 가득차게 된다는 뜻으로 초여름 모내기가 시작된다.

⑨ 망 종 _ 芒 種

양력 6월 6일경, 음력 4월중, 태양의 황경이 75°이며, 논보리나 벼 등 까끄라기가 있는 곡식의 씨를 뿌리는 시기이다. 이 시기가 끝날 때까지 밭보리를 베어 햇보리를 먹게 되며, 논에서는 모내기가 한창이므로 농사일이 가장 바쁜 시기이다. 아이들은 보리이삭 줍기와 보리 그을리기에 바쁘다. 밤이슬을 맞은 보리를 먹으면 1년 동안 허리가 아프지 않고, 보릿가루로 죽을 끓여 먹으면 배탈이 없다는 풍습이 있다. 망종이 일찍 들면 보리농사에 좋고 늦게 들면 나쁘다 하여 망종의 시기로 풍흉을 점치기도 했다. 지역에 따라 조금씩 다르나 음력 4월중에 망종이 들면 좋다고 한다.

⑩ 하 지 _ 夏 至

양력 6월 21일경, 음력 5월, 태양의 황경이 90°이며 12시에 태양이 가장 높게 있어 북반구에서는 낮 시간이 1년 중 가장 길고, 일사량과 일사시간도 가장 많다. 햇감자가 나오고, 이 시기가 지날 때까지 비가 오지 않으면 마을마다 기우제를 올렸다.

⑪ 소 서 _ 小 暑

양력 7월 7일경, 음력 6월, 태양의 황경이 105°이며 차츰 더워진다. 한국은 장마전선이 걸쳐 있어 습도가 높고, 비가 많이 온다. 농사에 쓸 퇴비를 준비하고 논두렁의 잡초를 뽑는다.

⑫ 대 서 _ 大 暑

양력 7월 22일경, 음력 6월, 태양의 황경이 120°이며, 더위가 극도에 달한다. 대부분 중복이 겹치며, 장마전선의 영향으로 비가 자주 온다.

⑬ 입 추 _ 立 秋

양력 8월 8일경, 음력 7월, 태양의 황경이 135°이며, 가을이 시작되어 서늘한 바람이 분다. 농촌에서는 다소 한가하며, 김장용 무와 배추를 심는다.

⑭ 처 서 _ 處 暑

양력 8월 23일경, 음력 7월 중순, 태양의 황경이 150°이며, 더위가 멈춘다는 뜻으로 서늘해지기 시작하고 논벼가 익는다. 이 때 조상의 묘를 찾아가서 벌초하며, 여름 동안 습기가 찬 옷가지와 이불 등을 햇볕에 말린다. 이 시기가 지나면 아침과 저녁으로 서늘해 일교차가 심해진다.

⑮ 백 로 _ 白 露

양력 9월 8일경, 음력 8월, 태양의 황경이 165°이며, 가을 기분이 들기 시작하는데, 이슬이 맺힌 모습이 하얗게 보인다는 뜻이다. 장마가 끝나고 쾌청한 날씨가 계속되나, 때로는 늦은 태풍과 해일의 피해를 입기도 한다.

⑯ 추 분 _ 秋 分

양력 9월 23일경, 음력 8월, 태양의 황경이 180°이며, 춘분으로부터 꼭 반년째 되는 날로 낮과 밤의 길이가 똑같아지며, 추분이 지나면 점차 밤이 길어지므로 계절의 기준이 되기도 한다. 논밭의 곡식을 거두어들이고, 각종 여름 채소들과 산나물 등을 말려두기도 한다.

⑰ 한 로 _ 寒 露

양력 10월 8일경, 음력 9월, 태양의 황경이 195°이며, 찬 이슬이 맺히기 시작하여 농촌에서는 추수로 바쁘다. 예전에는 이 때를 전후해 국화전을 지져 먹고 국화로 술을 담갔으며, 수유 열매를 머리에 꽂아 잡귀를 쫓았다.

⑱ 상 강 _ 霜 降

양력 10월 22일경, 음력 9월, 태양의 황경이 210°이며, 쾌청한 날씨가 계속되나, 밤 기온은 서리가 내릴 정도로 매우 낮아져서 춥다. 이맘때쯤이면 추수가 거의 끝나고, 동물들은 일찌감치 겨울잠에 들어간다.

⑲ 입동 _ 立冬

양력 11월 7일경, 음력 10월, 태양의 황경이 225°이며, 겨울이 시작되는 날이다. 각 마을에서는 햇곡식으로 시루떡을 만들어 집안 곳곳에 놓으며, 이웃은 물론 농사에 힘들었을 소에게도 나누어주면서 1년을 마무리하는 제사를 올린다. 또한 각 가정에서는 이 날을 기준으로 김장준비를 한다.

⑳ 소설 _ 小雪

양력 11월 22일경, 음력 10월, 태양의 황경이 240°이며, 땅이 얼기 시작하고 살얼음이 얼며 차차 눈이 내리기 시작한다. 가끔은 햇볕이 따뜻해 소춘(小春)이라고도 하지만, 이 때가 되면 바람이 몹시 불어 어촌에서는 뱃길을 금했다. 고려 때 손돌(孫乭)이라는 뱃사공이 왕을 모시고 김포와 강화도 사이의 염하(鹽河)라는 강을 건너는데, 갑자기 바람이 불어 풍랑이 심하게 일자 배가 몹시 흔들렸다. 왕은 사공이 배를 일부러 흔든 줄 알고 사공의 목을 베었는데, 이 때부터 사공의 이름을 따서 이 곳을 손돌목이라 했으며, 매년 이맘때 부는 바람을 손돌바람이라고 하고 김포지역에서는 매년 손돌제를 올린다.

㉑ 대설 _ 大雪

양력 12월 7일경, 음력 11월, 태양의 황경이 255°이며, 눈이 많이 내리는 때이다. 예전부터 이 날 눈이 많이 내리면 다음해에는 풍년이 든다고 했다.

㉒ 동지 _ 冬至

양력 12월 22일경, 음력 12월, 태양의 황경이 270°이며, 북반구에서는 1년 중 밤이 가장 길고 낮이 가장 짧은 날이다. 추위도 점차 심해지기 시작한다. 이 날 팥죽을 쑤어 이웃과 나누어 먹고, 집안 곳곳에 놓아 악귀를 쫓았다. 새 달력을 만들어 걸었으며, 뱀 사(蛇) 자가 적힌 부적을 벽이나 기둥에 거꾸로 붙여 놓기도 했다. 이 날 날씨가 따뜻하면 다음해에 질병이 많고, 눈이 많이 오고 추우면 풍년이 든다고 예상하기도 했다.

㉓ 소 한 _ 小 寒

양력 1월 5일경, 음력 12월, 태양의 황경이 285°이며, 본격적으로 추워진다. 대한이 소한 집에 놀러 갔다가 얼어 죽었다는 옛 말이 있듯이, 한국에서는 1년 중 가장 춥다.

㉔ 대 한 _ 大 寒

양력 1월 20일경, 음력 12월, 태양의 황경이 300°이며, 보통 동지가 지난 한 달 후 또는 소한이 지난 반 달 후에 온다. 겨울의 매듭을 짓는 절후로 추위의 절정기이지만, 소한에 얼었던 얼음이 대한에 녹을 정도로 따뜻한 해도 있다. 이 날 밤에 콩을 땅이나 마루에 뿌려서 악귀를 쫓고 새해를 맞이하는 풍습이 있다.

• 십이지지에 배속된 24절기와 시간표

지지	음력	절(節)	양력	기(氣)	양력	시간*
寅	1월	입춘	2월 4일	우수	2월 19일	03~05시
卯	2월	경칩	3월 6일	춘분	3월 21일	05~07시
辰	3월	청명	4월 5일	곡우	4월 20일	07~09시
巳	4월	입하	5월 6일	소만	5월 21일	09~11시
午	5월	망종	6월 6일	하지	6월 21일	11~13시
未	6월	소서	7월 7일	대서	7월 22일	13~15시
申	7월	입추	8월 8일	처서	8월 23일	15~17시
酉	8월	백로	9월 8일	추분	9월 23일	17~19시
戌	9월	한로	10월 8일	상강	10월 22일	19~21시
亥	10월	입동	11월 7일	소설	11월 22일	21~23시
子	11월	대설	12월 7일	동지	12월 22일	23~01시
丑	12월	소한	1월 5일	대한	1월 20일	01~03시

* 동경 표준시를 사용하는 국제협약에 따라 한국에서 태어난 사람은 여기에 30분을 추가해야 한다.

사주와 24절기

사주는 24절기의 기후 조건과, 해당 절기에 인간이 어떤 행동을 하는지에 의거하여 읽는다. 24절기는 사계절이 있는 북반구의 농경사회에 맞춰 생겨났다는 사실을 기억하기 바란다. 혹시 외국인, 특히 남반구에서 왔거나 적도 주변국과 같이 사계절이 없는 나라 또는 농경사회의 전통이 없는 나라에서 온 사람의 사주를 볼 때는 이런 점을 반드시 감안하여 통변해야 한다. 필자는 서양인뿐만 아니라 남아프리카공화국, 필리핀이나 인도네시아, 대만, 말레이시아, 홍콩, 싱가포르 등의 동남아시아, 몽고나 우크라이나와 같은 비농경지역에서 온 내담객들의 사주를 많이 보았다. 조후나 인간의 행동습성을 그들의 사주 통변에 적용할 때 제약이 많았던 점을 기억한다.

사주는 동양 전통풍습의 다양한 측면을 함께 설명하고 있다. 예를 들어 삼복일 중에서 초복은 하지 이후 세 번째 경(庚)일이고, 중복은 하지 이후 네 번째 경(庚)일이다. 따라서 초복과 중복은 10일 차이인데, 이는 천간이 10개이기 때문에 가능한 계산이다. 한편 말복은 입추 이후 첫 번째 경(庚)일이다. 음력 날짜와 양력 절기의 차이에 따라 어떤 해는 중복과 말복이 10일 차이가 나고, 어떤 해는 20일 차이가 난다.

복날을 경(庚)일로 골라잡은 것은 동양의 전통풍습이 육십갑자를 사용한 율력에 근거하고 있음을 말해준다. 십간 중에서 경금(庚金)은 오행 목화토금수(木火土金水)의 순환에서 목화(木火)라는 양기가 끝나고 토(土)의 변환기를 거쳐 금수(金水)의 음기가 시작하는 첫 번째 양의 천간글자이다. 복날의 복(伏)은 더위에 지친 사람이 더위를 피해 엎드린다는 뜻이기도 하고, 절기상 가을을 뜻하는 경금(庚金) 천간이 대지에 내려와서 뜨거운 여름 기운에 제압당하여 굴복했다는 뜻이기도 하다. 화(火) 기운에 금(金)이 화극금을 당한 것이다.

3. 사주명식의 구성원리

사주(四柱)는 넉 사(四)와 기둥 주(柱)의 조합으로 4개의 기둥이라는 뜻이다. 팔자(八字)는 말 그대로 8개의 글자이니, 사주팔자는 여덟 글자로 이루어진 4개의 기둥이란 뜻이다. 사주를 풀기 위해 알아야 하는 정보는 내담객의 출생지와 성별 그리고 생년월일시이다. 그것을 육십갑자로 변환한 팔자 도표를 명식(命式)이라고 부른다. 서자평(徐子平)은 사주를 저울에 비유하여 연주는 물건을 들어올리는 갈고리와 같다 하였고, 월주는 제망(提網)이라 하여 물건을 달고 저울을 들어올리는 손잡이의 끈과 같다 하였으며, 일주는 저울의 눈금이 새겨진 몸통인 바릿대와 같다 하였고, 시주는 사주의 화복을 가늠하는 저울추에 비교할 수 있다고 하였다.

• 사주 해석표

연주	연주는 뿌리[根]라 하며 유년기를 살피고, 조부대와 선대의 가통을 알아본다. 연간은 할아버지이고, 연지는 할머니이다. 서자평 이전에는 연주를 사주의 근본으로 삼았다. 연주를 시원(始元)으로 보는 이유는 싹이 자라고 꽃이 피고 열매를 맺는 것은 모두 뿌리가 있어야 하기 때문이다. 때로 연주는 전생의 일을 나타내기도 한다. 연월의 간지가 극을 당하거나 상처를 입으면 아버지가 조부의 가통을 잊지 못하고 쇠퇴하는 일이 생긴다. 연월이 서로 생조하고 희용신이 있으면 아버지는 조부모의 복을 받게 되고, 본인도 훌륭한 가정에서 자라는 행운을 누린다.
월주	월주는 싹[苗]이라 하고 청년기를 살피며, 부모와 형제의 가문을 알아본다. 월간은 하늘에 있으니 아버지가 되고, 월지는 땅에 있으니 어머니가 된다. 월지는 양택이라 하여 일간(본인)의 인생에 중요한 환경을 제공하는 자리이다. 월은 운원(運元)이라 하여 대운이 월주를 따라 양남음녀 또는 음남양녀의 운행을 일으키니, 그 운원이 도움을 주면 복을 받을 수 있다. 월주에 용희신이 있고 건왕하면 부모형제가 발전하고, 30대 전후까지 청년기에 행운이 따른다. 월주가 상극되거나 공망이면 부모형제의 덕이 없고 청년기에 불운이 따른다.

일주	일주는 꽃[花]이라 하고 본인과 가정을 판단한다. 사주 통변이란 일간을 사주의 주인으로 삼고, 일간과 나머지 일곱 글자를 비교하여 운명을 읽는 것이다. 일지는 남자 사주에서는 처가 되고, 여자 사주에서는 남편이 된다. 인생의 장년기를 살피고 부부관계를 읽는다. 일주가 건왕하고 용희신이 자리하면 좋은 배우자를 맞이하고 가정이 화복하다. 반면 일주에 상극이 있거나 형충이 있으면 가정에 고뇌가 많고, 부부관계가 원만하지 못하다.
시주	시주는 열매[實]라 하고 말년의 일과 자손을 읽는다. 일주와 시주가 상생하고 조화를 이루면 훌륭한 자녀를 두고 말년에 행복이 따른다.

(1) 연주의 구성

연주(年柱)는 태어난 해의 간지로 정한다. 예를 들어 2018년에 태어난 사람의 연주는 무술(戊戌)이며, 2019년에 태어난 사람의 연주는 기해(己亥)이다.

단, 연말이나 연초에 태어난 경우에는 연주를 세울 때 주의해야 한다. 사주는 계절학이며 절기를 채용한다. 따라서 간지가 바뀌는 기준은 양력 1월 1일이나 음력 1월 1일이 아니라 입춘이 들어오는 날이며, 입춘을 기점으로 당해 간지를 쓸 수 있다. 예를 들어 2018년의 입춘 절입은 양력 2월 4일(음력 2017년 12월 19일) 06시 28분이었다. 2018년 양력 2월 5일(음력 2017년 12월 20일)에 태어난 사람은 음력설이 지나지 않았기 때문에 2017년 닭띠로 생각하기 쉽지만, 사주명식에서는 연주가 2018년 당해 간지인 무술(戊戌), 즉 개띠로 나온다. 이와 같이 입춘 절입시간이 지나면 새로운 해의 간지를 사용하고, 그렇지 않으면 이전 해의 간지를 써야 한다.

먼저, 천간이 10개이기 때문에 10년 단위로 항상 같은 글자가 반복 순환한다. 아래 표는 각 천간의 생년 끝자리 숫자이다. 예를 들어 1934년은 갑술(甲戌), 1944년은 갑신(甲申), 1954년은 갑오(甲

午), 1964년은 갑진(甲辰), 1974년은 갑인(甲寅)으로서 생년 천간이 모두 갑(甲)이며, 생년 끝자리가 모두 4이다. 나머지 생년 끝자리 숫자와 그 해당 천간도 위와 같은 방식으로 찾아낼 수 있다.

• **천간별 생년 끝자리 수**

甲	乙	丙	丁	戊	己	庚	辛	壬	癸
4	5	6	7	8	9	0	1	2	3

다음으로, 지지에는 '띠'라고 하는 12가지 동물이 배속되어 있다. 천간 십간과 십이지지의 띠를 조합하면 생년의 육십갑자가 만들어진다. 예를 들어 1970년에 태어났고 개띠라면, 출생년도의 끝자리 0의 천간이 경(庚)이고 개띠는 지지 술(戌)에 해당하니 경술(庚戌)생이라는 것을 쉽게 알 수 있다. 2018년 개띠는 생년 끝자리가 8이니 무(戊)이고 개띠 술(戌)을 조합하여 무술(戊戌)년이 된다.

다음 육십갑자 조견표를 보면 세로로 갑자(甲子)부터 갑인(甲寅)까지 천간이 갑(甲)으로 시작하는 생년 끝자리는 공통적으로 4이다. 순(旬)은 10일을 뜻하는데 가로로 갑자(甲子)부터 계유(癸酉), 갑술(甲戌)부터 계미(癸未)와 같이 진행한다. 이와 같이 유추하면 을축(乙丑)부터 을묘(乙卯)까지 모든 생년 끝자리는 5이고, 병인(丙寅)부터 병진(丙辰)까지 모든 생년 끝자리는 6이다. 나머지 육십갑자도 같은 원리로 생년 끝자리를 찾을 수 있다.

• 육십갑자 생년조견표

甲子	乙丑	丙寅	丁卯	戊辰	己巳	庚午	辛未	壬申	癸酉
1984 2044	1925 1985	1926 1986	1927 1987	1928 1988	1929 1989	1930 1990	1931 1991	1932 1992	1933 1993
甲戌	乙亥	丙子	丁丑	戊寅	己卯	庚辰	辛巳	壬午	癸未
1934 1994	1935 1995	1936 1996	1937 1997	1938 1998	1939 1999	1940 2000	1941 2001	1942 2002	1943 2003
甲申	乙酉	丙戌	丁亥	戊子	己丑	庚寅	辛卯	壬辰	癸巳
1944 2004	1945 2005	1946 2006	1947 2007	1948 2008	1949 2009	1950 2010	1951 2011	1952 2012	1953 2013
甲午	乙未	丙申	丁酉	戊戌	己亥	庚子	辛丑	壬寅	癸卯
1954 2014	1955 2015	1956 2016	1957 2017	1958 2018	1959 2019	1960 2020	1961 2021	1962 2022	1963 2023
甲辰	乙巳	丙午	丁未	戊申	己酉	庚戌	辛亥	壬子	癸丑
1964 2024	1965 2025	1966 2026	1967 2027	1968 2028	1969 2029	1970 2030	1971 2031	1972 2032	1973 2033
甲寅	乙卯	丙辰	丁巳	戊午	己未	庚申	辛酉	壬戌	癸亥
1974 2034	1975 2035	1976 2036	1977 2037	1978 2038	1979 2039	1980 2040	1981 2041	1982 2042	1983 2043

(2) 월주의 구성

월주(月柱)는 연주를 세우고 난 후 그에 근거하여 찾는다. 연주와 마찬가지로 월주 역시 양력 1일이나 음력 1일을 기준으로 하지 않고 12절기의 절입일을 기준으로 한다. 이에 대해서는 앞에서 십이지지와 24절기에 대해 설명한 부분을 참조한다.

우선 월지는 십이지지 순서대로 고정되어 있다. 앞서 여러 차례 설명했듯이 양력 2월은 인(寅), 3월은 묘(卯), 4월은 진(辰), 5월은 사(巳), 6월은 오(午), 7월은 미(未), 8월은 신(申), 9월은 유(酉), 10월은 술(戌), 11월은 해(亥), 12월은 자(子), 1월은 축(丑)이다.

• 월지의 양력 시작일

지지	寅	卯	辰	巳	午	未	申	酉	戌	亥	子	丑
음력	1월	2월	3월	4월	5월	6월	7월	8월	9월	10월	11월	12월
양력	2월 4일	3월 6일	4월 5일	5월 6일	6월 6일	7월 7일	8월 8일	9월 8일	10월 8일	11월 7일	12월 7일	1월 5일

다음으로 월간을 찾는다. 월지는 12개의 절기에 각각 배치되지만, 월간은 연간 작용에 따라 다음 공식을 적용하여 뽑는다.

• 월주의 작성

생년 천간	합화오행	합화오행을 생하는 양천간	월주
甲己	土	丙(화생토)	병인두(丙寅頭)
乙庚	金	戊(토생금)	무인두(戊寅頭)
丙辛	水	庚(금생수)	경인두(庚寅頭)
丁壬	木	壬(수생목)	임인두(壬寅頭)
戊癸	火	甲(목생화)	갑인두(甲寅頭)

위 공식을 이해하기 위해서는 우선 천간 오합의 공식을 알아야 한다. 천간 오합은 양천간과 음천간의 합(合)으로, 각각 해당 글자에서 다섯 번째 천간과 합을 한다(천간 오합에 대해서는 10장에서 자세히 설명한다). 생년 천간이 갑(甲)이면 기(己)와 합을 하고 기(己)이면 갑(甲)과 합을 하여 토(土) 오행을 만든다. 이 토(土)가 합화오행이다. 그리고 토(土)를 생하는 양천간은 병(丙)이니, 병인(丙寅)부터 음력 1월이 시작되어 2월은 정묘(丁卯)로 이어진다. 병인(丙寅)부터 시작하기 때문에 병인두(丙寅頭)라고 한다. 만약 생년 천간이 을(乙)이나 경(庚)이면 합화오행인 금(金)을 만들고, 금(金)을 생하는 양천간은 무(戊)이니, 무인(戊寅)부터 음력 1월이 시작되므로 무인두(戊寅頭)라 한다. 이것을 하나하나 자세히 설명하면 다음과 같다.

- **갑기(甲己)합_** 합화오행은 토(土)이며, 토(土)를 생하는 화(火) 중에서 양인 병화(丙火)가 천간으로 오고 매해 입춘은 인(寅)으로 시작하니 병인(丙寅)월부터 시작한다.
- **을경(乙庚)합_** 합화오행은 금(金)이며, 금(金)을 생하는 토(土) 중에서 양인 무토(戊土)가 천간으로 오고 매해 입춘은 인(寅)으로 시작하니 무인(戊寅)월부터 시작한다.
- **병신(丙辛)합_** 합화오행은 수(水)이며, 수(水)를 생하는 금(金) 중에서 양인 경금(庚金)이 천간으로 오고 매해 입춘은 인(寅)으로 시작하니 경인(庚寅)월부터 시작한다.
- **정임(丁壬)합_** 합화오행은 목(木)이며, 목(木)을 생하는 수(水) 중에서 양인 임수(壬水)가 천간으로 오며 매해 입춘은 인(寅)으로 시작하니 임인(壬寅)월부터 시작한다.
- **무계(戊癸)합_** 합화오행은 화(火)이며, 화(火)를 생하는 목(木) 중에서 양인 갑목(甲木)이 천간으로 오며 매해 입춘은 인(寅)으로 시작하니 갑인(甲寅)월부터 시작한다.

• 월간지 조견표

생월(음력)	甲己생년	乙庚생년	丙辛생년	丁壬생년	戊癸생년
1월	丙寅	戊寅	庚寅	壬寅	甲寅
2월	丁卯	己卯	辛卯	癸卯	乙卯
3월	戊辰	庚辰	壬辰	甲辰	丙辰
4월	己巳	辛巳	癸巳	乙巳	丁巳
5월	庚午	壬午	甲午	丙午	戊午
6월	辛未	癸未	乙未	丁未	己未
7월	壬申	甲申	丙申	戊申	庚申
8월	癸酉	乙酉	丁酉	己酉	辛酉
9월	甲戌	丙戌	戊戌	庚戌	壬戌
10월	乙亥	丁亥	己亥	辛亥	癸亥
11월	丙子	戊子	庚子	壬子	甲子
12월	丁丑	己丑	辛丑	癸丑	乙丑

(3) 일주의 구성

일주(日柱)는 사주의 주인이 앉아 있는 공간으로서 일진(日辰)이라고도 한다. 만세력에서 태어난 날의 일진을 찾아 그대로 적용하면 된다. 단, 앞서 만세력을 설명할 때 언급했듯이 사주에서 하루의 시작은 자정 12시, 즉 0시부터가 아니라 밤 11시부터 적용해야 한다. 자(子)시의 시작이 바로 이 시간부터이기 때문이다. 참고로 필자는 야자시와 조자시를 분리하여 사용하지 않는다. 일주는 일반인이 직접 구하기는 어렵기 때문에 만세력이나 컴퓨터를 이용하는 것이 가장 쉽고 편리하다.

(4) 시주의 구성

일주를 세운 다음에는 일간에 의거하여 시주(時柱)를 세운다. 하루 24시간은 12개 지지에 2시간 간격으로 배치되어 있다. 따라서 태어난 시간의 지지는 누구나 쉽게 알 수 있다.

• 시지의 시간 배속

	寅	卯	辰	巳	午	未	申	酉	戌	亥	子	丑
시간*	03 ~ 05	05 ~ 07	07 ~ 09	09 ~ 11	11 ~ 13	13 ~ 15	15 ~ 17	17 ~ 19	19 ~ 21	21 ~ 23	23 ~ 01	01 ~ 03

* 동경 표준시를 사용하는 국제협약에 따라 한국에서 태어난 사람은 여기에 30분을 추가해야 한다.

문제는 시주의 천간을 찾는 것인데, 월주의 천간을 연간에 의거하여 얻는 것처럼 시주의 천간(시간)은 일간에 의거하여 얻는다. 연과 월이 함께 작용하고 일과 시가 함께 작용하는 것은 지구가 공전과 자전을 하기 때문이다.

지구는 하루에 한 번씩 지축(북극과 남극을 연결하는 축)을 중심으로 자전한다. 이러한 지구의 일주운동이 밤과 낮이 생기는 원리이다. 지구가 한 번 자전하는 데 걸리는 시간은 태양을 기준으로 하는 1태양일은 24시간이고, 항성을 기준으로 하는 1항성일은 23시간 56분 4초이다. 이와 같은 차이가 발생하는 이유는 지구의 공전 때문이다. 지구상에서 발사되는 로켓이나 인공위성의 운동에서 알 수 있듯이, 북반구에서 직선 방향으로 적도를 향해 발사된 물체는 지표에 대하여 오른쪽으로 편향되어 날아간다. 이것은 지구 자전으로 인해 적도의 표적 자체가 동쪽으로 움직이는 효과 때문이다.

지구의 공전은 지구가 태양을 중심으로 도는 것을 말한다. 이것이 계절의 변화, 일조 시간의 변화, 태양의 남중 고도의 변화 등이 생기는 원인이다. 또한 지구의 공전은 1항성일과 1태양일의 차이, 1항성월과 1삭망월의 차이, 계절에 따라 별자리가 바뀌는 현상 등의 원인이다. 태양이 천구상 한 점에서 출발하여 다시 그 지점에 돌아오는 데 걸리는 시간을 1항성년이라 하며 365.2564일이 걸린다. 태양이 춘분점을 출발하여 다시 춘분점으로 돌아오는 데 걸리는 시간을 회귀년이라 하며 365.2422일이 걸린다.

숫자가 좀 복잡하지만 어쨌든 지구의 자전과 공전에 의해 24절기가 분류되었다. 또한 지구의 자전과 공전은 날씨의 변화, 월식과 일식, 바다의 썰물과 밀물, 파도, 구름의 이동, 바람의 생성, 햇빛의 작용과 산소의 양 등과 같은 다양한 자연현상이 일어나는 원인이다. 그것이 인간의 삶에 미치는 영향을 생년월일시에서 만들어진 사주의 상징적 천간지지 체계로 해독하는 것이 바로 우리가 공부하는 사주명리이다.

정리하면, 월간은 합화오행을 생하는 양천간으로 인(寅)월을 시작하고, 시간은 합화오행을 극하는 양천간으로 자(子)시를 시작하는 것은 지구의 공전과 자전에서 기인한다.

단, 월의 지지는 인(寅)부터 시작하지만, 시의 지지는 자(子)부터 시작한다. 그 생성관계를 정리한 다음 표를 보면, 천간 오합으로 생긴 합화오행을 극하는 양천간이 시간이 된다.

• 시주의 작성

생일 천간	합화오행	합화오행을 극하는 양천간	시주
甲己	土	甲(목극토)	甲子시
乙庚	金	丙(화극금)	丙子시
丙辛	水	戊(토극수)	戊子시
丁壬	木	庚(금극목)	庚子시
戊癸	火	壬(수극화)	壬子시

갑기(甲己)일은 갑자(甲子)시부터, 을경(乙庚)일은 병자(丙子)시부터, 병신(丙辛)일은 무자(戊子)시부터, 정임(丁壬)일은 경자(庚子)시부터, 무계(戊癸)일은 임자(壬子)시부터 시작한다.

예를 들어 갑인(甲寅) 일주가 새벽 5시에 태어났다면, 시주가 갑자(甲子)시부터 시작하고 시지는 인(寅)이므로 갑자(甲子), 을축(乙丑), 병인(丙寅)······ 순서로 세어 나가니 시주는 병인(丙寅)이 된다. 하나씩 자세히 설명하면 다음과 같다.

- **갑기(甲己)합_** 합화오행은 토(土)이며, 토(土)를 극하는 목(木) 중에서 양인 갑목(甲木)이 천간으로 와서 갑자(甲子)시부터 시작한다.
- **을경(乙庚)합_** 합화오행은 금(金)이며, 금(金)을 극하는 화(火) 중에서 양인 병화(丙火)가 천간으로 와서 병자(丙子)시부터 시작한다.
- **병신(丙辛)합_** 합화오행은 수(水)이며, 수(水)를 극하는 토(土) 중에서 양인 무토(戊土)가 천간으로 와서 무자(戊子)시부터 시작한다.
- **정임(丁壬)합_** 합화오행은 목(木)이며 목(木)을 극하는 금(金) 중에서 양인 경금(庚金)이 천간으로 와서 경자(庚子)시부터 시작한다.
- **무계(戊癸)합_** 합화오행은 화(火)이며, 화(火)를 극하는 수(水) 중에서 양인 임수(壬水)가 천간으로 와서 임자(壬子)시부터 시작한다.

• 시간지 조견표

생시	甲己생일	乙庚생일	丙辛생일	丁壬생일	戊癸생일
子시	甲子	丙子	戊子	庚子	壬子
丑시	乙丑	丁丑	己丑	辛丑	癸丑
寅시	丙寅	戊寅	庚寅	壬寅	甲寅
卯시	丁卯	己卯	辛卯	癸卯	乙卯
辰시	戊辰	庚辰	壬辰	甲辰	丙辰
巳시	己巳	辛巳	癸巳	乙巳	丁巳
午시	庚午	壬午	甲午	丙午	戊午
未시	辛未	癸未	乙未	丁未	己未
申시	壬申	甲申	丙申	戊申	庚申
酉시	癸酉	乙酉	丁酉	己酉	辛酉
戌시	甲戌	丙戌	戊戌	庚戌	壬戌
亥시	乙亥	丁亥	己亥	辛亥	癸亥

사주명식의 구성을 이야기할 때 빠질 수 없는 것이 근묘화실(根苗花實)론이다. 근묘화실은 사주의 네 기둥인 연주, 월주, 일주, 시주를 말한다. 즉, 연주가 뿌리[根]가 되고 뿌리가 있어야 만물의 생함이 있으며, 싹[苗]은 연주의 뿌리가 있어야 위로 돋아난다는 뜻이다. 월간의 조합이 연주를 따르는 이치가 여기에 있다. 한편 꽃[花]은 싹이 없으면 필 수 없는 것이라 싹이 적당한 수분, 비옥한 토양, 충분한 일조를 받으면 아름다운 꽃을 피울 수 있다는 것이다. 그리고 열매[實]는 꽃이 피어야 얻을 수 있는 것이니 열매가 결실을 잘 맺으려면 꽃이 필 때 여러 여건이 어우러지고 암수의 수정이 잘 되어야 한다. 따라서 시간의 조합은 일주에 따라서 만들어진다. 사람의 운명도 이러한 대자연의 기상과 생물 성장과정의 이치와 다를 바 없다. 그 이치에 따라 사주를 읽고 통변해야 운명을 이해할 수 있다. 이것이 근묘화실론이다.

태어난 시간 추론하는 법

사주에 입문하는 학생들 중에 본인이 태어난 시간을 정확히 모른다고 말하는 경우가 꽤 많다. 시간을 전혀 모르는 사람도 있지만, 정확한 시간을 모르는 사람도 많다. 50~60년대 전쟁 전후의 척박한 상황, 70~80년대 고도성장기, 그리고 베이비붐 세대들과 그 부모 세대는 지금처럼 산부인과에서 출산하고 정확한 출생기록을 남긴다는 게 현실적으로 불가능했을 것이고, 그만한 여유도 없었을 것이다.

사주를 공부하면서 본인의 정확한 출생시간을 잡기도 하는데, 이 때 본인의 삶을 반추해서 추론하는 방법을 쓴다. 혹은 동경 표준시 적용으로 인해 시주가 조금 바뀌는 경우도 있다. 예를 들면, 부모님에게서 진(辰)시생이라고 들었던 사람의 생시가 아침 7시 20분인 경우 묘(卯)시로 바뀌는 상황이다.

인터넷을 비롯한 다양한 자료에서는 자는 모양이나 머리에 가마가 생긴 모습으로 시간을 잡는 법이 나오는데, 필자의 임상경험상 그다지 정확한 추론법이라 말하기 힘들다. 이럴 때는 먼저 대충이라도 들은 시간(예를 들면 아침에 소나 개에게 밥을 줄 때였다는 등)에 근거하여 읽고, 다음으로 그러한 증거도 없을 때는 살아온 삶을 반추하여 시간을 잡는 것이 최선이다.

한편, 처음 소개받은 이성친구와의 궁합을 볼 때 시간 없이 생년월일만으로 사주 세 기둥을 세워서 가볍게 통변하는 경우도 있다. 처음 만난 사람에게 생시까지 물어보는 게 불편할 수도 있어서 간단하게 생일, 생월, 생년을 가지고 보는 관법이다. 사주는 그 사람을 상징하는 일간이 나오면 어느 정도 추명이 나오기 때문에 가능하다. 종종 유명인들의 사주를 추명할 때 생시 없이 간단하게 보는 관법이기도 한다.

(5) 대운과 대운수

대운(大運)은 10년 동안의 사주 환경으로서 큰 흐름의 인생 방향과 행보 등을 나타낸다. 사주팔자가 고정불변하는 명(命)의 영역이라면, 대운은 10년마다 육십갑자의 흐름에 따라 변해가는 운(運)의 영역이다. 한편, 1년 주기로 변화하는 세운(歲運)에 대비하면 대운은 고정된 영역이다. 즉, 사주와 대운을 대비하면 사주는 정물(情物)인 체(體)의 역할을 하고 대운은 동물(動物)인 용(用)의 역할을 하며, 대운과 세운을 대비하면 대운은 체가 되고 세운은 용이 되는 것이다.

대운은 연간의 음양에 따라 월주에서 설정한다. 왜 월주를 기준으로 삼을까? 지구는 태양계에 속해 있고, 월(달)은 지구의 위성이다. 태양계와 지구 그리고 달, 이 세 가지는 우주운동의 한 단위체이다. 태양과 지구는 종적인 경선의 관계이고, 달과 지구가 서로 끌고 당기는 관계는 횡적인 위선의 구조이다. 이와 같이 지구는 한편으로는 태양, 다른 한편으로는 달과 종횡으로 끌어당기는 관계를 유지하면서 질서 있게 자신의 순환궤도를 지킨다.

대운은 연주의 음양에 의거하여 월주에서부터 순행 혹은 역행을 하게 된다. 즉, 양년생 남자와 음년생 여자는 월주에서부터 육십갑자 순서대로 운행하고, 음년생 남자와 양년생 여자는 거꾸로 운행하게 된다. 이를 양남음녀(陽南陰女)는 순행, 음남양녀(陰南陽女)는 역행한다고 표현한다.

연간	성별	대운의 운행
양	남자	월주부터 육십갑자 순으로 순행
	여자	월주부터 육십갑자 순으로 역행
음	남자	월주부터 육십갑자 순으로 역행
	여자	월주부터 육십갑자 순으로 순행

예)

시	일	월	연
甲	壬	丁	庚
辰	申	亥	辰

이 사주에서 연간은 양인 경(庚)이다. 만약 건명(남자 사주)이라면 대운은 아래와 같이 월주 정해(丁亥)에서부터 순행한다.

						←
甲	癸	壬	辛	庚	己	戊
午	巳	辰	卯	寅	丑	子

반대로 이 사주가 곤명(여자 사주)이라면 대운은 아래와 같이 월주 정해(丁亥)에서부터 역행한다.

						←
庚	辛	壬	癸	甲	乙	丙
辰	巳	午	未	申	酉	戌

한편, 대운의 숫자를 뜻하는 대운수(大運數) 역시 양남음녀는 순행하고 음남양녀는 역행하는 원칙에 따라 뽑는다. 양남음녀는 출생일에서부터 다가오는(순행) 절입일까지 날짜를 세어서 3으로 나눈 수가 대운수이고, 음남양녀는 출생일에서부터 지나온(역행) 절입일까지 날짜를 세어서 3으로 나눈 수가 대운수이다. 3으로 나누어 1이 남으면 버리고, 2가 남으면 대운수에 1을 더한다.

만약 출생일에서 절입일까지 19일이 나왔다면, 19를 3으로 나누면 몫이 6이고 나머지가 1이므로, 나머지 1을 버리고 대운수는 6이 된다.

대운 통변법

1_ 대운은 일간이 10년 동안 영향을 받는 환경이다. 사주의 연속으로 간주하는 것이 좋다. 즉, 사주 4개의 기둥에 하나의 기둥이 추가된다고 생각하면 된다. 대운의 천간과 지지는 따로 분리해서 읽는 것보다 사주와 함께 읽어야 한다.

2_ 대운 중에서 2번째는 앞으로의 인생을 결정할 주요한 청년기에 해당한다. 미래의 진로를 결정하고 대학입시가 있는 시점이다.

30대와 40대 대운은 주로 중년의 재물과 명예와 관련된 중대한 성패를 결정하는 시기이다. 9장에서 다룰 육친 중에서 재성(재물)과 관성(명예)에 해당하는 글자가 들어왔다면, 어떤 상태로 있고 명식과의 관계는 어떤지를 잘 파악하면 좋은 통변이 가능하다.

월간이나 월지는 사주 주인의 사회적 직업이나 위치를 주관하는 자리이다. 5번째 대운의 천간은 모든 명식에서 월간과 합을 하고, 6번째 대운의 지지는 모든 명식에서 월지와 충을 한다. 5~6대운은 중년의 성패가 나타나고 말년을 준비하는 시기이니 이러한 관계의 결과물을 잘 해석하는 능력이 필요하다.

3_ 기본적으로 대운이 바뀌는 1~2년 동안은 일간의 인생에서 중요한 변화를 경험하는 시기이다. 대운이 길한 방향으로 흐르는지 아니면 흉한 방향으로 흐르는지를 파악하여 통변해야 한다. 또한 대운 중에서 진술축미(辰戌丑未)는 사고지의 글자로서 음양오행이 교차하고 계절과 방위가 바뀌는 시기이다. 일간이 어떤 입장에 처했는지 세밀하게 관찰해야 한다.

4_ 대운과 세운의 영향을 비교한다면 대운은 장기간의 환경이고, 세운은 단기간의 환경이다. 무엇이 더 중요하다, 덜 중요하다의 차원이 아니다. 어떤 사람은 대운의 영향이 크다고 할 수도 있다. 명식에 하나의 기둥을 추가하여 읽을 수 있으니 운명 추론의 중요한 단서가 되기 때문이다. 그러나 일간이 체감하는 효과는 세운이 더 클 수도 있다. 충을 예로 들어 비교하면, 대운충이 났을 때 일간은 심각하게 못 느끼는 반면 세운충은 확연한 사고와 사연을 감지하게 된다.

참고로 지금은 거의 사용하지 않지만 소운법(小運法)이라는 것이 있다. 대운수가 9 또는 8일 때 어린 시절의 운명을 감정하는 데는 한계가 있다. 이런 경우 초년의 운명을 감정하기 위해 사용했던 것이 소운법이다. 대운은 월주에서 시작하여 순행 또는 역행하지만, 소운은 시주를 기준으로 양남음녀는 순행하고, 음남양녀는 역행한다. 현대 명리는 대운법 위주로 통변하니 소운법은 참조만 한다.

(6) 세운

세운(歲運)은 한 해에 배속된 육십갑자이다. 사주 통변을 할 때는 사주명식을 세우고 대운의 흐름과 대운수를 적어놓은 다음, 세운을 대입하여 읽는다. 사주팔자를 통해 한 사람의 주어진 운명과 그 그릇을 읽고, 대운으로 10년 동안의 사주 환경을 대입하여 큰 흐름의 삶과 행보를 본다. 이어서 사주팔자나 대운과 같은 비교적 큰 단위의 운세와 방향에 세운을 대입하면 1년이라는 단기간 동안 한 사람이 부딪히고 경험하는 다양한 인간사를 볼 수 있다. 일반적으로 사람들이 신년을 맞이하여 새해운세를 보러 가는 이유는 1년 동안 앞으로 어떤 일이 벌어지고, 조심할 것과 피할 것들은 무엇인지 미리 듣기 위해서이다.

세운의 음양오행과 물상이 한 사람의 사주에 들어올 때 명식과 세운 사이에는 천간지지의 생극제화가 일어나게 되고, 그러한 상호작용은 사주 주인의 한 해 길흉에 영향을 미치게 된다. 어떤 사람에게는 재물이 들어오고, 어떤 사람은 손재수를 당하거나 관재와 구설에 휘말리게 되며, 혹은 새로운 연인을 만나거나 헤어지게 된다.

아래는 2012년부터 2019년까지 세운의 육십갑자에 각각의 오행색과 띠를 표시한 것이다. 예를 들어 2012년은 임진(壬辰)년이었는데, 임(壬)은 수(水) 오행이니 흑색이다. 진(辰)년은 용띠이니 2012년은 흑룡의 해가 되었다. 2014년 갑오(甲午)년이 청마의 해였던 이유는 갑(甲)은 목(木) 오행이고, 목(木)은 청색이나 녹색이며, 오(午)는 말띠 해였기 때문이다. 이러한 방식으로 추론하면 2018년 무술(戊戌)년은 황구의 해, 2019년 기해(己亥)년은 황금돼지의 해임을 알 수 있다.

• 세운 읽기

2012	2013	2014	2015	2016	2017	2018	2019
임(壬)	계(癸)	갑(甲)	을(乙)	병(丙)	정(丁)	무(戊)	기(己)
진(辰)	사(巳)	오(午)	미(未)	신(申)	유(酉)	술(戌)	해(亥)
용띠	뱀띠	말띠	양띠	원숭이띠	닭띠	개띠	돼지띠
흑룡의 해	흑사의 해	청마의 해	청양의 해	붉은 원숭이의 해	붉은 닭의 해	황구의 해	황금돼지의 해

지금까지 설명한 사주 구성, 각각의 명칭과 특성을 도표로 정리하면 다음과 같다. 이 책의 후반부에서 설명할 육친이나 형충회합 그리고 심화이론의 일부가 포함되어 있어 입문 단계에서는 이해하기 어려운 내용일 수도 있다. 그러나 사주를 공부하면서 꼭 알아야 할 내용이니 반복해서 읽으며 실력을 쌓아 나가기를 바란다.

• 사주의 구조와 통변 활용표

시주	일주	월주	연주	참고
시간	일간	월간	연간	마음, 기운, 정신, 상징, 드러난 간판, 남들이 명백히 알 수 있는 일, 주요 사건을 의미. 천간의 자연물상과 상생상극의 관계를 읽는다. 일간은 사주의 주인이며 재상이다.
시지	일지	월지	연지	물질, 행동, 세력, 육체, 과정, 감춰진 내부, 내면의 사정이나 기반을 의미. 월지 조후를 먼저 읽고, 나머지는 형충회합과 지장간의 상호작용(구체적 인생사)을 읽는다. 월지는 일간의 신강·신약에 영향을 주고, 사주의 격국(직업성)을 결정한다. 일간이 섬기는 상제이다. 천간과 지지의 통근 및 투출 구조를 파악한다.
자식궁 말년운 실(實)	부부궁 장년운 화(花)	부모·형제궁 청년운 묘(苗)	조상궁 유년운 근(根)	궁성론 근묘화실
미래	현재의 나, 가정	가까운 과거 환경	먼 과거	시간의 흐름
정(貞)	이(利)	형(亨)	원(元)	원형이정
문화	사회·심리	경제	정치	
곳간, 금고 음택	안방	건물(현관) 양택	대지	집터·풍수
트렁크	운전석 일간이 운전사	엔진	보닛 번호판	자동차
아랫사람 제자	동반자 배우자	동료 윗사람 직장	관청 본사	사회적 관계
사적인 일·개인·가정		공적인 일, 국가·공공		

8 통근과 투출

“

통근(通根)과 투출(透出)은 사주명리에서 빼놓을 수 없는 부분이다. 천간과 지지를 연결하여 사주의 구성과 힘의 세기 등을 한눈에 파악할 수 있게 해주기 때문이다. 통근과 투출을 읽으면 명식 내에서 모든 글자들의 강약을 알 수 있다. 즉, 어떤 오행이 가장 강한지, 반대로 약한지가 보인다.

옛 고서들에서 통근과 투출이라는 용어를 자주 발견할 수 있는데, 넓은 시각에서 보면 둘 다 같은 현상을 말한다. 통근은 명식 내에서 각 천간이 지지에 뿌리를 내렸는지, 그렇다면 어떤 지지에 자리잡았는지를 살필 때 사용하는 말이고, 투출은 지지에 내장된 지장간이 하늘로 올라가 천간에 통하는지를 살필 때 사용하는 말이다.

주체가 무엇인지를 보면 둘을 쉽게 구분할 수 있다. 천간이 통근을 하고, 지장간이 투출을 한다. 좀 더 풀어서 설명하면, 통근은 천간이 지지의 지장간 중에서 같은 오행을 만날 때 성립되며, 음양이 달라도 통근한다. 투출은 지지의 지장간이 천간에서 같은 오행의 글자를 볼 때를 말한다. 역시 음양이 달라도 투출한다.

예1)

시	일	월	연
		丁	
	戌		

이 사주에서 월간 정화(丁火)는 일지 술토(戌土) 중 지장간 정화(丁火)에 뿌리를 내리므로 통근에 해당한다. 이 때 음양이 다른 병화(丙火)라고 해도 통근이 가능하다.

예2)

시	일	월	연
	乙		
		亥	

이 사주에서 일간 을목(乙木)은 월지 해수(亥水) 중 갑목(甲木)에 통근한다. 반대로 해수(亥水) 중 갑목(甲木)이 일간에 투출했다고 말할 수도 있다.

예3)

시	일	월	연
戊	甲		
		辰	

이 사주에서 천간에 있는 무(戊)와 갑(甲)은 둘 다 월지 진토(辰土)에 통근한다. 천간의 두 글자 중에서 무엇이 더 강한지 우열을 가린다면, 진토(辰土)의 본기에 뿌리를 내린 무토(戊土)가 갑목(甲木)보다 더 강하다고 판단한다.

간혹 통근을 오행의 생극제화 논리로 설명하면서 지지에 생조하는 오행이 있을 때 통근이 성립된다고 주장하는 경우가 있다. 이것은 잘못된 방식이다.

예1)

시	일	월	연
	甲		
		子	

이 사주에서 일간 갑목(甲木)은 월지 자수(子水)에 통근하지 못한다. 월지가 수생목(水生木)으로 힘을 주고 있다고 해서 통근이 되는 것은 아니다. 갑목(甲木)이 다른 지지에도 통근하지 못한다면 이 사주 일간의 힘은 상당히 미약하다고 할 수 있다.

예2)

시	일	월	연
	甲		
		辰	

이 사주에서 일간 갑목(甲木)은 월지 진토(辰土) 중의 을목(乙木)에 뿌리를 내리니 힘이 있다. 갑목(甲木)과 진토(辰土)의 본기인 무토(戊土)가 목극토(木剋土)로 상극한다고 읽고 일간이 신약하다고 판단하면 안 된다. 예1과 예2는 각각 춥고 냉한 겨울인 자(子)월과 갑목(甲木)이 좋아하는 봄의 진(辰)월인데, 사주의 주체인 일간 갑목(甲木)의 입장에서 읽어야 한다. 상생과 상극으로만 읽어서 신강과 신약을 추론하는 오류를 피하기 위해서는 통근이란 개념이 상당히 중요한 역할을 한다.

한편, 지지 중 생지 그룹인 인신사해(寅申巳亥)의 초기 지장간인 무토(戊土)는 토(土) 기운의 작용력이 약하다. 따라서 천간의 기토(己土)는 생지 그룹에는 통근을 하지 않는다고 판단한다. 그러나 사화(巳火)는 토(土)의 생지로서 화생토(火生土)의 작용력이 있으므로, 메마른 토(土)를 상징하는 무토(戊土)는 사화(巳火)에 튼튼하게 뿌리를 내릴 수 있다. 이 점을 잊지 말고 명식 판단의 강약을 결정할 때 적용하기 바란다.

• **천간과 지지의 서열표**

천간	지지
1. 천간의 세기는 월>시=일>연 순서로 강하다. 2. 지지 여러 곳에 통근한 천간이 가장 강하다. 3. 월지에 통근한 천간은 시지나 연지에 통근한 천간보다 강하다. 사주에서는 월지를 매우 중요하게 생각하기 때문이다. 4. 통근하지 못한 천간보다 지지가 강하다. 5. 통근하지 못했거나 충에 의해서 뿌리가 상한 천간은 약하다.	1. 지지의 세기는 월>시=일>연 순서로 강하다. 2. 월지가 나머지 세 지지보다 가장 강하다. 3. 시지는 연지보다 강하다. 일지는 상황에 따라 파악한다. 힘 자체를 보면 시지가 일지보다 강하다고 말할 수 있지만, 일지는 일간의 현재와 지금 있는 공간을 설명하는 글자라서 그 자체의 힘이 있다.

월지는 단순한 지지 이상의 의미가 있다. 태어난 계절을 결정짓는 월지에는 춥고, 덥고, 따뜻하고 습하거나 건조한 기운이라는 조후(調候)의 개념이 들어가 있다. 월지에 어떤 글자가 배정되었는가에 따라 추론의 방향이 결정되기도 하고, 일간의 인생항로가 결정되기도 한다. 가장 강한 통근처인 동시에 한 사람의 직업과 적성, 삶에서 추구하는 방향을 알려주는 글자이다.

예를 들어, 월지에 매우 더운 때를 뜻하는 오화(午火)가 있으면 사주명식의 모든 글자는 그 열기의 영향을 받게 된다. 이렇게 더울 때에는 열기를 식혀주는 수기(水氣)가 절실하게 필요하기 때문에 명식 내에서 우선적으로 수기를 살펴 조후의 균형을 맞춰야 한다. 아니면 사주의 습도를 살피고 화기(火氣)를 빼주는(설기라고 한다) 토기(土氣)를 찾는 것도 한 방법이다. 사(巳)월에 태어난 일간 정화(丁火)가 갑목(甲木)을 보았고 사주명식이 조열하여 습기가 부족한데 옆에 계수(癸水)가 왔다면, 일간 정화(丁火)는 그 계수(癸水)를 반긴다. 비록 수극화로 계수(癸水)가 정화(丁火)의 불꽃을 꺼뜨리는 성분이라고 해도 그렇다. 월지는 이 정도로 중요하다.

일부 사주학습서와 몇몇 사주교육원에서는 사주팔자 각 글자에 점수를 배정하여 힘의 강약을 판단하는 관법을 가르치고 있다. 사주는 간지의 조합인 육십갑자로 만들어진 것이고, 각각의 글자는 따로 분리되어 있지 않고 긴밀하게 연결되어 있다. 통근과 투출이 그것을 말해준다. 따라서 단순히 점수를 매겨서 합계를 구하는 방법으로는 절대로 고급 통변에 이를 수 없다.

시간이라는 개념이 어떻게 만들어졌는지 생각해보면 중요한 사실을 깨닫게 된다. 보통은 일(日)이 시(時)보다 더 큰 단위이므로 당연히 일이 시보다 힘이 세다고 생각하기 쉽다. 하지만 일과 시의 생성 배경을 생각해보면 그렇게 판단할 수 없다.

사주명식은 연월일시 4개의 기둥으로 구성되는데, 각 기둥의 연월일시라는 시간 개념은 생성 배경이 흡사해 보이지만 엄밀히 따지면 분명 다르다. 연은 12개의 월이 모여 하나로 성립된 것이다. 또한 일은 24개의 시가 모여 하나로 성립된 것이다. 즉, 연에서 월이 탄생한 것이 아니라 월에서 연이 탄생하고, 마찬가지로 시에서 일이 탄생한다. 시는 일을 생하고, 월은 연을 생하는 것이다.

그렇다면 월과 일은 어떤 관계일까? 연과 월이라는 시간적 배경은 지구의 공전주기에 의해 만들어지는 개념이고, 일과 시라는 시간적 배경은 지구의 자전주기에 의해 만들어지는 개념이다. 따라서 일과 월은 시간 구조상 상관관계가 없다. 시간의 흐름이 연주와 월주에서는 보다 크고 느리게 작용하고, 일주와 시주에서는 보다 세밀하고 빠르게 작용한다는 것을 기억하면 된다.

강의노트

음양과 통근

통근과 관련하여 가장 자주 듣는 질문은 '음양이 다를 때에도 통근과 투출이 되는가?'이다. 예를 들어 갑목(甲木) 양간이 진(辰) 중 을목(乙木)에 통근할 수 있느냐는 질문이다. 통근은 오행만 같으면 음양을 따지지 않는다. 따라서 대답은 '갑목(甲木) 양간이 진(辰) 중 을목(乙木)에 통근할 수 있다'이다. 마찬가지로 정화(丁火)는 지지 인목(寅木)에 통근할 수 있다.

다음 질문은 '갑목(甲木)이 자수(子水)에 통근할 수 있는가?'이다. 다른 예를 들면, 임수(壬水)나 계수(癸水)가 자신을 생하는 유금(酉金)에 통근할 수 있는가이다. 대답은 '통근하지 않는다'이다. 통근은 동일 오행이 있을 때에만 가능하다.

9 육친론

“

육친론(六親論)은 사주에서 일간과 나머지 글자들의 관계를 읽는 것이다. 일간의 가족관계와 사회관계는 물론 의식주, 재산, 권력, 명예 등과 일의 진행상황에 대한 파악까지 가능하게 해주는 사주 통변의 핵심이다. 육친(六親)은 글자 그대로 여섯[六] 종류의 관계[親]를 의미하는데, 동양고전에서 부자, 부부, 형제의 여섯 가지 관계를 지칭한 데서 유래하였다. 육친을 육신(六神), 십신(十神), 십성(十星)이라고도 한다. 십신은 일간과 관계하는 다른 간지의 음양오행을 분류하여 10가지로 나눈 데서 나온 표현이다.

사주명리에서는 신(神)이나 성(星)과 같은 글자를 많이 사용한다. 영어로는 신을 god, 성을 star라고 표현하며, 일간의 관계와 일간이 상호작용하는 대상을 나타낸다. 어렵지 않은 영어이니 여기에 몇 가지 표현을 소개한다.

육친	영어	의미
일간	Day Master	사주의 주인
비겁	Friend Star	병렬·병행
식상	Expression Star	산출·출력
재성	Money Star	부·재산
관성	Career Star	권력
인성	Knowledge Star	자원·원천

육친론을 공부하기 위해서는 천간과 지지의 음양오행을 신속하게 구분할 줄 알아야 한다. 사주 입문자에게는 육친론이 다소 복잡하게 느껴질 수 있지만, 일단 개념을 이해하고 나면 쉽게 구분할 수 있을 것이다. 조견표를 보면서 반복적으로 학습하면 누구나 어렵지 않게 숙지할 수 있다.

1. 십성의 종류

일간을 기준으로 육친별 음양오행과 그 의미를 다음 표와 같이 정리할 수 있다. 비견(比肩)과 겁재(劫財)를 묶어서 비겁(比劫)이라 하고, 식신(食神)과 상관(傷官)은 식상(食傷), 편재(偏財)와 정재(正財)는 재성(財星), 편관(偏官)과 정관(正官)은 관성(官星), 편인(偏印)과 정인(正印)은 인성(印星)이라 한다. 10가지로 나누었기 때문에 여기에서는 십성이란 용어를 사용한다.

• 십성표

십성	일간 기준 음양오행	의미
비견 (比肩)	일간과 음양오행이 같은 것	나와 어깨를 나란히 한다는 뜻. 일간과 대등한 관계.
겁재 (劫財)	일간과 오행이 같고 음양은 다른 것	나의 재물을 빼앗아간다는 뜻. 못마땅하고 부담되는 경쟁관계.
식신 (食神)	일간이 생하는 오행으로 음양이 같은 것	글자 그대로 식복을 주관함
상관 (傷官)	일간이 생하는 오행으로 음양이 다른 것	관(官)을 상하게 한다는 뜻
편재 (偏財)	일간이 극하는 오행으로 음양이 같은 것	치우친 재물이라는 뜻
정재 (正財)	일간이 극하는 오행으로 음양이 다른 것	반듯한 재물이라는 뜻
편관 (偏官)	일간을 극하는 오행으로 음양이 같은 것	치우친 관이라는 뜻
정관 (正官)	일간을 극하는 오행으로 음양이 다른 것	반듯한 관이라는 뜻
편인 (偏印)	일간을 생하는 오행으로 음양이 같은 것	치우친 인성이라는 뜻 인(印)은 도장을 의미.
정인 (正印)	일간을 생하는 오행으로 음양이 다른 것	반듯한 인성이라는 뜻

갑목(甲木) 일간을 예로 들면, 오행이 같은 것은 천간에서 갑목(甲木)과 을목(乙木)이고, 지지에서는 인목(寅木)과 묘목(卯木)이다. 그 중에서 갑목(甲木)의 비견이 되는 것은 음양이 같은 양의 갑목(甲木)과 인목(寅木)이고, 겁재가 되는 것은 음양이 다른 음의 을목(乙木)과 묘목(卯木)이다.

다음으로 갑목(甲木)의 인성을 찾아보자. 갑목(甲木)을 생하는 오행은 수생목에서 수(水)인데, 천간에서는 임수(壬水)와 계수(癸水)이고 지지에서는 자수(子水)와 해수(亥水)이다. 그 중에서 갑목(甲

木)의 편인은 음양이 같은 임수(壬水)와 해수(亥水)이고, 정인은 음양이 다른 계수(癸水)와 자수(子水)이다. 나머지 식상, 재성, 관성도 이와 같은 방법으로 찾으면 된다.

참고로 지지 중 해(亥), 자(子), 사(巳), 오(午)는 체(體)의 관점이 아닌 용(用)의 관점에서 음양을 적용한다. 즉 체의 관점에서 해(亥)와 사(巳)는 음, 자(子)와 오(午)는 양이 되지만, 실제 사용하는 용의 관점에서 해(亥)와 사(巳)는 양, 자(子)와 오(午)를 음에 배속한다.

• 일간 기준 십성 조견표

일간 / 천간지지	甲	乙	丙	丁	戊	己	庚	辛	壬	癸
甲·寅	비견	겁재	편인	정인	편관	정관	편재	정재	식신	상관
乙·卯	겁재	비견	정인	편인	정관	편관	정재	편재	상관	식신
丙·巳	식신	상관	비견	겁재	편인	정인	편관	정관	편재	정재
丁·午	상관	식신	겁재	비견	정인	편인	정관	편관	정재	편재
戊·辰·戌	편재	정재	식신	상관	비견	겁재	편인	정인	편관	정관
己·丑·未	정재	편재	상관	식신	겁재	비견	정인	편인	정관	편관
庚·申	편관	정관	편재	정재	식신	상관	비견	겁재	편인	정인
辛·酉	정관	편관	정재	편재	상관	식신	겁재	비견	정인	편인
壬·亥	편인	정인	편관	정관	편재	정재	식신	상관	비견	겁재
癸·子	정인	편인	정관	편관	정재	편재	상관	식신	겁재	비견

2. 십성과 일간의 관계

십성의 체계를 파악했다면, 이제 사주의 꽃이라 할 수 있는 십성의 자세한 특징과 그 활용을 배울 단계이다. 십성은 모든 사주통변에서 반드시 읽어야 하는 재료이다. 십성을 통해 그 사람이 어떤 배우자를 언제 만나는지, 자식은 몇 명이나 될지, 조부모나 조상대의 집안은 어땠는지, 어떤 전공이 적성에 맞는지, 식당을 차린다면 어떤 종류의 음식을 해야 성공하는지 등을 추론한다. 하나의 사주를 놓고 십성을 기초로 다양한 관법을 구사해야 하므로 십성을 최대한 빨리 간파하는 능력을 키워야 한다. 아래 첫 번째 그림은 십성에 따른 일의 진행을, 두 번째 그림은 목(木) 일간을 기준으로 일간과 십성의 관계를 나타낸 것이다(화살표는 생하는 방향이다).

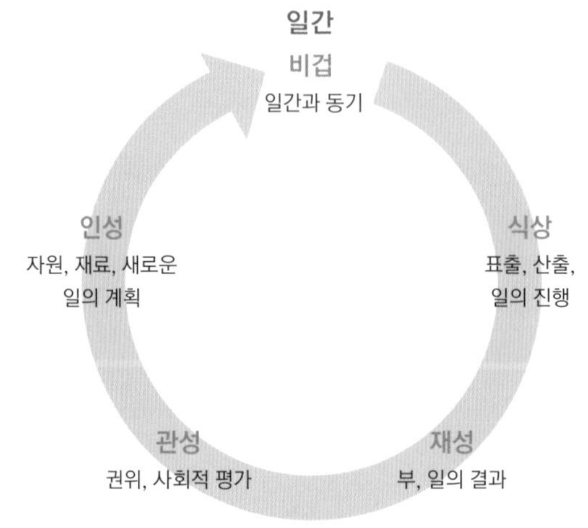

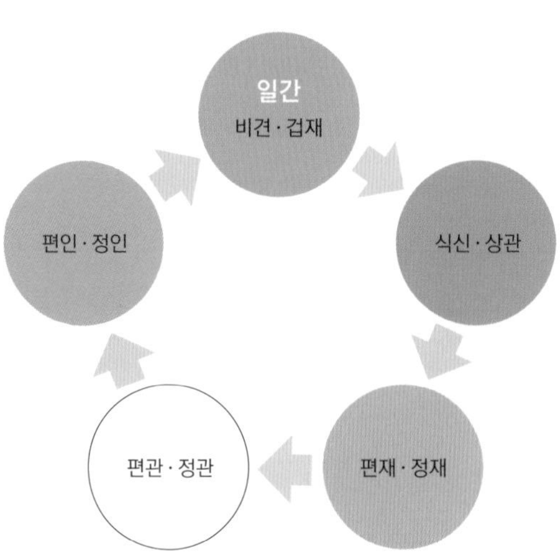

• 십성별 일간의 관계

성별	남자 사주		여자 사주	
관계	가족 관계	사회적 관계	가족 관계	사회적 관계
비견	형제, 자매, 사촌	동료, 사업파트너, 친구	형제, 자매, 사촌, 시아버지	동료, 사업파트너, 친구
겁재	형제, 자매, 이복형제, 며느리, 동서지간, 딸의 시어머니	동료, 사업파트너, 친구, 경쟁관계, 카리스마	형제, 자매, 이복형제, 시아버지, 아들의 장인	동료, 사업파트너, 친구, 경쟁관계, 카리스마
식신	손자, 친할머니, 장모	돈이 생기는 근원, 재능, 투자, 진로, 아랫사람, 후배, 직원	아들, 딸, 친할머니, 딸의 시아버지	돈이 생기는 근원, 재능, 투자, 진로, 아랫사람, 후배, 직원
상관	손녀, 친할머니, 외할아버지	돈이 생기는 근원, 뛰어난 재능, 과감한 투자, 취미, 아랫사람	아들, 딸, 친할머니, 딸의 시아버지, 시누이 남편	돈이 생기는 근원, 뛰어난 재능, 과감한 투자, 취미, 아랫사람
편재	애인, 처제, 형수, 제수, 아버지	사업성 재산, 돈, 일의 결과	아버지, 시어머니, 외손녀, 아들의 장모	사업성 재산, 돈, 일의 결과
정재	처, 처제, 아버지, 고모	월급, 저축, 돈, 일의 결과	아버지, 시어머니, 외손자, 백부, 고모, 시어머니 형제간, 시할아버지	월급, 저축, 돈, 일의 결과
편관	아들, 딸, 외할머니, 딸의 시아버지	직장, 직장 상관, 권력, 정치	애인, 정부, 남편, 외할머니, 시형제간, 며느리 형제간	직장, 직장 상관, 권력, 정치
정관	아들, 딸, 외할머니, 증조모	직장, 직장 상관, 공직, 공무원	남편, 며느리, 외할머니, 딸의 시어머니, 증조모	직장, 직장 상관, 공직, 공무원
편인	계모, 어머니, 이모, 장인, 외삼촌, 할아버지, 외손녀, 아들의 장모	새로운 일의 시작, 계약, 도장, 서명, 부동산, 서류, 공부, 학교, 자격증, 졸업장	계모, 어머니, 이모, 외삼촌, 할아버지, 손자, 사위, 시할머니	새로운 일의 시작, 계약, 도장, 서명, 공부, 학교, 자격증, 졸업장
정인	어머니, 이모, 외삼촌, 외손자, 장인	새로운 일의 시작, 계약, 도장, 서명, 부동산, 서류, 공부, 학교, 자격증, 졸업장	어머니, 이모, 외삼촌, 할아버지, 손녀, 사위, 시할머니	새로운 일의 시작, 계약, 도장, 서명, 공부, 학교, 자격증, 졸업장

3. 십성의 특성

(1) 비견과 겁재

십성	한자의 의미	기본 특성	대상
비견 (比肩)	比_ 견줄 비 肩_ 어깨 견	일간과 오행 및 음양의 속성이 동일함. 한자의 뜻 그대로 일간과 어깨를 나란히한다, 견주어 본다는 특성. 자신과 비슷한 성향.	형제, 자매, 동업자, 동창, 친목, 조합. 비교적 동등한 관계.
겁재 (劫財)	劫_ 위협할 겁 財_ 재물 재	나의 재물을 빼앗아간다는 뜻. 못마땅하고 부담이 되는 경쟁관계.	이복형제, 경쟁자, 동창, 동업자, 직장동료. 사기, 협박, 불화, 배신, 투쟁, 강제, 부도.

비견

겁재

비견과 겁재가 나타내는 대상과 관계를 보면 서로 비슷한 속성이지만, 그 실재는 다르다. 비견은 나와 어깨를 견주는 성분이고, 겁재는 글자의 의미상 재물을 위협하거나 겁탈해 가는 성향이다. 사주에서 개념을 정리하다보면 극단적이고 험악한 표현이 많다. 그것을 있는 그대로 받아들여 무조건 나쁘다, 죽는다, 천벌이 내린다는 식으로 해석해버리면 곤란하다. 상황에 따라 흉신(凶神)이라도 좋게 쓰이는 경우가 있고, 반대로 길신(吉神)이라도 나쁜 역할을 하는 경우가 있음을 알아야 한다. 겁재는 일간인 나와 음양이 다르니 동질감은 비견보다 떨어지겠지만 강한 카리스마를 보이는 것이다.

비견이 나와 어깨를 나란히 하여 같은 것을 바라보는 관계라면, 겁재는 마주 보면서 하나의 물건을 서로 가지려고 경쟁하는 관계이다. 비견이 같은 팀원끼리 서로 협력하여 같은 목표를 달성하기 위해 달려가는 것과 같다면, 겁재는 상대를 밟고 이겨야 내가 트로피를 차지할 수 있는 것이다. 이 말을 들으면 비견은 사주에서 좋은 성분이고 겁재는 해로운 성분으로 들리겠지만, 현대사회에서 경쟁은 오히려 더 큰 발전을 가져올 수 있다. 냉혹한 프로의 운동경기에서 세계적으로 뛰어난 플레이어가 나오는 것과 같은 이치가 겁재의 경쟁력이다.

평소 소심했던 사람은 비겁운에 힘을 얻어 진취적이고 용감하게 돌진하는 성향을 갖게 된다. 활동성이 있는 직업이나 형사나 운동선수 등이 꼭 갖추어야 할 성분이 바로 이 비겁이다. 활달하게 움직여야 하고 지칠 줄 모르는 강렬한 에너지를 생산하는 것이 바로 비겁의 역할이기 때문이다.

대체적으로 대운에서 겁재운은 빚을 많이 지게 하거나 돈을 많이 써버리게 만드는 데 일조한다고 할 수 있다. 너무 과감하게 투자하다보니 잃을 때도 크게 잃는다. 가령 겁재대운에 편인세운이 들어오면, 그 사람은 전혀 생각지도 못한 곳에 투자를 하거나 금전적인 운신을 위해 기획하는 단계에 이르게 된다. 현재 상황이 불운한데 겁재운이 도래하면, 부정한 수단에 의한 탐재심리가 일어나기 쉽다. 대체적으로 비겁은 사람을 용감하게 만드는데 운의 흐름이 좋지 않으면 무모해지는 것이다. 특히 겁재가 더 그렇다.

① 비겁의 중첩

일간과 같은 오행인 비겁은 자신과 동등한 관계를 뜻하는데, 사주명식에서 비견과 겁재가 무거우면 일단 주체성이 상당히 강하다. 성격이 화끈하고 호탕하다. 사주원국에 비겁이 강하게 나타나 있다면 진취적이고 적극적인 사람인 경우가 많다. 어떤 일에서든 지기 싫어하는 편이며, 자존심이 강한 모습을 보인다. 고집스럽고 기분파이다. 만약 비견과 겁재가 중첩되어 기피의 대상인 기신(忌神)으로 자리하면 돈을 벌어도 남에게 빼앗기는 경우가 많다. 자신에게 이득이 있을 것 같으면 표면상으로는 절대충성을 외친다. 그러나 일순간이라도 자신의 이익에 불리하면 그러한 충성심은 금방 사라지고 언제 그랬냐는 듯 돌아서버리기도 한다. 여자 사주에서 비겁이 무거우면 여장부와 같다고 할 수 있으며, 남녀를 불문하고 그러한 사주는 일종의 영웅심을 가지고 있음을 알 수 있다. 그만큼 자신의 에너지가 강렬하므로 연애운은 아름답지 않다.

사주 용어에서 군비쟁재(群比爭財) 또는 군겁쟁재(群劫爭財)는 재물을 서로 다투어 가지려는 형상을 뜻한다. 오행의 상극관계에서 비겁은 재성을 극하는 오행이다. 따라서 일간이 쓰고자 하는 재성을 비겁과 서로 나눠먹는 모습이니 다투어야 하고 아름답지 못하다.

② 비겁의 해소_ 식상과 재성의 활용

군비쟁재는 단순히 보면 재물을 비견과 겁재가 강탈해 가려는 모습으로 해석해도 무방하나, 가족관계에서 보면 비견과 겁재는 형제들을 의미한다. 이를 아버지인 재성의 입장에서 바라보면 비겁은 나의 형제, 즉 아버지의 자식들을 말하므로 자식들 때문에 어깨가 무겁고 힘들어진 아버지의 모습이다. 이를 긍정적으로 해결하는 방법은 식상의 성분으로 그 세력을 설기(洩氣)시켜주는 것이다. 설기란 기운을 빼준다는 뜻이다. 그러면 흉의(凶意)가 감소한다. 그것은 비겁의 진취적인 기상이 식상으로 변환되어 재능이 뛰어나다는 의미이다. 재물을 향한 욕구가 건전하게 발현되니 금전이나 경제적인 흐름을 신속하게 이해하고, 어느 조직에 들어가도 칭찬받고 윗사람에게 신임을 얻도록 처신이 좋아 진로가 잘 열리는 경우가 많다.

비겁은 또한 독립심을 키운다. 자신의 주체성이 강하고 남의 말이나 조언을 거부할 때가 많으니 자신의 독립공간을 마련하기 위해 초년부터 움직이기 시작하는 경우가 많다. 더군다나 어릴 때는 의지하고 의탁해야 하는 재성을 극하며 무력하게 하니, 차마 그 무력한 곳에 기대기가 미안해서 떠나오는 경우도 있을 것이다. 대체적으로 대운에서 상관운이 오거나 비겁이 무거운 상태에서 재성운이 오면 부모님 곁을 떠나 독립하는 확률이 높다.

겁재는 비견보다 좀 더 확실하고 강한 에너지인데, 재성에 대한 욕구를 예로 들면, 비견은 재성을 극하며 분산시키려 시도하는 반면에 겁재는 자신의 수중으로 끌어들이기 위해 재성을 새롭게 재구성한다. 비견이나 겁재 모두 재성을 극하는 건 같지만 그 방법이 다르다는 것이다. 비견은 어떠한 목표의식이 없이 아무 생각 없는 소비나 낭비성을 만들어 내는 반면, 겁재는 시중에 떠도는 재물이든 자신이 소유하고 있는 재물이든 간에 그 재성을 분산시켜 새롭게 이윤을 추구하고자 하는 목표의식이 있다. 일종의 과감한 투자심리 같다고 할 수 있는데, 도박이나 투기로 따지면 올인하는 것이다.

	일반적·긍정적 의미	부정적 의미
비견	힘, 자존심, 고집, 추진력. 긍정적, 솔직담백, 한 가지 마음. 여유, 남에게 지기 싫어함. 당당함. 멋. 사주 형태에 따라 남을 배려하고 이해하며 인정이 많은 사람. 타인의 간섭이나 속박을 싫어함. 직장생활 보다는 자영업.	자기중심적 사고, 남의 의견을 무시. 자기 주장을 강하게 표출, 무모한 추진력으로 인한 실패, 기복이 심한 생활. 재물과 이성에 대한 강한 집착. 때로는 의처증, 의부증. 법을 무시. 타인에게 배척당함, 고독. 부모형제와 인연이 없음. 초년 고생, 자수성가형. 직업, 가정, 재물이 불안정. 비견이 흉신이면 부부 갈등이 심하고 해로가 어려움.
겁재	비견과 마찬가지로 힘, 자존심, 고집, 추진력. 일간의 힘이 약한 경우(신약사주) 비견보다 더 강한 조력이 되어줌. 일간의 재물을 겁탈해감. 비견에 비해 계산적, 이중적이고 잔인성, 교만심이 있음. 특히 재물이나 이성문제는 양보나 타협이 불가능할 정도로 이기적. 겁재가 사주에 많은 사람은 동업이나 공동사업은 불리. 순발력과 호기심이 많으며 계산적인 생활방식을 추구함.	계산적이고 이중적 성향, 속을 알 수 없음. 재물과 이성에 대한 강한 집착, 구설. 잔인성, 포악성, 강한 결단력, 타인을 배척. 겁재가 흉신이면 진정한 마음을 읽기 어렵고 가정, 직업, 재물 등이 항상 불안. 모든 문제를 자기 위주로 해석.

사주 사례

시	일	월	연
己	甲	乙	乙
巳	申	酉	未

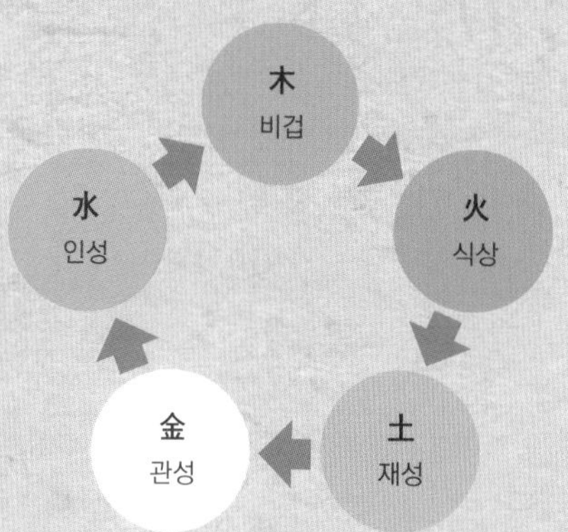

이 사주는 1955년생 건명이다. 유(酉)월(음력 8월)생 갑목(甲木) 일간이 연월 천간에 겁재 을목(乙木)을 보았다. 지지 신금(申金)과 유금(酉金)은 편관과 정관으로 남자 사주에서 자식이며, 사회적으로는 직장과 회사 그리고 법적인 관계를 의미한다. 갑목(甲木) 일간이 간합하고 있는 시간의 기토(己土)는 정재로 아내이며 반듯한 돈이다. 이 사람은 무역학을 전공하였고 여러 무역회사를 전전하다가 30대 이른 나이에 무역회사를 창업하였으나, 40대 초에 관세 탈법 등의 문제로 소송과 형사적인 문제를 겪고 회사를 접었다. 그 이후 다시는 본인 명의의 회사를 설립할 수 없게 되었다. 첫 결혼에 실패하고 첫 결혼에서 얻은 아이들과는 불편한 관계를 유지하고 있다. 신유금(申酉金) 관살혼잡이 그것을 설명한다.

두 번째로 결혼한 아내와는 행복한 결혼 생활을 하고 있다. 두 번째 아내는 해외에 주재한 회사의 대표이고 상당한 금액의 연봉을 받고 있다. 그래서 이 사람은 현재 재정적으로 안정된 생활을 하고 있다. 일간과 시간의 갑기합(甲己合)이 그것을 통변한다. 일지와 시지의 사신합(巳申合) 및 사신형(巳申刑)이 그 복잡한 사연을 설명하고 있다.

(2) 식신과 상관

십성	한자의 의미	기본 특성	대상
식신 (食神)	食_ 밥, 먹을거리 神_ 귀신 신	식복을 의미하는 식신은 의식을 풍족하게 해준다는 의미. 식신은 나의 에너지를 소모하여 만들어낸 재주.	재주, 능력, 의식(衣食), 진로. 의류, 의약, 판매, 농축산, 식당. 여명에게는 자식.
상관 (傷官)	傷_ 상처 상 官_ 벼슬 관	일간과 음양이 달라 에너지를 식신보다 더 많이 소모함. 식신이 적당한 선에서 에너지를 소모한 후 의식을 풍족하게 하는 반면, 상관은 그 소모량이 과도하여 정도를 넘어서는 행동까지 함. 자신의 벼슬, 즉 직장에 상처를 입히게 됨.	재주, 능력, 의식(衣食), 진로. 교육, 예술, 연구, 기획, 저술, 출판, 광고, 언론, 방송, 예언. 여명에게는 자식.

식상은 일간이 생산하는 요소이다. 글자 그대로 식복과 관련이 있고 먹을거리를 만들어주는 성분이다. 밥그릇이라고도 불리고, 일간이 나타내는 것이니 재능이나 진로를 말하기도 한다. 왜냐하면 식상을 통해 일간은 미래를 개척하고 그에 따라 직업이 결정되기 때문이다. 나의 생각을 나타내는 방법이니 행동이나 말하는 것을 의미하기도 한다. 식상이 아름다우면 재주가 뛰어나고, 그 반대이면 구설이 따르고 진로 개척이 어렵게 된다.

앞의 그림에서 식신은 먹고 마시고 꾸미는 등의 모습으로 나타냈고, 상관은 그보다 전문적인 일, 예술이나 연구하는 모습으로 나타냈다. 식신은 사람들과 만나 대화하고 정을 나누는 것을 좋아하고, 상관은 그러한 행위들이 좀 더 개인적인 경향을 보인다. 따라서 식신은 주변 사람과의 인간관계가 좋으나, 상관은 종종 모나고 괴팍한 사람으로 보일 때가 있다.

① 식상의 중첩

식상이 사주 내에 여러 글자로 들어와 있거나 부담이 되는 성분이면 규율이 엄격한 직장생활은 힘들다. 식상은 조직에 복종하는 성분이 아닌데, 육친상 관(官)을 극하는 글자이기 때문이다. 식상이 있는 사람도 직장생활은 할 수 있는데, 이런 경우 전문부서에서 일하거나 비교적 윗사람의 간섭이 적은 독립적인 업무를 할 가능성이 많다.

직장을 의미하는 십성인 관성(官星)과 식상의 관계는 유의해서 살펴야 한다. 관은 일간을 극하여 예의를 가르치고 인내하게 하는데 식상이 그러한 관을 극하니 말을 함부로 하거나 윗사람을 대하는 태도가 버릇없이 보일 수가 있다. 상관은 반항의 성분이다. 규율과 법칙을 관장하는 관성을 무기력하게 만드는 모습이 강하므로 권세나 권위를 타파하고 싶어하는 것이 상관이다. 어머니가 학생인 자식 사주를 보러왔는데 그 해에 상관이 강하게 들어와 있다면 그 해에는 학교공부를 안 하겠다고 읽어주면 무난하다.

여자 사주에 식상이 강하면 남편보다 자녀를 더 챙기게 되는데, 특히 부부궁의 식상이 그렇다. 상관은 관을 상하게 한다는 뜻이니 남편에게 싫은 소리를 자주 하게 된다. 여명에 식상이 강하면 색정이 강하다고 하는 속설이 있지만, 이는 식상의 성향을 자세하게 관찰하지 못한 잘못된 정보이다. 자신의 느낌을 거침없이 드러내는 성향으로 보수적인 성향을 싫어하는 것일 뿐, 식상의 솔직하고 세속적인 모습을 단순히 색정이 강하다고 해석해서는 안 된다.

② 식상의 문제

여자 사주에서 자식을 뜻하는 식상이 형(刑)이나 충(沖)이 되어 있으면 자녀에게 문제가 생길 수 있음을 암시한다. 식상의 형충은 난산이나 자녀의 수가 많지 않은 결과를 만들어낼 수 있다. 또한, 심한 경우 유산이나 자식을 잃을 수 있다. 형충은 다음 10장에서 다룰 내용으로 사주 내의 특정 글자가 다른 글자에 의해 손상되는 것을 말한다.

식상은 자신을 잘 표현하는 속성으로서 꾸미고 만들고 생산하는 예술적인 기질이 있다. 그러나 자신의 똑똑함을 드러내려는 교만함이 있어 말실수를 하거나 구설을 만들 수 있고, 그로 인해 타인에게 상처를 주는 행위를 할 수도 있다. 다만 이러한 행동이 타인에게 악의를 가지고 하는 것은 아니며, 조언을 하려다보니 말을 다듬지 않고 직언하는 경우로서 언행에 배려심이 부족하기 때문이다. 자신만의 철학과 삶에 대한 정의 안에서 쉽게 벗어나지 못하므로 이러한 신념에 위배되는 타인을 보면 못마땅한 기색이 역력하여 그 속마음을 참지 못하게 되는 것이다. 자신을 이해해주고 이러한 부분을 건드리지만 않는다면 조금만 친해져도 자신의 모든 것을 다 나누어주는 성향이다.

상관은 고서에서 말하는 사흉신(四凶神)의 하나이다. 사흉신은 편인, 편관, 상관, 겁재를 말한다. 참고로 사길신은 식신, 재성, 정관, 정인이다. 상관이 연주에 있으면 조부 대에, 월주에 있으면 부모 대에, 시주에 있으면 자식 대에 파란을 예견할 수 있다고 읽는다. 사흉신을 사용하는 명식은 성패의 부침을 겪게 되는데, 편인의 경우 명성에 흠이 가거나 비난을 받는 등 스스로 망신을 당할 수 있다. 상관은 재능을 과시하다가 주변에 적을 만들어 한순간에 도태되기도 하고, 겁재는 잘 나가다가 사고를 당하거나 경제적 파란을 겪을 수 있으며, 편관은 조직에서 낙직을 경험할 수 있다. 물론 길과 흉을 이분법적으로 이해하여 단정짓는 것은 올바른 통변이 아니지만 여기서는 길게 부언하지 않는다.

③ 식상의 해소_ 인성과 재성

사주에서 식상이 인성과 좋은 관계를 만들면 교육과 관련된 재능을 갖게 된다. 흔히 말하는 교육지재(教育之材)가 바로 식상과 인성의 조합이다. 식상은 내가 가진 것을 베푸는 것이라고도 말할 수 있는데, 교육 외에 음식솜씨나 노래하고 춤추는 것과 같은 재능도 식상에 해당한다. 따라서 사회적으로 보았을 때 식상의 직업성은 전문직이고, 특히 상관성은 일반적이지 않은 특수직 종사자에 가깝다. 아이디어가 참신하고 궁지에 몰렸을 때 위기를 벗어나는 임기응변의 재주가 탁월하다.

사주에서 식상과 재성의 조합도 아름다운데, 재물을 만드는 재능이 있어서 투자를 잘하여 이익을 남기는 능력이 탁월하다. 명식에 일에 대한 결과를 담당하는 재성(財星)이 드러나 있으면 식상은 자신의 재능을 펼쳐서 재적 성취를 보는 사업가의 명식이 될 수 있으나, 재성을 보지 못하면 예술적이거나 자기만의 재능을 발휘하게 된다. 식상이 혼잡되어 있으면 진로의 혼탁과 변동, 다방면에 대한 지나친 관심으로 한 우물을 지속적으로 파지 못해 어느 것 하나 완결짓지 못하게 된다. 그러므로 그 재주가 용두사미에 그치는 경우를 많이 볼 수 있다. 여러 가지 하는 일은 많아도 그저 잡기에 능할 뿐, 뚜렷한 직업을 찾아가지 못하는 아쉬움이 남는다.

	일반적·긍정적 의미	부정적 의미
식신	직업, 직장, 자영업, 활동. 한 가지 일을 깊이 연구, 지적 호기심, 재능. 일간이 생하는 대상이므로 도와줌, 배려, 이해의 의미. 과시한다, 폼 잡는다. 긍정적, 진취적, 미래 지향적 사고. 정신적, 지적 활동을 추구하며 조용하고 침착. 비계산적 행동, 솔직담백. 육체적 직업보다는 정신노동을 선호. 내색 없이 열심히 활동, 선량, 인정.	자기 주장이 강함. 부부 또는 타인과 불화. 식신이 많으면 주관이나 줏대가 없고 무위도식. 일정한 직업이나 직장이 없어서 의식주가 불안정. 직업 변동이 심하고 한 직장에 안주하지 못함. 제도와 틀에 얽매이기 싫어하고 법을 무시. 주색잡기에 능하고 원칙이 없으며 비가정적. 식신이 기신이면 남녀 모두 해로하기 어렵고 자식과도 인연이 나쁨.
상관	직업, 직장, 자영업, 활동. 식신과 마찬가지로 도와주는 의미와 이해하고 배려하는 뜻. 식신과 달리 더 생색내고 요란함. 과시한다, 폼 잡는다는 의미로 육체적이고 동적이며 화려한 행동을 선호함. 육체적 활동이나 직업을 선호하고 모든 사물에 대한 호기심과 과시욕. 대인지향적. 긍정적, 진취적, 미래 지향적. 다재다능하고 인정이 넘치는 사람. 식신과 비슷하지만 상관의 마음은 승부근성이 강하고 자기 본위적.	분산력, 발산력이 강하고 침착성이 결여. 덜렁거리며 신중하지 못함. 호기심만 많으며 남의 일에 간섭. 상관이 흉신에 해당하면 무위도식하는 경우가 많고 직업을 갖기가 힘들며 남을 배려하는 마음이 없음. 자유분방하고 법을 무시하며 명예나 체면에 얽매이기 싫어함. 계산적 행동이 많고 주관이 없으며 적당히 넘어가는 경우가 흔함. 상관이 강하면서 흉신에 해당하면 자식이나 배우자와 인연이 안 좋고(특히 여자), 직업 갖기가 어려우며 항상 구설이 따름.

사주 사례

시	일	월	연
壬	戊	辛	癸
戌	申	酉	丑

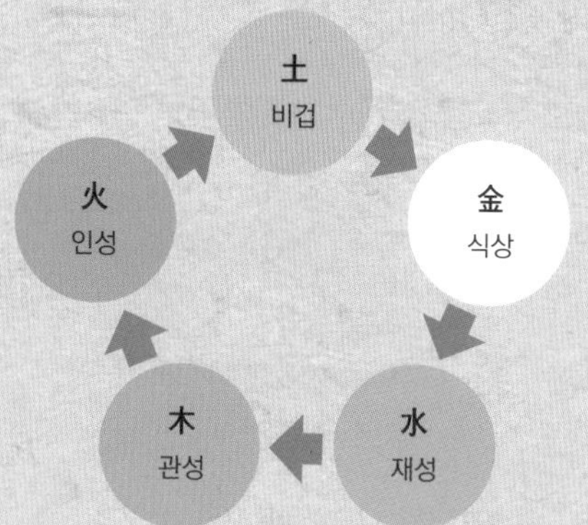

이 사주는 1973년생 곤명이다. 유(酉)월에 태어난 무토(戊土) 일간이다. 사주 주인공은 유명하지는 않지만 노래를 잘하는 가수이면서 동시에 요리사이다. 또한, 학원에서 학생들을 가르치기도 한다. 월주에 강한 기운으로 자리잡은 상관 신유금(辛酉金)와 일지의 식신 신금(申金)이 다재다능함을 말해준다. 신유금(辛酉金)과 신금(申金) 같은 여러 식상의 글자들은 무엇을 의미할까? 단순히 다재다능하다기보다는 오히려 한 가지 뚜렷한 진로를 밝히기 어려웠다고 말할 수 있다. 그것이 사주에서 말하는 과유불급, 즉 지나치게 많으면 모자라는 것만 못하다는 것이다.

적지 않은 나이이지만 아직 결혼하지 않았고, 스스로가 결혼에 대한 간절함이 없다. 관(官)을 뜻하는 목(木) 기운이 자리잡기 힘든 사주 구조이다. 왜냐하면 과중한 금(金) 기운에 의해 금극목을 당하는 상황이기 때문이다. 명식에 남편을 의미하는 관성 목(木)이 없다는 것은 오히려 이혼의 흉의는 미리 차단되었음을 의미한다. 이 여성은 어느 한 직장에 매여 월급 받고 사는 생활보다는 원하는 일을 하며 자유롭게 살기를 선호한다.

(3) 편재와 정재

십성	한자의 의미	기본 특성	대상
편재(偏財)	偏_ 치우칠 편 財_ 재물 재	재물. 치우친 재물로서 한꺼번에 얻는 재물, 땀 흘리며 일하기보다는 비교적 손쉽게 얻으려 하는 재물.	비노동성 재물, 공간, 결과, 아버지, 자신의 몸 또는 건강 등. 투기, 도박, 뇌물, 횡령, 유흥, 고리대금. 남명에서는 여자 및 아내.
정재(正財)	正_ 바를 정 財_ 재물 재	편재와는 달리 올바른 재물. 노력해서 벌어들인 금전적 수입. 편재와는 달리 일간과 음양이 달라 에너지를 많이 소모시켜 얻음. 편재보다는 규모가 작지만, 비교적 안정성이 보장된 재물.	노동성 재물, 공간, 결과, 아버지, 자신의 몸 또는 건강 등. 월급, 금융, 상인, 사업. 남명에서는 여자 및 아내.

편재

정재

재성은 금전과 재물 그리고 신체적 건강을 의미한다. 앞의 그림을 보면 편재는 복권 당첨과 같은 일확천금을 의미하고, 사업성 수익을 말한다. 또한 남자가 자신의 부인 대신에 다른 애인을 갖는 것도 편재로 나타난다. 반면 정재는 성실히 벌어 저축하는 돈이다. 인간관계로 보자면 반듯한 아내이다. 정재를 정직하게 벌어 아끼고 저축하는 돈이라고 표현하다보니 정재를 가진 사람을 구두쇠라고 하거나 계산적이고 돈을 잘 안 쓴다고 말할 수도 있다. 일반적으로 재성이 있는 사람은 감각이 있고 돈을 어디에 어떻게 써야 하는지 잘 안다. 단지 편재는 그 씀씀이가 크고 정재는 알뜰할 뿐이다. 따라서 사람을 사귄다면 재성이 잘 갖추어진 사람을 만나는 것이 좋다. 이성이든 동성 친구든 마찬가지다.

편재는 의리를 중히 여기고 재물에 대해서는 담백한 성향이다. 소위 어느 자리에서나 지갑을 잘 여는 것이 편재성이다. 같은 재성이라도 정재는 돈을 쓰는 데 조심하고 빚을 져도 많은 고민을 하나, 편재는 크게 개의치 않고 낙천적으로 생각하는 기질이 있다.

① 재성의 중첩

편재와 정재가 혼잡되면 상반된 방법으로 재(財)를 취득하려는 경향을 보인다. 정재는 노력하여 얻는 정당한 재물이고 편재는 요행으로 얻은 큰 재물이니, 그 두 가지가 동시에 나타나서 좋은 기회를 놓치거나 여러 가지 일을 도모하여 가시적인 성과를 내기 어려운 결과로 나타나기도 한다.

남자 사주에서 이성을 의미하는 재성이 혼잡하면 이성 간 교류가 잦은 일종의 바람둥이 같은 모습을 보인다. 그러나 여성을 많이 상대하는 직업이거나 여학생을 가르치는 선생이라면 재성의 혼잡으로 인한 흉의가 상쇄될 수 있으니 조심해서 통변해야 한다. 강한 재성이 옆에 있는 인성을 극하면 불효하기 쉽다. 인성은 지적 능력으로 자신을 조절하는 성분인데 재성이 이를 방해하니 방탕해지거나 자기 잘못을 인지하지 못하고 다른 사람을 탓하며 방황하게 된다.

남자 사주에서 재성은 배우자를 뜻하므로 재성이 왕성하고 일간이 약하면 배우자에게 꼼짝 없이 잡혀 사는 경우가 된다. 약한 일간은 공처가가 되고, 일간도 건전하면 대체적으로 부인의 말과 위치를 존중해주는 남자라고 보는 것이 합당하다. 여성의 경우에는 남자에게 잘하고 애교가 있으며 시부모의 세력이 강함을 의미한다. 며느릿감으로는 재성이 관성을 생하는 사주를 가진 여성이 좋다. 재성은 남편을 뜻하는 관성을 생하는 글자이고 시어머니도 뜻하기 때문이다. 그러나 상극의 관계에서 보면 재성은 인성을 극하기 때문에 강한 재성은 친정어머니에게는 불효를 할 수 있다. 이 경우 모친의 건강이 급격히 악화되거나 조실부모(早失父母) 또는 부모가 이혼하게 되는 일도 생긴다.

② 재성과 식상

식상과 좋은 관계의 재성은 재물을 모을 수 있는 능력이 뛰어난 명식을 만든다. 식상이 없는 경우는 별 노력 없이 돈을 모으게 된다. 종종 "사기꾼 사주는 어떤가요?"라는 질문을 받는데, 말하자면 식상 없이 편재만 있다면 그럴 수 있다. 왜냐하면 노력 없이 돈을 모으는 사주이기 때문이다. 물론 상관의 형충이 있을 때는 말로 사람을 속이는 재주를 뜻하기도 한다. 형충이 있다는 말은 그러한 속임수가 드러나서 문제를 일으킨다는 뜻이기도 하다.

재성이 명식에서 건전하면 선대의 유산이나 유업을 많이 물려받게 된다. 그런데 그 과정에서 비겁이 개입되면 물려받은 유산을 지켜내지 못하거나 형제들 간에 유산 다툼이 생기게 된다.

③ 재성의 명식 내 위치

재성은 명식의 어디에 있는지에 따라 통변이 달라진다. 특히 시간(時干) 편재가 월지에 통근하여 튼튼하면 중년 이후에 큰 부를 이룬다. 이를 시상편재(時上偏財)라 한다. 남자 사주에서 관성이 왕하고 재성이 허약하면 배우자(재성)가 자식을 출산하면서 건강이 나빠질 수 있음을 암시한다. 건강과 아내를 의미하는 재성은 자식을 의미하는 관성을 낳는데, 관성이 허약한 재성의 힘을 빼앗아가기 때문이다.

	일반적·긍정적 의미	부정적 의미
편재	재물. 힘과 능력이 있으면 누구든지 취할 수 있는 큰 재물. 능력이 없고 힘이 없으면 가질 수 없는 돈이나 여자. 월급, 유산, 임대소득, 이자소득 등 이미 정해진 재물 (정재) 외의 모든 재물. 민첩성, 순발력, 두뇌 회전이 빠름. 주인 없는 돈. 이 재물을 다른 사람보다 먼저 취하기 위해서는 순발력이 있고 민첩하며 영리해야 함. 배짱이 있으며 큰돈을 추구. 투기성. 정재는 이미 정해진(확정된) 재물이기 때문에 사주에 정재가 있는 경우에는 정재의 마음을 갖게 되지만, 편재가 있으면 모험심과 투기성이 강함. 비계산적이고 솔직담백. 재물에 대한 집착이 강하고 진취적.	팔자에 편재가 있어도 일간의 힘이 약하면 이 재물을 감당할 수 없음. 오히려 능력이 없으면서 큰돈만 추구하고 낭비가 심하고 비계획적. 재물과 여자에 대한 집착으로 구설이 따르며 직업, 사업, 재물이 불안정하고 가정이 불안. 항상 분주하고 여유가 없음. 학문보다는 재물을 중시하여 명예, 체면이 손상되어 천박. 남자는 여자와 인연이 없고 돈과 여자만 탐하는 사람. 여자는 고부갈등이 심함.
정재	재물. 이미 정해진, 확정된 재물. 월급, 유산, 임대소득, 이자소득 등. 편재 이외의 모든 재물. 성실, 정직, 신용을 바탕으로 취할 수 있는 재물. 노력한 대가만큼 가질 수 있으므로 투기적인 경제활동은 금물. 계획적, 계산적이며 안정을 중시. 긍정적이고 낙천적 성품으로 명예지향적. 정재가 일간에게 필요한 오행이며, 적당한 기운으로 안정되어 있으면 일생동안 재물복은 타고난 사람. 정재는 정이 있는 아내. 처덕이 있는 사람.	지나치게 계산적인 행동으로 구두쇠 같은 사람. 겉과 속이 다른 이중적 행동. 편협하고 현실에 안주하려는 성향. 사주에 정재가 없으면 금전이나 가정에 문제가 있을 수 있으며 체면이나 명예를 중시하지 않음. 또한, 성실한 자세, 정직한 마음이 없으며 의식주와 가정이 불안정하고 부부가 해로하기 어려움. 정재가 사주에 많고 흉신이면 남자답지 못하고 비굴한 사람. 가정, 재물, 건강에 문제가 있고 여자는 일부종사가 어려움.

사주 사례

시	일	월	연
壬	戊	丁	乙
子	子	丑	巳

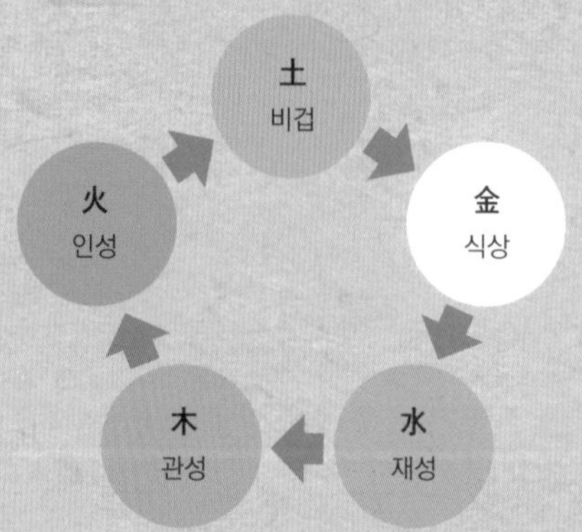

이 사주는 1965년생 건명이다. 축(丑)월생 무토(戊土) 일간이 월간 정화(丁火)의 반가운 인성을 보았다. 겨울의 축(丑)월생은 정화(丁火)나 병화(丙火)의 따뜻함을 조후적으로 반긴다. 이 사람은 학창시절 뛰어난 성적으로 한국 유수의 의과대학을 졸업하였고, 지금은 유능한 치과의사이다. 이 사주에서 부담스러울 정도로 강하게 느껴지는 기운은 시주와 일지에 자리한 임자(壬子)이다. 월지 축토(丑土) 또한 옆에 자리한 자수(子水)에 의해 해자축(亥子丑) 방합의 수국(水局)을 이루려 하고 있다.

사주 주인공은 비록 경제적인 안정을 이루었고 가정적인 아내와 두 아이를 낳고 행복한 가정을 이루었지만, 아내와 아이들이 교육 목적으로 캐나다로 이주한 뒤 지속적으로 바람을 피웠다. 수(水) 오행은 재물과 아내를 의미하지만, 그 기운이 과해졌을 때는 아내 아닌 다른 여성을 의미하기도 한다. 2007년 정해(丁亥)년에 이혼의 위기를 극복하고, 지금은 결혼생활의 안정을 찾았다.

(4) 편관과 정관

십성	한자의 의미	기본 특성	대상
편관(偏官)	偏_ 치우칠 편 官_ 벼슬 관	일간을 극하여 다스리는 성분. 인내심을 발휘하게 하며, 윗사람의 조언과 같은 역할을 함. 일간과 음양이 같은 편관은 무차별하게 극하는 습성으로 다소 무리한 행동을 하지만 전문성이 있다.	직장, 윗사람, 군인, 경찰, 법관, 검사, 수사관, 감사관, 세관원, 정치인, 조직폭력배, 무법자, 환자 등. 남명에서는 자식. 흉기, 폭발물, 고문, 구속, 교도소, 수술.
정관(正官)	正_ 바를 정 官_ 벼슬 관	음양이 달라 적당한 선에서 일간을 극함. 편관보다는 비교적 합리적인 모습. 정도를 지키는 것이 관성이라면, 편관은 무리하게 하고 정관은 합리적으로 한다. 편관은 전문성에 가깝고, 정관은 잘 짜여진 조직사회와 맞는다.	직장, 윗사람, 질서, 책임, 도덕, 윤리, 제도, 법, 권위, 명예, 정치, 관료, 공문서. 남명에서는 자식.

관성은 나를 훈육하고 절도를 갖추게 하는 성분으로 차분하고 점잖게 행동하도록 만들어준다. 관(官)이라는 글자는 벼슬이나 공무를 집행하는 관청을 의미하니 직책이나 지위를 중요하게 생각하고 자리욕심도 갖게 된다. 지위는 사회적으로 부여되는 것이므로 관성의 성분은 타인이 자신을 어떻게 평가하는지를 의식하여 항상 반듯하게 처신하고 빈틈 없어 보이려고 노력한다. 긍정적인 면으로는 규율과 법도를 지키는 신사의 용모이지만, 부정적으로는 복지부동의 답답한 공직자 같은 모습일 수도 있다. 상황에 유연하게 대처하지 못하고 원칙만 주장하여 주변사람들을 즐겁게 만드는 데는 재주가 없는 성분이다.

편관이라는 성분은 정관과 달리 단계를 밟아 윗사람에게 신임을 얻어 승진하기보다는 특유의 카리스마로 많은 무리를 이끌어가는 성분이 될 수 있다. 상대를 압박하고 승부사 기질을 발휘하여 시의적절한 일처리로 단박에 주변의 신임을 받는다. 그와 달리 정관은 부단히 노력하여 착실하게 한 단계 한 단계 승진하여 조직 내의 생명력이 길다. 용모단정하고 품행이 바르기 때문에 조직의 신뢰를 받는 사주이다.

앞의 그림에서 편관은 검·경 계통의 권력으로 표현되고, 인간관계에서는 남편 외의 다른 남자를 의미한다. 정관은 직장생활을 하는 회사원이나 일간 여성의 반듯한 남편을 의미한다. 같은 법조계라도 편관은 검찰에 가깝고 정관은 판사에 가깝다.

① 관성의 중첩

여자 사주에서 관성이 강하면 위세가 당당한 남편을 배우자로 맞이한다는 암시가 있다. 그러나 반대로 결혼 시기가 늦춰지거나 결혼과 동시에 자신의 사회적 활동을 접는 상황이 발생한다.

관살혼잡은 사주에 편관과 정관이 섞여서 나타나는 현상이다. 여자 사주에서 관성은 남편이나 남자친구를 말하니 관살혼잡은 복잡한 이성관계를 의미한다. 남자 사주에서 관성은 자식이니 똑같은 관살혼잡이 여러 곳에 자식을 두는 현상으로 나타날 수 있다. 다만 현대사회는 과거와 달리 복잡한 사회관계로 얽혀 있어 이와 같은 일차적인 관계로 추명해서는 안 되고 좀 더 세밀하게 직업성이나 전공을 살펴야 한다. 예를 들어 남성을 많이 상대하는 정치부 여기자라면 사주의 관살혼잡을 직업성으로 대체한 경우이다. 남자 사주에 재성혼잡이 여대생을 가르치는 교수나 연예인 지망생을 교육하는 일로 대체되는 것과 비슷한 경우이다.

관성의 성질이 기본적으로 자신을 다스리고 억제하는 것이므로 관성이 무거운 사주는 오히려 이성에게 말 한 마디 못 붙이거나 이성을 멀리하는 현상으로 나타날 수도 있다. 실제로 사주명식에서 관성이 번잡하고 형충이 일어났다면 관성이 일간에게 부담이 되는 상황을 만들 수도 있다.

관성이 중첩되면 편관으로 바뀌어 일간을 위협하는 성분으로 바뀐다. 편관은 다른 이름으로 칠살이라고 불리며 일간에게 칼을 들이대기도 하니, 칠살이 들어오는 해에 사고를 당하기도 하고 몸에 칼을 대는 수술을 하기도 한다.

② 관성의 해소_ 인성

관성의 부담을 이겨내는 가장 무난한 방법은 좋은 인성과의 관계이다. 인성이 나타나면 관성은 일간을 극하는 대신에 인성으로 기운을 흘려 인성이 다시 일간을 생해주니 흉이 길로 바뀌게 된다. 학력도 좋고 공직에 진출하여 대중의 신임을 받는 것이 그러한 사례이다. 보통 관성과 인성의 조합으로는 귀(貴)를 논하고 식상과 재성의 조합으로는 부(富)를 논한다.

	일반적·긍정적 의미	부정적 의미
편관	원칙과 명령을 중시하고 조그만 실수나 오차를 인정하지 않는 직업(직장). 군, 검, 경이나 첨단 산업직, 검수직, 감사직, 의학계통의 직업. 명예와 원칙을 중시. 재물을 추구하는 자영업은 부적절. 사명감이나 의협심, 인내심. 위법한 행동은 하지 않으며 절도 있는 행동과 절제된 생활방식. 원칙적 삶. 융통성 없음.	환경변화에 민감하고 어떤 자극에도 즉각 반응을 나타냄. 편관이 흉신이고 사주가 탁하면 침착성과 여유가 없으며 명예나 자존심을 지킬 수 없음. 여자는 일부종사가 어렵고, 특히 건강에 심각한 문제가 있을 수 있으며 단명사주가 될 수도 있음. 편관의 기운이 너무 강하면 일정한 직업을 갖기 힘들고 상업에는 종사하기 어려우며, 특히 건강과 가정 문제가 심각. 자기중심적 사고가 강해서 타인과 불화하여 고독하며, 폭력적이고 극단적 행동이 나타남.
정관	벼슬. 정관의 직장은 합리적, 인간적 상호관계가 존재하는 직장. 상호보완적이고 정이 있는 공직, 일반 회사(직장). 안정, 명예, 체면을 중시하며 인간다운 삶을 추구. 법을 지키려 하고 서두르지 않으며 침착하고 여유가 있음. 사주가 안정되어 있으면서 정관이 일간에게 필요한 오행이거나 정관의 위치에 존재하면 부와 명예가 따르고, 부부 간에 서로 존경하며 사랑하는 관계. 명예로운 삶.	사주에 정관이 많고 흉신이면 올바른 직장이 없고 여자는 일부종사가 힘들며 명예나 체면을 따지지 않음. 타인을 무시하고 법을 지키지 않고 만용을 부리기 쉬우며 폭력적, 극단적으로 행동. 매사를 비관적, 부정적으로 해석하고 가정, 직장, 건강의 문제가 심각하며 인간다운 행동이 없음.

사주 사례

시	일	월	연
丙	辛	己	乙
申	巳	卯	未

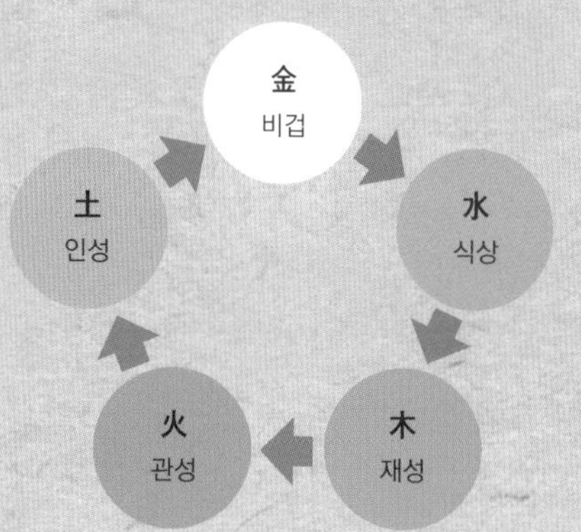

이 사주는 1955년생 곤명이다. 묘(卯)월은 재성월을 의미하고, 일지 사화(巳火)와 시간 병화(丙火)는 정관을 의미한다. 사주 주인은 한국 의류수출업계에서 아주 권위 있는 자리까지 올랐던 사람이고, 미국 대규모 백화점의 부사장 지위까지 올랐다. 이 여성은 재물과 권력 모두를 손에 쥐었고, 직원과 주위 사람들의 충성을 기대하였다. 하지만 현실은 그렇지 못했다. 왜냐하면 아랫사람에게 상처 주는 말과 행동을 많이 했으며, 마음대로 해고했기 때문이다. 아름다운 병화(丙火)는 훌륭한 사회적 지위를 가져다주었지만, 일지와 시지의 사신합(巳申合)과 사신형(巳申刑)은 그 이면의 사연과 불편함을 말해준다. 이 여성의 형제들은 젊은 나이에 암으로 사망하거나 원인을 알 수 없는 병으로 해외에서 죽음을 맞았다.

(5) 편인과 정인

십성	한자의 의미	기본 특성	대상
편인 (偏印)	偏_ 치우칠 편 印_ 도장 인	일간을 생하여 어머니처럼 길러주는 인성은 비교적 자애로운 모습이다. 하지만 글자 뜻 그대로 편중되게 치우치기 때문에 그 모습이 과도할 수 있다.	어머니, 계모, 이모, 할아버지. 여명에게는 사위, 손자, 남명에게는 외손녀. 기술자, 역술인, 연예인, 도둑, 사기꾼, 언론, 의사, 기능인, 예술인. 문서화된 재물, 학문, 계약 등
정인 (正印)	正_ 바를 정 印_ 도장 인	정도 있게 생해준다는 뜻의 정인은 편인과 비슷한 역할을 한다. 차이점으로 안정적인 구도를 추구하는 모습이 강하며, 자비로움이 편인보다 많다.	어머니, 출발점, 종자, 젖줄, 귀인, 스승. 학문, 책, 문서, 도장, 서류, 지혜, 진리.

편인

정인

인성은 일간의 생각을 주관한다. 내가 얻어내고 받아들이는 것이기 때문이다. 기획하고 궁리하여 성공하는 유형으로, 주로 주변 사람의 도움과 인덕으로 정상에 오른다. 자신이 움직이기보다는 생각으로 타인을 움직이게 하므로 본인은 게으른 성격일 수 있다. 인성이나 식상 성분 모두 욕심이 있는데, 식상의 욕심은 적당한 수준에서 포기하는 면이 있지만 인성의 욕심은 집착이 심한 것이 다르다. 식상은 짧게 생각하고 바로 행동으로 옮기는데, 인성은 곱씹어 생각하고 아니다 생각하면 다시 원점으로 돌아간다.

인성이나 식상 모두 머리가 좋다고 할 수 있는데, 인성은 생각과 기획을 주관하여 당연하지만 식상은 일처리나 행동하는 게 빠르니 소위 말하는 눈치 빠르고 일머리가 좋은 것이다. 한편 재성은 일의 결과로 말해주는 성분이다.

인성은 학벌, 공부, 명예, 문서를 나타낸다. 예를 들어 부동산을 취득하는 것은 인성을 얻은 것이요, 거기서 나오는 임대소득은 재성과 관련된다. 따라서 문서상의 이익, 즉 인성을 얻었다는 것은 학위를 받거나 계약이 이루어지거나 투자의 성과나 상을 수여하는 경우에 해당한다. 인성은 명예를 주관하기 때문에 수치스러운 것을 감당하지 못하고 자존심에 상처를 주는 사람을 용서하지 못한다.

앞의 그림에서 정인은 인가된 학위가 있는 전공이라면, 편인은 사주명리 공부처럼 치우진 자격증을 의미한다. 그러나 정인보다 편인이 공부에서는 파고들어 깊이 있게 이치를 따지는 성향이 있다. 의학을 예로 들면 정인이나 편인 모두 의과를 전공할 수 있는데, 정인성의 학과는 내과나 외과와 같은 것이라면, 편인성의 학과는 비뇨기나 피부과, 수의과 같은 전공이다. 이 또한 사회 분위기의 변화에 따라 피부과 전공자가 많아진다면 피부과가 정인성의 전공이 될 수도 있으니 고정관념을 버리는 것이 좋다.

정인은 착실하고 정도를 걷게 하므로 사고관념도 차분하고 계획적인 모습을 보인다. 역시 자존심이 강해서 그릇되는 행위를 할 때 수치심을 많이 느끼지만, 편인과는 다르게 필요하다면 감내하고 그 상황을 이겨내는 면도 갖고 있다.

① 인성의 혼잡

인성이 혼잡하면 생각이 많아지고 어느 한 가지에 집중하지 못하여 학교에서 공부한 재능을 온전히 발휘하지 못하고 판단이 수시로 바뀔 수도 있다. 머리가 좋아 지식의 흡수력은 뛰어나지만 결론적으로 문서상의 성취가 원하는 만큼 되지 않고 한 가지 학문에 몰입하기 어려운 단점이 있다. 사물의 처리에 망설임이 따르니 결정을 앞두고 많은 생각을 하게 되고, 때로는 순식간에 일을 결정하게 되니 그릇된 판단도 많이 하게 된다. 인성이 혼잡된 시기는 주변 정리가 잘 되지 않는 특성이 있으며, 전혀 터무니없는 발상을 하기도 하고 엉뚱한 일을 기획하여 주변 사람들을 놀라게 한다.

② 인성과 재성

인성 중에서 편인은 창의적인 기획력을 조율하고 임기응변에 능하며 융통성이 있지만, 재성으로 인해 편인이 억눌려 있으면 천부적 재능은 쉽게 나타나지 않는다. 한 가지 생각에 몰두하는 성향으로 연구직 같은 곳에 적합하고 철학적인 조예가 있으며, 스스로 체득하고 정의를 내리게 된다. 어릴 때부터 남다른 생각으로 애어른이란 말을 듣기도 하며, 비교적 이른 시기에 사춘기가 찾아오고 철이 일찍 든다고 할 수 있다. 그러나 일생에 한 번은 불명예로 손상을 당할 수 있고, 평소 학업 편차가 크고 제도권 내의 학문으로는 성취를 보기 어려운 점이 있으며, 학업에 장애가 생기게 된다. 보편적인 학업

보다는 예체능에 소질이 많다고 할 수 있으며, 철학적이고 깊은 사상을 좋아하게 되나 자존심이 강해 타인이 가르치려 할 때 쉽게 받아들이지 않는 아집이 있다.

	일반적·긍정적 의미	부정적 의미
편인	학문. 정인에 해당하는 학문 외에 모든 학문. 다양한 취미, 전통문화, 민속종교학, 고고학 등의 고독하고 자아만족에 더 무게를 두는 학문. 편인의 기운이 적당하고 안정되어 있으면 학문에 깊이 심취하여 명예를 얻고 안정된 가정 및 사회생활을 영위함. 학문적 호기심이 많고 한 가지 학문에 대성하는 경우가 많음.	사주에 편인이 많아서 일간에게 해를 끼치는 흉신에 해당하면 일이나 활동력이 없으며 직업, 직장을 갖기가 힘듦. 타인에 대한 배려나 이해심이 없고 자기 위주의 성품을 갖게 되며 인정이 없음. 날카롭고 예민함 학문적 호기심은 많지만 한 가지 학문에 심취하기 어려움. 잡기에 능하고 다양한 취미는 있으나 일관성이 결여. 시작과 끝이 다르며 겉과 속도 다름. 자식에게 최선을 다하는 어머니가 아닐 수도 있으며, 정이 별로 없는 관계.
정인	학문. 편인에 해당하는 학문 외의 모든 학문. 보편적, 대중적, 실용적인 학문을 총칭. 정인은 명예, 안정, 체면을 뜻함. 의식주를 나타내고 특히 고전적 의미에서는 주택, 문서를 가리킴. 문서운, 이사운 등을 볼 때 정인의 상태를 보고 결정. 차분하고 침착함. 다정다감하고 여유가 있으며 지식을 바탕으로 하는 생활을 추구. 학생은 학문에 전념. 명예를 앞세운 생활. 시험과 진학관계 파악. 자식과 정이 많고 자식에게 최선을 다하는 어머니.	사주에 정인, 편인이 혼잡되어 흉신이면 학문적 호기심은 많지만 한 가지 학문에 정진하기 어렵고, 직업을 갖기 힘들 뿐 아니라 활동력이 없음. 자기 본위적. 타인을 배려하고 이해하는 마음이 부족함. 어머니와 인연이 박하고 학문에 심취하기 어려우며, 특히 여자는 자식과 인연이 적다. 정인이 흉신이면 직업, 건강, 재물, 가정이 불안정. 초조하고 변덕이 심하고 일관성이 부족함.

사주 사례

시	일	월	연
辛	戊	甲	辛
酉	子	午	丑

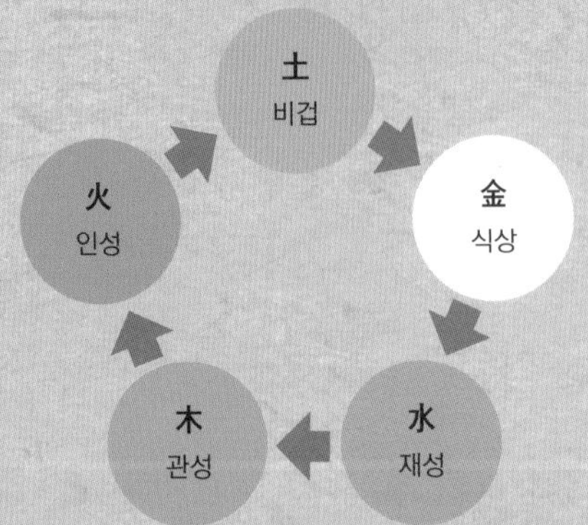

이 사주는 1961년생 건명이다. 사주의 주인인 무토(戊土) 일간에게 정인을 뜻하는 오(午)월생이다. 신강하고 강한 인성의 소유자라고 할 수 있다. 사주의 네 지지 중에서 월지가 가장 강한 영향력을 가지고 있다. 또한 월간 갑목(甲木)은 강력한 편관의 성분이다. 한국 최상위 대학의 학생회장을 역임했고, 일류 증권회사에서 애널리스트 겸 직원노조위원장을 지냈다. 월주 갑오(甲午)는 관과 인성의 강한 기운을 암시한다.

그러나 갑오(甲午)는 불타오르는 마른 장작을 의미하고, 10장에서 설명할 간지의 형충회합(刑沖會合) 작용에 의해 월지 오화(午火)가 일지 자수(子水)와 강력한 충을 하고 있다. 일지 자수(子水) 재성은 아내와 금전적인 것을 말한다. 자오충(子午沖)에 의해 충격을 받고 흔들리는 글자는 일간 무토(戊土)와 월간 갑목(甲木) 편관이다. 유능한 애널리스트였고 조직장악력도 뛰어났지만, 무리한 투자로 자산을 모두 탕진했고 주변 지인들에게 권유한 투자까지 실패하면서 친구들과의 인연도 무너지게 되었다. 불운이 연속되며 아내와도 이혼하였다. 현재 금전적으로는 재기불능 상태이지만 여전히 사업제안을 하며 주변으로부터 투자금을 모으고 있다.

한편, 십성과 관련된 사흉신(四凶神)과 사길신(四吉神)은 일반적으로 다음과 같이 분류할 수 있다.

사흉신	겁재, 상관, 편인, 편관
사길신	식신, 재성, 정인, 정관

그러나 현대 명리에서는 상황에 따라서 흉신도 길이 되고, 길신도 흉이 될 수 있다. 재성은 편재와 정재 모두 길신에 속하며, 또한 편인과 정인을 함께 길신으로 보기도 한다.

이상으로 십신, 십성, 육친, 육신이 사주에서 무엇을 담당하는지 간략하게 살펴보았다. 십성은 이밖에도 아주 다양하게 변화하며, 주변에서 어떤 십성이 조화를 이루는가에 따라 그 성향이 수시로 변한다. 우선 자신의 사주를 뽑아서 어떤 십성이 어디에 위치하는지를 살펴보기 바란다. 자신의 성격이 사주학적으로 어떻게 반영되는지 일차적으로 추리하는 연습을 해볼 수 있을 것이다.

한 가지만으로 판단하는 단식 판단법은 매우 위험하므로 주변의 십성이 어떻게 조화를 이루어 전체적으로 어떤 성향이 나오게 되는지를 판단하는 입체적인 분석을 해야 한다. 이런 방법은 하루아침에 구사할 수 있는 것이 아니라 자주 연습하다보면 자연스럽게 익혀진다.

학습에서 가장 좋은 모델이자 좋은 표본은 바로 자기 자신이다. 자신의 과거를 두고 정확하게 하나하나 복기하면서 학습하는 것이 가장 좋다. 또한 앞일을 예측할 때에도 자신에게 어떤 일이 일어날지를 가장 먼저 예측하고, 그것이 들어맞아야만 타인의 명운을 통변할 수 있다.

(6) 일간 오행별 육친 순환

각 일간의 오행별 육친은 다음과 같이 순환한다.

[목(木) 순환]

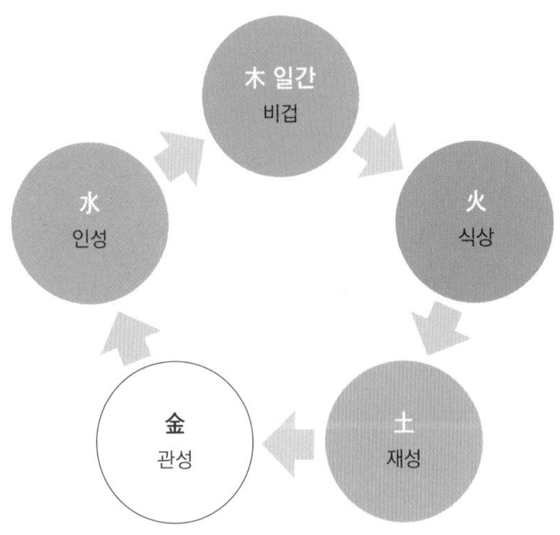

[화(火) 순환]

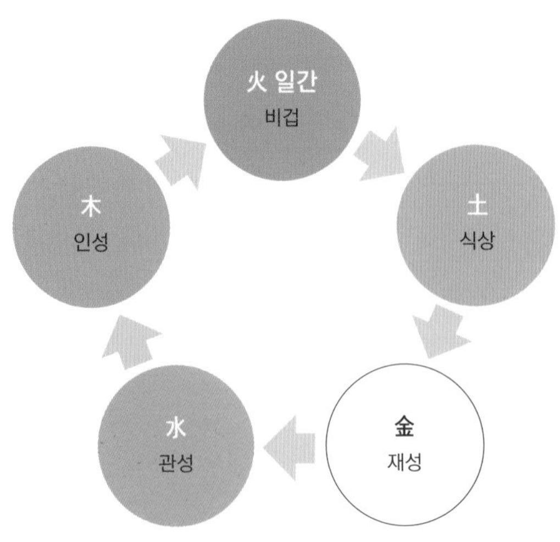

[토(土) 순환]

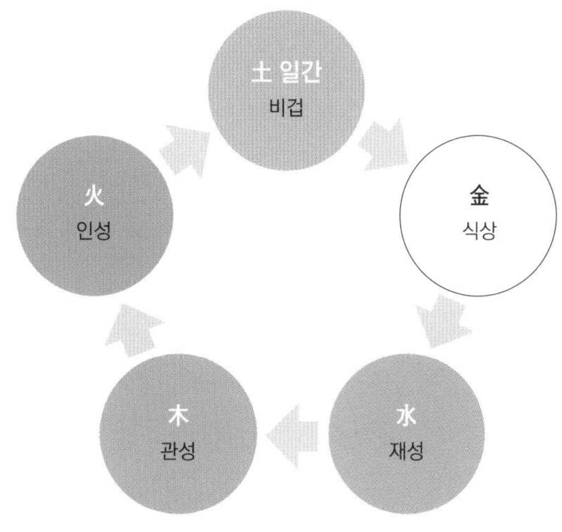

[금(金) 순환]

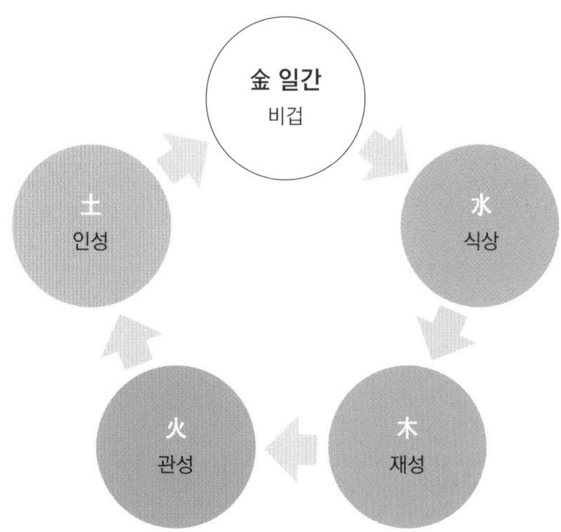

[수(水) 순환]

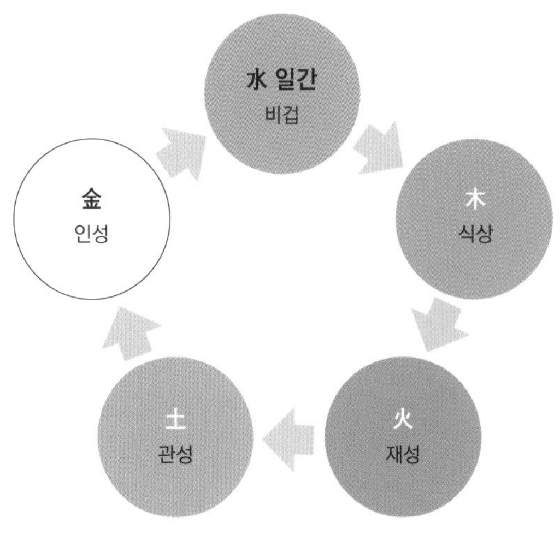

강의노트

십성으로 보는 인간 삶의 다양한 측면

인간의 삶은 한 가지 측면으로 파악될 수 없다. 내면이 있고 외면이 있으며, 개인적인 요소가 있고 사회적인 요소가 있다. 또한 인간적 관계가 있으면 대상과의 관계도 있다. 그것을 육친을 사용하여 읽는 연습이 필요하다. 비록 입문과정의 육친 수업은 상생과 상극 체계와 기본 특성 및 대표적인 대상을 공부하는 것에 초점을 맞추어야겠지만, 통변을 위한 선행연구의 측면에서 실전현장에서 경험할 수 있는 몇 가지는 언급하고자 한다.

첫 번째로 인간관계의 측면에서 보면 혈연관계를 위주로 하는 생물학적 관계와 그 외의 계약이나 학연, 지연 등을 통해 맺어진 사회적 관계가 있다. 부부는 결혼이라는 계약을 통해 맺어진 관계이지만 혈연관계에 속한다. 또한 결혼을 통해 얻은 가족관계도 혈연관계에 속한다. 회사에서 알게 된 동료나 선후배, 학교 선생님이나 친구, 그리고 사업적 거래관계 등은 모두 사회적 관계이다.

두 번째는 일의 진행과정, 즉 시작부터 진행, 결과, 평가 등을 육친으로 파악하는 것이다. 다음은 비겁, 식상, 재성, 관성, 인성으로 나누어 살펴본 것이다.

1. 비견과 겁재

비견과 겁재, 즉 비겁은 생물학적으로는 형제자매와 사촌이고, 윗대로 올라가면 증조할머니(식상인 친할머니를 생한 존재)와 여자 사주의 시아버지(관성인 남편이 극하는 존재)이다. 나머지 가족관계도 이와 같은 체계로 유추하면 된다. 조부모 대까지 알아보는 이유는 종종 조부모의 사망이나 사고가 일간의 흉액을 덜어내는 경우가 발생하기 때문이다. 예를 들어 일간에 형충이 발생하는 해에 조부모가 사망하거나 병원에 입원 또는 수술을 하면 일간에게 발생할 일이 대체된다.

사회적으로는 단순한 친구나 동업자, 경쟁자 혹은 협력자 등이다. 비겁이 일간과 좋은 관계에 있으면 경쟁에서 승률이 높고 일에 대한 자신감 또한 넘쳐난다. 그와 반대로 일간과 부정적인 관계에 있으면 동업이나 경쟁을 해야 할 때 일간이 손해를 보거나 주변 사람들에게 이용당하는 경우가 많다. 주변에 친구가 많아도 도움이 되는 친구는 없는 게 그런 경우이다. 비겁은 일의 진행과정에서는 추진력을 발휘하지만, 비겁이 일간에게 좋은 역할을 하지 못하면 일간은 힘만 쓰고 자기 몫을 취하지 못하는 결과를 본다.

사주에 비겁이 많으면 일단 주변에 사람이 많다고 보면 된다. 그에 대한 길흉은 일간과의 관계를 살펴야 한다. 가장 간단하고 기초적인 방법은 일간이 약한지 강한지를 파악하여 약할 때는 비겁성이 도움이 될 것이고, 일간이 강할 때 비겁이 추가되는 것은 번거롭고 쓸데없는 잡음이 늘어나는 현상이라고 보면 된다.

2. 식신과 상관

식신과 상관, 즉 식상은 생물학적으로는 친할머니(재성인 아버지를 낳은 사람), 여명의 자식, 남명의 장모(아내를 낳은 사람)이고, 좀 더 윗대로 올라가면 외할아버지(엄마가 극하는 존재)이다. 사회적으로는 아랫사람, 제자, 진로, 투자, 하고 싶은 일, 먹고 마시고 담소하는 것이나 즐거운 시간을 보내는 것도 식상에 해당한다. 물론 식상이 흉한 작용을 할 때는 먹고 마시다가 구설에 얽히기도 한다. 나아가 일의 결과가 있기까지의 중간과정이나 방법을 의미한다.

식신과 상관을 나누어 생각하면 긍정적인 측면에서 식신은 밥그릇이고, 상관은 전문성이니 일복이나 일머리라는 표현을 쓰기도 한다. 예를 들면 머리가 좋다는 것은 단순히 인성으로만 알 수 있는 것이 아니다. 요즘은 업무를 빨리 깨우치는 것도 하나의 능력이다. 그것을 '일머리'라고 할 수 있다.

내담객이 "저는 언제 취직할까요?"라고 묻는다면 관운뿐만 아니라 식상운의 흐름도 봐야 한다. 현대사회는 직장이나 직업의 개념이 다양해졌기 때문에 과거와 같이 정시에 출근해서 정시에 퇴근하는 직장 개념, 즉 관(官)의 의미로만 읽을 수 없기 때문이다. 집에서 근무할 수도 있고, 출퇴근 시간이 자유로울 수도 있으며, 소그룹의 전문팀을 형성할 수도 있기 때문이다. 현대에는 평생직장의 개념보다 목적에 따라 단기계약을 하고 그 프로젝트가 끝나면 또 다른 회사와 계약하기도 한다.

식상을 잘 쓸 수 있는 사람은 자신이 원하는 일을 하며, 비교적 자유로운 근무환경에서 일한다. 직업에 대한 불안은 어쩔 수 없지만, 일을 통한 행복의 척도를 개인에 한정해 말한다면 관을 잘 쓰는 사람보다 식상을 잘 쓰는 사람이 더욱 행복하다. 식상은 종종 '행복'이나 '즐거움'이라는 단어와 연계되어 현대사회에서 중요한 요소 중 하나이다.

따라서 직장이나 직업을 상담할 때는 이 사람이 관을 잘 쓰는지 식상을 잘 쓰는지 구분해서 살펴봐야 한다. 관이 없는데도 직장을 잘 다닐 수 있다. 이 경우는 계약직, 전문직, 혹은 프리랜서 등으로 볼 수 있다. 예를 들어 관이 없는 사람이 교사라면 사립학교 계약직 교사, 방과후 특별활동 교사 등이다. 이런 경우 주기적으로 재계약을 하는 직종이다. 또한, 국회의원이라면 선출직이다. 식상은 인기나 선거로 선출된 것을 의미한다. CEO, 대기업 임원 등도 임시직, 선출직인 경우가 많다. 단, 허자나 납음으로 귀하게 관을 귀하게 쓰는 경우는 제외한다. 참고로 허자는 사주에 없는 글자를 합충으로 불러오는 논리이고, 납음은 궁상각치우(宮商角徵羽) 다섯 음(音)을 육십갑자의 틀 안에서 구분한 것이다. 심화 단계에서 다룰 예정이니 참고하기 바란다.

전업주부 여성이 관이 없고 식상이 좋으면 관과 상관없이, 즉 직장이 없이도 일복이 많다. 부지런히 음식을 만들어 여기저기 나눠주는 것도 식상이다. 곤명에 식상이 강해서 자식복이 좋은 것의 이면에는 출산하고 몸이 쑤시고 아플 수 있다는 의미도 포함된다. 보통 자궁, 관절에 문제가 많으며, 아이를 낳고 산후조리가 미흡한 경우가 많다. 여성에게는 식상이 자식도 되고, 일복도 된다. 더욱이 식상이 형이나 충을 맞으면 몸이 망가지는 경우가 많다.

3. 정재와 편재

정재와 편재, 즉 재성은 생물학적으로는 남명과 여명 모두에서 아버지이고, 남명에서는 아내(일간의 자식인 관성을 생하는 존재)이거나 여자친구이고, 여명에서는 시어머니(남편 관성을 생하는 존재)이다. 사회적으로는 아버지뻘에 해당하는 윗사람이고, 그 외에 건강이나 목숨을 의미하기도 한다. 이름 그대로 재산이니 일간이 시도하고 투자한 일의 결과이다.

재성은 특히 일간이 극하는 성분이기 때문에 그 총질량을 감안해야 한다. 질량보존의 법칙상 재성을 한쪽으로 치우쳐서 쓰게 되면 다른 한쪽은 기운이 부족해지기 마련이다. 예를 들어 재성의 에너지를 돈을 버는데 주로 쓰면 아버지에게는 불효자가 되거나 아내에게 무정한 남편이 되기 쉽다. 남자가 돈을 벌면 여자가 따른다는 말도 있지만, 다른 한편으로 돈이 많다고 여자관계가 복잡해지면 어렵게 번 돈이 쉽게 없어져버린다는 속설도 있다. 아버지 제사날이나 명절에 사업 약속으로 바쁜 사람들이 있다. 이런 경우는 재성이 온전한데 일주와 시주에 치우쳐 있는 경우가 많다.

재성을 일의 결과라는 측면으로 바라보자. 시험을 예로 들면 인성은 시험을 치르기 위해 공부하는 과정을 의미하고, 식상은 실기시험이나 실전 능력이다. 한편 재성은 시험의 결과이다. 그러니 재성이 뛰어나면 공부를 덜하고 점수가 잘 나오는 현상이 생긴다. 예를 들면 공부를 잘해서 서울대법대를 갔다면 그것은 인성이 좋아서 합격한 것이다. 그러나 그 사람이 공부한 것 혹은 서울대 학위를 제대로 써먹지 못한다면 그때는 식상이나 재성의 상태를 봐야 한다. 즉, 식상이나 재성이 온전하지 못하면 아무리 학벌이 좋아도 사회에서는 별 두각을 나타내지 못한다. 재성은 '일의 결과'에 해당하기 때문에, 공부를 잘하고 못하고를 떠나 그 결과가 사회적으로 나와야 재성을 제대로 써먹고 공부한 결과를 삶에 반영하는 것이다.

먹고 마시고 사람들과 즐기기 위한 돈이나 소비는 식상이다. 자신을 꾸미는데 쓰는 돈도 식상이다. 반면 재성은 기본적인 의식주를 채우고도 남는 돈이다. 돈을 벌어서 즐겁게 사는 데 쓴다면 식상이 좋은 것이다. 먹고 입는 데 아끼더라도 재물을 축적하는 데 쓴다면 재성이 좋은 것이다. 무엇이 행복한 삶인지, 어떻게 사는 것이 삶의 질이 높은지는 철저히 주관적인 것이다.

사회문화적 변화의 흐름에 따라 직업이나 삶에 대한 사람들의 인식이 바뀌니 육친에 대한 통변도 바뀌어야 한다. 아무리 입문이지만 정재는 월급이고 편재는 사업성 재물이라고만 이해하면 안 된다. 삶의 질이나 성취의 측면에서 보면 일을 기획하고 시작하는 인성과 노력하고 방법을 구해 나가는 식상, 그리고 그러한 과정의 결과인 재성이 적절히 조화를 이루어야 한다.

4. 편관과 정관

편관과 정관, 즉 관성은 생물학적으로 보면 남명의 자식, 여명의 남편이다. 위로는 어머니를 생한 외할머니이다. 사회적으로는 직장과 같은 사회적 틀 자체를 의미하기도 하고, 직장에서 권위가 있는 윗사람을 뜻한다. 일의 진행으로 보면 재성에서 만들어낸 결과를 사회적으로 평가하여 그 정체성을 얻어내는 것이 관성이다.

앞서 살펴보았듯이 직장과 직업은 구별되어야 한다. 일을 하는 것 자체는 식상이 기여하기 때문이다. 예를 들면 자영업을 하는 사람도 그 사람이 몸담는 장소는 관(官)이다. 직장이란 타인이 만들어준 조직이 될 수도 있고, 일간 자신이 어떠한 형태의 직장을 만들 수도 있다. 요즘에는 재택근무나, 온라인 상점을 통해서도 수입을 창출한다. 무형의 직장이지만 이것도 여전히 관이다. 사주를 공부하여 자신의 상담소를 차렸다면 그것도 관이 움직인 것이다.

여자 사주에서 관을 얻었다면 어떻게 통변하면 되는가? 미혼이라면 남자친구가 생겼을 수도 있고, 기혼이라면 남자를 많이 상대하는 영업일이 바빠졌을 수도 있다. 물론 애인이 생긴다는 의미도 있다. 회사원이 직장을 바꾸는 것도 관을 얻었다고 하고, 자영업을 하는 사람이 새로운 가게를 얻어서 이동하는 것도 관의 움직임이다.

결론적으로 현대사회에서 직장을 볼 때는 식상과 관을 함께 유의해서 봐야 한다. 이 경우 일단 신강해야 한다. 왜냐하면 식상이나 재성·관성 모두 일간의 힘을 빼기 때문이다. 관으로 직장이 좋으려면 학벌이 좋아야 한다. 따라서 관성과 인성이 조율하는 경우이다. 인성은 순행하여 일간에게 힘을 실어주는 인자이다. 현대사회에서 직장은 포괄적인 개념이기 때문에 사례별로 나누어야 한다. 짧게 직장을 다녀도 취업만 잘되면 직장운이 좋은 것이다. 사회가 다양해졌기 때문에 그 변화를 읽어야 한다. 좋은 직장에 들어가 잘 버티는 것도 관운이 좋은 것이다. 술사는 항시 몇 가지 시나리오를 염두에 두고 근묘화실과 궁성의 상황을 참조하여 통변해야 한다.

직업적인 모든 변화는 관의 변화다. 관이 들어왔으니 취직해야 한다는 고정관념은 버리고 나머지 다른 요인이 어떻게 움직였는지 살펴볼 필요가 있다. 평생 전업주부를 하는 여성이 관이 움직이면 이사를 갈 수도 있고, 집안 인테리어를 다시 할 수도 있다. 전업주부에게는 자신의 가정이 가장 중요한 사회적 활동영역이기 때문이다. 이처럼 자유로운 시각을 가져야지만 현대 상담현장에 적응할 수 있다.

5. 편인과 정인

편인과 정인, 즉 인성은 생물학적으로는 남녀 모두에게 어머니이고 할아버지(식상인 할머니를 극하는 존재)이다. 사회적으로는 선생님, 자애로운 선배나 윗사람, 나를 가르치는 주변 사람, 사상이나 생각, 문서, 계약, 학벌, 자격증 등이다. 일의 과정으로 보면 도장을 찍고 새로운 일을 시작하는 것, 기획하고 설계하는 모든 일이다.

공부는 학교공부가 전부가 아니다. 모든 일의 근간이 되는 기초를 학습하는 것 자체가 인성이다. 그래서 인성은 일의 시작이다. 인성이 있으면 넘어져도 다시 일어난다. 인성을 비빌 언덕이라고 표현하기도 한다. 실패해서 쓰러지더라도 비빌 언덕이 있으면 다시 일어설 수 있는 것이다.

누군가와 계약을 한다면 도장을 찍은 순간부터 효력이 발생한다. 인성(印星)의 인은 도장 인(印)이다. 인성이 과하고 재성이 없거나 미약한 경우라면 일을 많이 벌이지만 결과는 부족하다. 인성만 과하고 식상이 없으면 생각은 많은데 추진력이 부족하다. 인성이 적고 식상이 많으면 생각이 짧고 무모하다. 생각도 하기 전에 몸이 먼저 움직이는 경우이다.

사주공부를 예로 들어보자. 자신이 사주공부를 제대로 할 수 있는지 물어보는 학생들이 많다. 당연히 인성이 있는지 살펴야 한다. 그런데 인성이 없다면 어떻게 해야 하나. 사주공부를 포기해야 하나? 사실은 그렇지 않다. 인성 없이도 사주는 계속 공부하러 온다. 공부가 끝나면 가방은 그대로 집에 던져두었다가 다음 시간에 그 가방 그대로 다시 들고 온다. 굳이 공부가 아니어도 사람들과 만나는 것이 좋아서도 오고, 선생이나 도반들이 통변하면 그것을 듣는 재미로도 온다. 이러한 사람이 식상이 좋으면 공부는 안 해도 나중에 통변할 때 입은 더 잘 떨어진다. 인성이 없어도 자기만의 통변술을 터득하는 것이다. 그것이 식상의 매력이다.

텔레비전에 나오는 연예인들을 생각해보자. 물론 학벌이 좋아서 승승장구하는 연예인도 있지만 그런 사람이 얼마나 될까. 연예인들이 노래나 연기 혹은 쇼의 사회를 보면서 발휘하는 재능은 좋은 대학에서 높은 학벌이 있어야 가능한 것은 아니다. 어떤 경우는 순발력이 있어야 하고 어떤 경우는 타고난 재능이 있어야 하며, 지능보다는 체력이 좋아야 하는 경우도 있다. 이것이 각 육친 성분이 가진 나름의 매력이다.

목(木) 일간을 예로 들어 육친의 생물학적 관계와 사회적 관계를 다음과 같이 정리할 수 있다.

<table>
<tr><th>木 일간</th><th>생물학적 관점</th><th>사회정치적 관점</th></tr>
<tr><td rowspan="2">木
비겁</td><td>형제.
여명에서 시아버지.
증조할머니(할머니를 낳은 사람).</td><td>일의 주체이자 관찰자.</td></tr>
<tr><td colspan="2">사주에 비겁이 왕하다는 것은 형제·경쟁자·동업자가 많다는 의미이다.</td></tr>
<tr><td rowspan="2">火
식상</td><td>여명에서 자식.
남명에서 친할머니, 장모, 외할아버지.</td><td>아랫사람, 제자.
일의 결과가 있기까지의 과정, 방법.</td></tr>
<tr><td colspan="2">직장생활에서 위아래로 3년 정도 차이는 윗사람, 아랫사람으로 분류하기 어렵다. 인사이동에 따라 언제든 직위가 뒤바뀔 수 있기 때문이다. 이 정도 차이를 넘어서는 관계를 식상의 개념으로 가져가야 한다.
아랫사람이 성장하여 나와 경쟁자가 되면 나의 비견, 비겁이다.</td></tr>
<tr><td rowspan="2">土
재성</td><td>아버지.
남명에서 아내, 여자친구.
여명에서 시어머니.</td><td>돈, 일의 결과, 건강, 목숨.
아버지와 같은 윗사람.</td></tr>
<tr><td colspan="2">내가 극하는 대상이 아버지인 이유는 내가 성장하면서 극복해야 할 대상이 아버지이기 때문이다.
인성이 훌륭해도 재성이 형충을 맞고 상하면 시험 결과가 안 좋을 수 있다.
좋은 대학을 가도 자신이 원하는 과를 못 가는 경우가 생긴다.</td></tr>
<tr><td rowspan="2">金
관성</td><td>남명에서 자식, 여명에서 남편.
외할머니.</td><td>직장, 사회적인 권위, 권력.
결과로 얻어낸 사회적 정체성.</td></tr>
<tr><td colspan="2">여자는 결혼을 하면서 복잡한 가족관계로 얽힌다. 결혼은 여자의 인생을 직간접적으로 통제하는 역할을 하므로, 관을 여자를 극하는 존재로 본다.</td></tr>
<tr><td rowspan="2">水
인성</td><td>어머니.
할아버지.</td><td>개인의 수용성, 사상, 생각.
일의 시작(도장, 계약, 학문).
어머니와 같은 스승, 윗사람.</td></tr>
<tr><td colspan="2">모든 일의 시작이다. 이사를 하는 것도, 학원에 다니는 것도, 직책을 맡는 것 모두 도장(인성)을 찍으면서 시작된다.</td></tr>
</table>

육친은 해당 육친의 형제로도 통변할 수 있다. 인성은 나의 어머니로 보지만, 어머니의 형제로도 볼 수 있다. 즉, 이모와 어머니의 사촌형제들도 포함한다. 한편 재성은 아버지인데, 아버지의 형제로도 볼 수도 있다. 여명에서 재성은 시어머니인데

시어머니의 형제들도 포함한다. 그것을 확장하면, 아버지가 형제 없이 외로운 집에서 태어난 여자는 시어머니의 친정이 외로운 집안에 시집갈 가능성이 많다.

남편에게 애인이 생긴다는 것은 나의 비겁이 중첩된다는 의미이다. 만약 내 형제가 없다면, 남편이 바람을 피는지 의심해봐야 한다. 비겁이 없는데 형제가 있다면, 남편은 나만 바라본다. 사주는 영향을 많이 받은 만큼 그 집안의 흔적이 나타나 있다. 즉, 관성이 강하면 외가의 영향이 크고, 식상이 강하면 친가의 영향이 크다. 어머니 자리인 월지에 식상이 앉아 있으면 할머니가 키웠는지 물어볼 수 있고, 관이 앉아 있으면 외할머니가 키웠을 가능성이 높다. 그렇지 않다면 친탁이나 외탁을 했다고 말할 수도 있다.

관이 튼튼해도 사업할 수 있고, 관이 약해도 공무원을 할 수 있다. 관 하나만 살피고 공무원 운운하는 것은 어리석다. 관은 사회적인 정체성을 이야기하는 것이다. 관이 강한 사람이 사업을 하면 회사를 크게 올리고, 관이 약한데 공무원인 사람은 일반 관리직이 아니라 특수직일 가능성이 많다.

국회의원이나 정치인이 선거에서 이길 때 관의 성분을 보는 경우가 많은데, 그 역시 선별해서 읽어야 한다. 조직에서 추천하는 경우는 관의 힘으로 되는 것이지만, 선거나 인기로 당선되는 것은 식상의 힘이 크다. 한편 대학교수와 같은 직책에서 선출되는 것은 식상의 힘일 때가 많다. 식상은 인기를 의미하기 때문이다.

예를 들어 여명에서 관복을 말할 때 돈을 잘 벌어다주는 남편이 좋은지, 성실하고 다정다감한 남편이 좋은지, 아니면 집에 오면 정이 없어도 사회적으로 성공한 남편이 좋은지 등등, 사주에서는 이런 것들이 구별되어야 한다. 남편복이 있다면 어떤 쪽으로 복이 있는지, 그 남편이 사회적으로 성공해서인지, 아니면 아내와 가정에 잘해서인지, 또는 속궁합이 잘 맞아서 좋은 건지 등등 섬세하고도 미묘한 부분을 읽고 상담해야 프로이다. 사주에 나타난 육친 사이의 상호작용을 읽고 그 사연을 읽어야 진정한 술사이다.

10 간지의 상호작용

"

간지의 상호작용 중에서 합(合), 충(沖), 형(刑)과 같은 현상은 무수히 많은 이론 중에서도 즉각적으로 특정 사건의 원인과 과정 그리고 결과를 해석하려고 할 때 아주 유용한 재료이다. 이것은 오행의 생극제화와는 또다른 현상으로, 천간과 지지가 조화하고 통일을 이루고 때로는 충격으로 파괴되는 과정을 말해준다.

이제까지 서양을 포함한 다른 나라의 여러 사주명리 자료를 찾아 읽으면서 한 가지 깨달은 바가 있다. 형충회합론에 있어서만큼은 한국의 사주명리술이 최고라는 것이다. 이 책에서 소개하는 입문지식으로는 한국 사주명리에서 간파해낸 형충회합의 예리한 통변술을 일일이 열거하기 어렵다. 다음 심화단계에서 그 명쾌하고 절묘한 관법을 하나하나 밝힐 기회를 갖겠다. 여기서는 형충회합의 종류와 개요, 그리고 그것을 찾아 읽는 원리를 충실히 학습하기 바란다.

그 전에 먼저 형충회합론을 관통하는 기본원리 몇 가지를 먼저 설명한다. 첫째, 형살(刑殺)을 제외한 합과 충은 서로 떨어져 있는 이격상태에서는 성립되지 않는다. 이에 대해서 여러 학습서에서 논란과 이견이 있었는데, 이격상태에서의 합과 충은 인정하지 않는 것으로 확실히 이해하고 시작할 필요가 있다. 형살은 이격되어 있어도 발생하니 혼동하지 않도록 한다.

둘째, 일간은 다른 간지와 투합(하나의 천간을 두고 양쪽에서 서로 합하려고 다투는 것)할 때 우선순위가 밀려 마지막에 적용한다. 또한, 일간은 천간합을 하더라도 오행 성분이 바뀌지 않는다. 따라서 일간을 기준으로 하는 천간과 지지의 육친관계는 그대로 유지된다.

셋째, 명식 내에서 형충회합을 간명하는 것 외에 대운과 세운을 적용할 때의 해석에 대해서이다. 대운과 세운에서 합하거나 충하는 글자가 들어왔다면 명식에서 합과 충을 하고 있던 글자는 그 합과 충을 풀고 대운과 세운에 먼저 반응한다. 형에 대해서는 좀 복잡하여 자세한 설명이 필요하다. 물론 합에도 힘의 세기가 서로 달라서 기존의 합을 풀 수 있는 것이 있고, 미약하여 풀 힘이 없는 것도 있다. 당연히 결속력이 강한 삼합은 기존의 합과 충을 해소할 수 있다. 세운이 우선 합하고, 다음으로 대운, 그리고 마지막으로 명식에서 합을 한다. 즉, 간지의 상호작용 특히 형충회합은 움직이는 새로운 글자에 먼저 반응한다. 그 자극이 지나가면(세월이 흘러 세운과 대운이 지나가면) 다시 원래 명식의 구조로 돌아온다. 다시 말하지만 형충합이 어떤 경우에 풀리거나 해소되고 어떤 경우에 그대로 유지되는지는 형충회합 간의 힘의 세기를 이해해야 한다. 마지막 부분에 해소와 변화의 관계를 자세히 설명하겠다.

이번 장에서는 합, 충, 형의 순서로 다룬다. 합에서 천간 오합, 지지 육합(六合), 지지 회합(會合), 지지 반합(半合) 등을 주로 다루고, 충에서는 지지 육충, 형에서는 삼형(三刑), 상형(相刑), 자형(自刑) 등을 위주로 다룬다. 그 외 파(破)와 해(害)를 간략하게 설명한다.

반면 천간의 충에 대해서는 언급하지 않는다. 천간충은 방위나 운동성에서 적대적인 관계의 천간 글자들 간의 관계이다. 천간합이 음양지합이라면, 천간충은 같은 음양끼리의 밀어냄이고 오행의 상극이다. 갑(甲)과 경(庚), 을(乙)과 신(辛), 병(丙)과 임(壬), 정(丁)과 계(癸)가 천간충이 되는 짝이다.

필자가 천간충을 취하지 않는 이유는 여러 가지이다. 우선 천간은 무형의 기(氣)이다. 눈에 보이지 않고 순수하며 물리적인 실체가 아니다. 천간들 서로에게 실체적인 충격이 가해지지 않다는 것이 첫째 이유이다. 반면 지지는 그 속에 시간과 방위의 개념, 순서성과 공간성이 함께 있다. 말하자면 격투기를 하기 위한 링이 만들어져 있는 글자들이다. 충으로 인한 물리적인 충격이 강할 수밖에 없다.

두 번째 이유는 훨씬 중요한데, 천간을 자연물상과 에너지로 이해하면 천간충을 다른 각도에서 받아들일 수 있기 때문이다. 예를 들어 갑(甲)과 경(庚)은 서로 도와 이익이 되는 관계가 될 수 있다. 경금(庚金)이 갑목(甲木)을 가지치기하여 더 훌륭한 거목을 만들 수도 있고, 유용한 재목으로 변화시킬 수도 있기 때문이다. 반면 을목(乙木)과 신금(辛金)은 불편한 관계일 가능성이 더 많다. 예리한 신금

(辛金)에 베이는 을목(乙木)의 고통이 더 느껴지는 것은 어쩔 수 없다. 병(丙)과 임(壬)의 관계도 자연물상으로 보면 물 위에 떠오른 아름다운 태양인데, 이게 어떻게 충의 관계인지 동의하기 힘들다. 정(丁)과 계(癸)의 경우 계수(癸水)가 정화(丁火)라는 촛불을 꺼뜨리는 부정적 관계로 설명되지만, 조열한 계절의 신왕한 정화(丁火)라면 오히려 계수(癸水)가 절실히 필요하지 않을까? 『궁통보감(窮通寶鑑)』에서 설명한 십천간의 물상과 조후를 이해하면 형충회합의 단식 간명에 얽매이지 않고 더 성숙하고 자연스러운 통변이 가능하다. 간지의 합, 충, 형을 읽는 기법은 인간사에서 벌어지는 복잡하고 미묘한 관계들과 사건의 원인과 결과를 가려내는 중요한 재료이다.

1. 천간 오합

일정한 원칙에 의해 한 천간이 다른 천간을 만나면 합하게 되는데, 이것을 천간합(天干合)이라 한다. 줄여서 간합(干合)이라고 한다. 이 현상은 상황에 따라서 천간 각 글자가 가지고 있는 오행의 성질을 잃고 새롭게 변화하기도 하며, 때로는 변하지도 않거나 자신의 성질 자체가 없어지기도 한다. 간합은 다섯 양간과 다섯 음간이 일정한 순서에 의해 음양의 합을 이루는 것이다. 따라서 간합을 음양지합 또는 부부지합이라 부르고 궁합을 볼 때도 참조한다.

천간의 오합을 살펴보면 갑을병정무(甲乙丙丁戊)가 기경신임계(己庚辛壬癸)와 순서에 따라 자신의 위치에서 다섯 번째로 오는 천간과 합을 하게 된다. 천간 오합 각각은 양과 음의 조합이다. 천간이라는 기운은 넓은 허공에 머물러 있다가 대지의 기운을 순차적으로 만나며 변화하게 된다. 즉, 십이지지라는 곳을 거치며 변하게 되는데, 같은 갑(甲)이라도 지지에 어떤 글자를 만나는가에 따라서 쓰임새가 달라지게 된다. 지지에 자수(子水)를 만나 이루어진 갑자(甲子)라는 기운과 지지에 진토(辰土)를 만나 이루어진 갑진(甲辰)의 갑목(甲木)은 해석부터가 다르다. 차가운 겨울을 의미하는 자수(子水) 위의 갑목(甲木)은 겨울에 앙상한 가지만을 남기고 있는 한 그루 나무를 상징하며, 봄이 무르익은 진토(辰土) 위의 갑목(甲木)은 생기 있는 잎을 가지고 있어 보기 좋은 나무로 해석된다.

이렇게 각 천간은 지지의 기운을 거치게 되는데, 지지에서 다섯 번째 순서인 진토(辰土)를 만나면 그 성향에 큰 변화가 나타나게 된다. 지지의 다섯 번째에서 변화하게 되니 천간에서도 역시 다섯 번째에 있는 천간과 합을 하여 변하게 되는 것이다. 이것은 옛 선현들이 자연을 관찰할 때 갑(甲)년에 해당하는 기운을 살피다가 갑(甲)년과 기(己)년의 진(辰)월에는 무토(戊土)의 에너지가 항상 변함없이 작용하고 있음을 발견한 것에서 나왔다.

이에 대한 흔적은 만세력에 나타난다. 갑(甲)년과 기(己)년에는 진(辰)월의 천간이 항상 무토(戊土)로 표시되어 있다. 갑기합화(甲己合化)는 토(土), 즉 무토(戊土)로 변하기 때문이다. 그렇다면 을(乙)년과 경(庚)년의 진(辰)월은 천간이 무엇일까? 을경합화(乙庚合化)는 금(金)이니, 경금(庚金)이 와서 을(乙)년과 경(庚)년의 진(辰)월은 항상 경진(庚辰)월이 된다. 다른 천간도 이와 같은 천간 오합의 원리에 의해 진(辰)월에는 변화하게 되는 오행을 갖게 된다.

천간합의 원리가 이론적으로 자세히 설명된 곳은 한의학의 대경전이라 할 수 있는 『황제내경(皇帝內徑)』「소문(素問)편」에 있는 오운육기(五運六氣)이다. 의역동원(醫易同原), 즉 의와 역은 그 근원이 같다고 한 명나라 말기의 유명한 의학자 장개빈(張介賓)의 말처럼, 역학에 대한 보다 자세하고 세밀한 이론을 의학서적에서 많이 찾아낼 수 있으니 한번 읽어보기를 권한다.

• 천간 오합의 종류와 특징

천간 오합	형상	특징
甲己 → 土 중정지합 (中正之合)	비옥한 토양에 나무가 자라는 형상. 좋은 출발을 의미. 갑목(甲木)의 고집스러움과 기토(己土)의 넓은 대지가 함께 어우러진 모습.	이상적이며 계산적. 마음이 넓고 타인과 다투기보다 화합하려는 성향. 자기성찰을 좋아하며 욕구불만이 있을 때는 강하게 의사를 표현. 자존심이 강해 화를 잘 내거나 강직하여 굽힐 줄 모름. 남성은 섬세하고 여성스러운 면모가 강하나, 여성은 오히려 굳은 심지가 있음. 민주적인 합으로 아량이 넓고 융화적이며, 성격이 후중하고 타협심이 많고 분수를 잘 지킴.
乙庚 → 金 인의지합 (仁義之合)	묵직한 금기(金氣)와 연약하지만 아름다운 을목(乙木)의 계산적인 형태의 결합. 자라나는 잡초를 베어내는 모습으로 풀이하기도 한다.	타인을 의식. 겉으로는 순종하는 듯하나 속으로는 다른 마음. 과감하고 강직하며 신용을 중시. 독불장군의 경향, 외로운 인생. 의리를 소중히 여기고 과감하며 강직한 성질.
丙辛 → 水 위엄지합 (威嚴之合)	강렬한 태양의 병화(丙火)가 보석을 의미하는 신금(辛金)을 비추는 형상.	자신의 강렬한 기상을 적당한 선에서 발산하려는 모습. 주위 사람들을 암암리에 제압하려 하나 잘 나타나지는 않음. 엄격하고 냉철한 면모, 이지적. 위력과 강제성의 합. 위엄이 있으나 잔인한 면도 있음.
丁壬 → 木 인수지합 (仁壽之合)	넓은 바다인 임수(壬水)를 밝게 비추어주는 작은 등대 정화(丁火)의 모습.	다정다감하고 정에 약한 모습. 감정에 빠지기 쉽고 유흥과 같은 주색잡기에 약함. 타인을 아껴주고 배려하는 면은 좋으나, 사람을 너무 좋아하여 낭패를 보기 쉽다. 감정에 흐르기 쉽고 호색한. 도화가 함께하면 가정을 지키기 힘들다.
戊癸 → 火 무정지합 (無情之合)	홀로 솟은 산을 나타내는 무토(戊土) 아래에 작은 냇물인 계수(癸水)가 흐르는 모습.	외관이 수려하고 찬란하며 화려한 것을 좋아하고, 다소 낭비하는 경향. 보편적인 것보다는 색다른 것을 선호. 정신적인 연령이 높아 자신보다 윗사람을 이상형으로 꼽는 경향이 있다. 겉으로는 냉정하게 보이나 속내를 들여다보면 허점 투성이에 빈틈이 많다. 정이 없는 결합. 용모는 단정하나 인정이 없다.

우선 합이 발생하면 그 느낌은 대부분 '답답하다'이다. 특히 간합과 같은 작용은 답답함을 벗어나 상실당하고 사라졌으니 허무한 기분을 느끼게 된다. 어떤 한 글자와 다른 한 글사가 서로 뒤엉켜서 딱딱하게 동결되어 굳어지는 현상을 생각하면 된다.

다른 오행으로 화하였다는 것은, 예를 들어 갑목(甲木)과 기토(己土)가 명식 내에서 서로 첩지(바로 옆에 위치)했을 때 갑목(甲木)과 기토(己土)가 합을 하여 토(土), 그 중에서도 무토(戊土)로 변하여 활용하게 되는 것을 말한다. 그러나 합이 되었다고 모두 화하는 것은 아니다. 화하는 조건은 매우 까다로워서 지지에서 그 화를 어떻게 도와주는가에 따라 발생한다.

예1)

시	일	월	연
	甲	甲	己

이 사주에서 연간 기토(己土)는 월간 갑목(甲木)과 합을 하고 있다. 즉, 월간의 갑목(甲木)은 연간의 기토(己土)와 그 성질이 서로 묶여서 세력을 상실하게 된다. 세력을 상실하게 된다는 것은 그 존재 자체가 없어지는 것과 다름없다.

하지만 일간의 갑목(甲木)은 합을 하지 않는다. 앞서 설명했듯이 떨어져 있는 글자와는 합이 성립되지 않기 때문에 일간 갑목(甲木)은 합이 이루어지지 않은 상태로 남는다.

예2)

시	일	월	연
	甲	辛	丙

이 사주에서도 연간의 병화(丙火)와 월간의 신금(辛金)은 서로 합이 성립된다.

예3)

시	일	월	연
庚	甲	乙	

이 사주에서는 을목(乙木)과 경금(庚金)이 사주 안에 존재하고 있음에도 불구하고 자리가 서로 떨어져 있기 때문에 을경합(乙庚合)이 성립되지 않는다.

예4)

시	일	월	연
	甲	己	甲

일간은 사주의 주인이다. 이러한 특수성 때문에 일간은 다른 천간이나 지지가 형충회합 등을 일으키는 과정에서 가장 마지막에 변화하게 된다. 즉, 타간이 일간에 우선하여 작용하는 것이다. 여기서는 월간의 기토(己土)를 두고 연간과 일간의 갑목(甲木)이 쟁합, 즉 합을 다투고 있지만, 결국 월간의 기토(己土)는 일간보다는 연간의 갑목(甲木)과 먼저 합을 한다.

사주 사례

시	일	월	연
己	辛	丙	甲
亥	巳	寅	寅

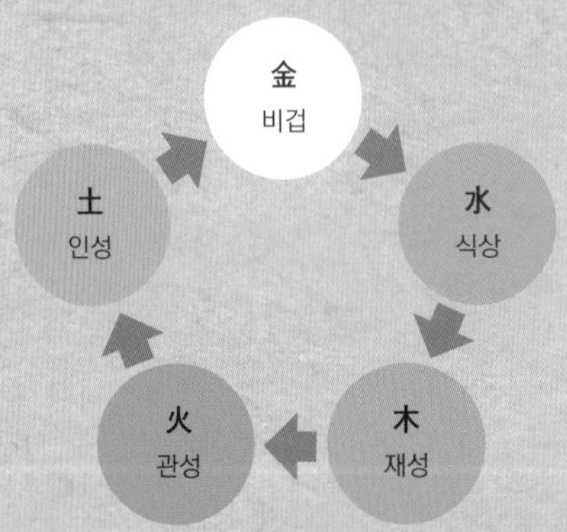

이 사주는 1974년생 건명이다. 인(寅)월생 신약한 신금(辛金) 일간이 네 지지에 모두 역마 사생지를 깔고 있다. 이 인신사해(寅申巳亥) 사생지는 각 삼합국(목·화·금·수) 혹은 각 계절의 첫 글자에 해당하므로 새로운 도전을 좋아하고 평범함을 거부하며 바쁘게 이곳저곳을 움직이며 돌아다닌다. 특히 직업성에서 특수 직업을 의미하고, 운동선수나 의사, 검경, 변호사 등에 해당한다.

일간 신금(辛金)은 월간 병화(丙火)와 천간합을 하고, 사주는 전반적으로 화(火) 기운이 강하다. 병신(丙辛)은 합을 하여 수기(水氣)를 생산하고, 지지에서는 사화(巳火)와 해수(亥水)가 충돌하고 있다. 뒤에서 다루겠지만 지지에 인사(寅巳) 형살도 보인다. 이쯤 되면 이 사주의 직업을 추론할 수 있을 것이다. 이 남성은 소방관이다. 사주팔자와 간지의 여러 상호작용들이 여러 곳에서 이를 암시하고 있다. 그러나 신약한 신금(辛金) 일간은 소방관이라는 직업이 힘에 부치는 것을 느끼고 현재 직업과 관련된 다른 자격증을 따기 위해 공부하고 있다. 시간의 기토(己土) 편인이 그것을 설명해준다.

2. 지지 육합

천간에 오합이 있다면 지지에는 육합이 있다. 글자에서 알 수 있듯 합의 종류가 여섯 가지이다. 육합 또한 천간처럼 '묶여서 동결되어버린 현상'이라고 읽으면 된다. 지지 육충은 지지의 음양오행의 생극제화가 원인이 되어 발생한다면, 지지 육합은 지지를 평면이 아닌 공간에 던졌다고 생각하고 동그랗게 포국하여 음과 양의 원리, 즉 일음일양(一陰一陽)의 원리로 발생시킨 것이다.

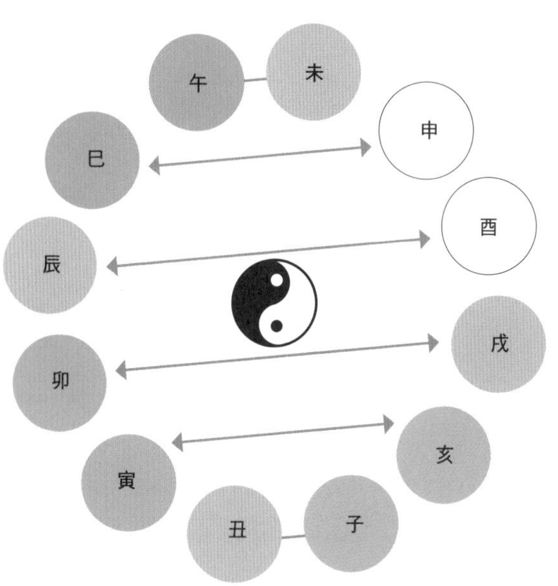

음양도(태극도)를 연상하여 지지
순환의 음양합을 생각하면 된다.

• 지지 육합의 종류와 특징

지지 육합	합화오행	특징
子丑합	土	북극의 합이다. 비록 자축(子丑)합으로 토(土)를 만든다고 했으나, 자축(子丑)이 해자축(亥子丑) 수국(水局)에 속해 있으니 수(水) 기운과도 관계가 있다. 자(子)는 일양이음(一陽二陰)이고, 축(丑)은 이양일음(二陽一陰)으로 함께 삼양(三陽)에 이르고자 합을 한다. 동기간에 가까운 곳에서 이루어지는 은밀한 합이다.
寅亥합	木	생지 역마의 합이다. 장거리에서 비행기를 타고 편지나 전화 등을 교환한다.
卯戌합	火	묘(卯)는 봄날의 어린 싹이고, 술(戌)은 가을의 노숙함이다. 묘목(卯木)이 술토(戌土)를 극하고 있지만, 시간이 흐르면 술(戌)의 노련함에 오히려 고개를 숙인다. 술(戌)은 을목(乙木)의 묘고이다. 춘추 감성의 예술성이 있다. 나이 차이나 신분 차이가 있는 남녀의 만남이다.
辰酉합	金	진유(辰酉) 또한 묘술(卯戌)처럼 춘추의 합이다. 단, 묘술(卯戌)이 상극의 합인 반면, 진유(辰酉)는 상생의 합이다. 그러나 유(酉) 또한 진(辰)에 입고된다. 진(辰)이 신금(辛金)의 묘고이기 때문이다. 묘술(卯戌)이 상극의 합으로 입고를 당하는 느낌이라면, 진유(辰酉)는 상생의 합으로 기꺼이 입고를 자처하는 느낌이다.
巳申합	水	역마의 만남이며, 다른 한편으로 사신(巳申)은 형살이고 망신살에 해당한다. 합도 되고 형도 되는 것은 길흉의 교차가 있다는 의미이다. 좋아서 결혼했는데 결국 이혼소송에 휘말리거나, 동업자 관계에서 송사로 끝나는 등의 일이 발생한다.
午未합	없다	적도의 합이다. 비록 오미(午未)의 합화오행은 없다고 했지만, 사오미(巳午未) 화국(火局)에 속해 있는 지지들이니 화(火) 기운과도 관계가 있다. 밝은 대낮(정오)의 합이니 만천하가 다 아는 공식적인 만남이다. 오미(午未)는 오화(午火)가 미토(未土)를 생하여 토(土)로 변하는 것 같지만, 결국은 화(火) 기운이 더욱 강해진다.

지지 육합은 천간합처럼 해당 지지의 기운이 사라지거나 없어지는 경우가 드물다. 따라서 합이 되었다고 하여 화해서 다른 오행으로 변하는 경우도 조심해서 읽어야 한다. 위에서 나열한 육합의 종

류에서 합화오행은 고서에서 말하는 원래 의미를 전달하기 위해 적은 것이다. 고서에서는 지지의 육합이 천간의 오합처럼 일단 합이 성립되면 다른 오행으로 변한다고 보았기 때문이다.

그러나 현대 명리학에서는 육합의 합화가 과연 성립하는가에 대한 이견이 있다. 요즘은 합화의 기운을 절대적으로 적용하지 않는 것이 거의 정설로 받아들여지고 있다. 필자도 이에 대해 사주 상황에 따라 적용하고 있고, 특히 지지는 합하고 나서도 기존의 기운을 잃지 않는다고 해석한다. 학계에서 논란이 있는 부분은 차후에 심화학습으로 나아가면서 해당 이론에서 다시 다루도록 하겠다.

예1)

시	일	월	연
	甲		
		子	丑

이 사주는 연지의 축토(丑土)와 월지의 자수(子水)가 육합이 되어 있다. 일간 갑목(甲木)은 인성이자 어머니인 자수(子水)와 재성 축토(丑土)를 '마음대로 사용하기 어렵다'라고 풀이하게 된다. 가정형편이 어려워서 하고 싶은 공부보다는 부모님의 뜻을 따랐다. 그것이 일간 갑목(甲木)의 마음을 불편하게 한다고 해석하면 되겠다.

예2)

시	일	월	연
	甲		
丑		子	

이 사주는 월지 자수(子水)와 시지 축토(丑土)가 서로 떨어져 있는데, 이렇게 위치하면 육합이 성립되지 않는다.

사주 사례

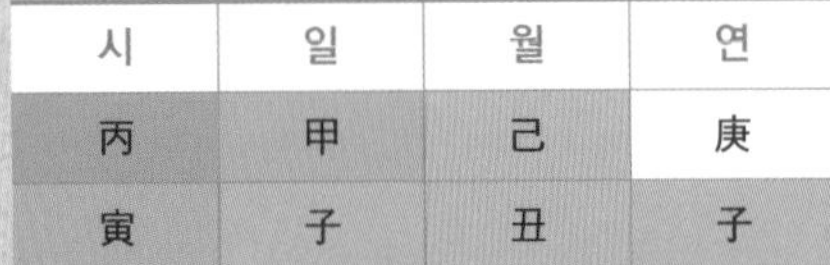

시	일	월	연
丙	甲	己	庚
寅	子	丑	子

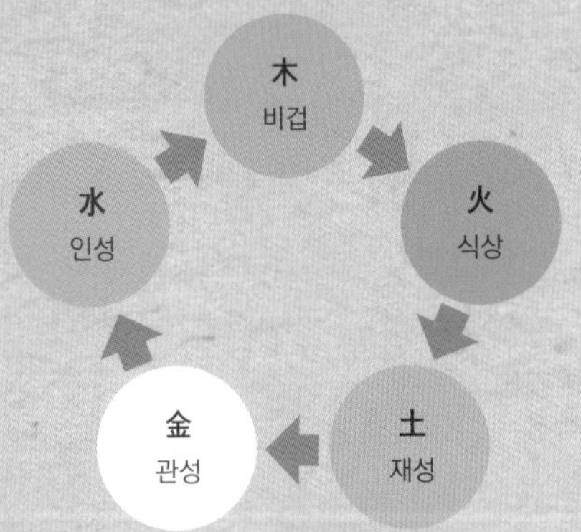

1960년생 곤명의 사주이다. 축(丑)월생 일간 갑목(甲木)은 뿌리가 얼었다. 연지, 월지, 일지가 차가운 땅과 얼음을 암시한다. 이 여성은 냉증과 소화기계통에 문제가 있고, 부기로 인한 순환기 장애가 있다.

일간 갑목(甲木)은 월간 기토(己土)와 천간합을 하였고, 월지 축토(丑土)와 일지 및 연지의 자수(子水)가 지지육합을 하고 있다. 기축(己丑)은 육십갑자 조합으로 묘지에 해당한다(심화편의 십이운성법에서 묘지와 사지의 개념에 대해 다룬다). 사주 주인의 아버지는 국가유공자였다. 이 여성은 아버지의 임종을 지켰고, 어머니는 아버지의 사후 연금을 딸이 받을 수 있게 하였다. 결국 아버지가 묘지에서(동주묘) 딸을 돌봐주는 셈이 된 것이다(갑기합). 자수(子水)는 육친으로 어머니에 해당하고, 자축(子丑)합이 그 사연을 설명한다.

축(丑)월 갑목(甲木)에서 축토(丑土)와 자수(子水)는 귀한 성분이 될 수는 없었고, 따라서 연금이나 어머니의 배려는 생활에 큰 도움이 되지는 않았다. 귀한 성분이 되느냐의 판단은 그 글자가 일간에게 도움이 되는지로 판단한다. 축(丑)월 갑목(甲木)에게 축토(丑土)나 자수(子水)는 언 발에 물 붓기 정도였을 것이다.

편관 성분인 천간 경금(庚金)은 이미 인연이 다하였다. 이 여성은 아직까지 결혼을 하지 않았고, 앞으로도 계획이 없다. 다만 병인(丙寅) 시주는 조후나 억부 측면에서 일간에 큰 보탬이 된다. 사주 주인은 주위 친구나 다른 사람에게 항상 베풀기를 좋아하고 음식솜씨를 비롯한 손재주가 뛰어나다. 주위 사람들이 그녀를 좋아하고, 그녀 또한 사람들과의 관계에서 행복을 찾고 있다.

3. 지지 회합

회합(會合)은 특정한 지지 세 글자가 모이면 합을 이루어 다른 거대한 오행으로 변하는 현상을 말한다. 회합에는 방합(方合)과 삼합(三合)이 있는데, 글자가 세 가지나 모여야 하므로 흔하지는 않다. 회합 역시 특정 글자들이 나란히 붙어 있어야 성립한다는 조건은 마찬가지이다.

회합은 성립조건이 맞으면 다른 속성으로 변하게 된다. 회합에서 다른 오행으로 변하는 것을 국(局)을 이루었다고 말한다. 회국이 성립되면 지지의 각 글자들은 본래 가지고 있던 오행의 속성을 잃어버리고 전혀 다른 새로운 형태의 오행의 성질을 갖게 된다.

천간 오합과 지지 육합이 음양의 합이었다면, 지지 회합은 음과 양의 구분 없이 3개의 지지가 공통된 목적을 가지고 강력한 기로써 동일한 세력을 만들어내는 것이다. 방합이 같은 공간, 같은 시간에 있는 세 글자의 형제지합이라면, 삼합은 분리되어서 각자의 자리에서 독자성과 개성을 가지고 있던 지지들이 형세가 만들어져 강력하게 뭉치는 것을 말한다. 삼합을 사회지합이라 부른다. 모든 삼합은 생지, 왕지, 묘지 글자의 모임으로, 특정 목적이나 생태적 이유로 모인 것이다.

(1) 방합

방합(方合)은 계절의 합 또는 방위의 합이다. 같은 계절이나 같은 방위에 속해 있는 기운끼리 비슷한 속성을 갖기 때문에 뭉치게 된다는 의미이다. 같은 성씨, 형제, 종친의 모임이다.

• 방합의 종류

지지	오행	방위	계절
寅卯辰	목국(木局)	동	춘
巳午未	화국(火局)	남	하
申酉戌	금국(金局)	서	추
亥子丑	수국(水局)	북	동

예1)

시	일	월	연
	甲		
丑	辰	寅	卯

위와 같이 지지에서 인목(寅木), 묘목(卯木), 진토(辰土)가 나란히 붙어 앉아 있으면 동방 목국(木局)을 성립한다. 순서는 상관 없다. 인목(寅木)과 묘목(卯木), 진토(辰土)는 신속하게 자신이 가진 오행의 속성을 잃어버리게 되며, 하나의 거대한 목기(木氣)를 이루게 된다.

새로운 형태의 오행으로 변하게 된다는 것은 자신이 가지고 있던 것을 잃어버림과 동시에 새로운 것을 얻는다는 의미가 있다. 이 사주의 목국은 기존의 인목(寅木)과 묘목(卯木), 진토(辰土)가 가진 속성을 버리고 새로운 목(木)의 기운을 발생시키는데, 동시에 목생화를 하여 화기도 얻을 수 있다.

예2)

시	일	월	연
	乙		
巳	辰	酉	丑

이 사주는 지지에 사(巳), 유(酉), 축(丑)이 있지만, 한 글자라도 떨어져 있으면 삼합은 성립되지 않는다.

(2) 삼합

삼합(三合)은 방합처럼 같은 방위와 계절이 원인이 되어 합하게 되는 것이 아니라 다소 화학적인 작용을 의미하며, 각 오행의 생지(生支), 왕지(旺支), 고지(庫支)와 관련된다. 생지는 인신사해(寅申巳亥), 왕지는 자오묘유(子午卯酉), 고지는 진술축미(辰戌丑未)이다.

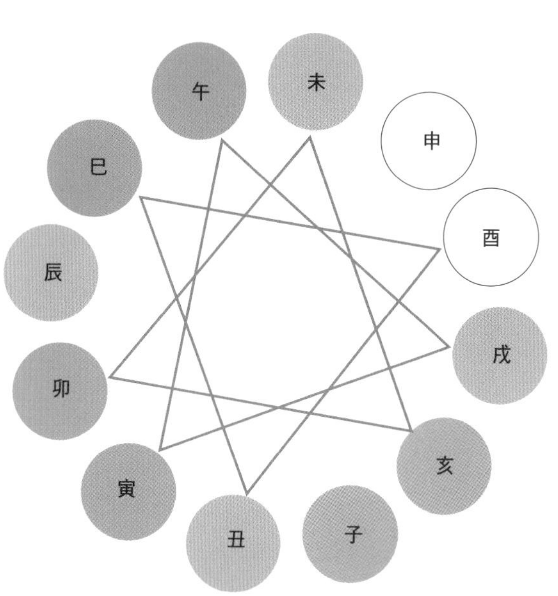

• 삼합의 종류

지지	오행
亥卯未	목국(木局)
寅午戌	화국(火局)
巳酉丑	금국(金局)
申子辰	수국(水局)

예를 들어, 해묘미(亥卯未) 목국(木局)을 살펴보면 목(木)의 생지인 해수(亥水)가 첫 번째 자리에 있으며, 목(木)의 왕지인 묘목(卯

木)이 가운데에, 그리고 목(木)의 고지인 미토(未土)가 마지막에 자리한다. 삼합의 글자들은 순서대로 4칸을 지나면 만나게 된다. 즉, 해(亥)에서 지지 네 칸을 전진하면 묘(卯)를 만나고, 묘(卯)에서 다시 네 칸을 전진하면 미(未)를 만난다. 이렇게 목기(木氣)의 생지, 왕지, 고지 세 글자가 모여 거대한 하나의 목기를 형성한다. 예전에 어른들이 4살 차이는 궁합이 좋다고 말한 것이 삼합의 원리에 의한 것인데, 지금도 궁합을 볼 때 삼합이론을 적용한다.

사주 사례

시	일	월	연
己	丁	己	庚
酉	巳	丑	戌

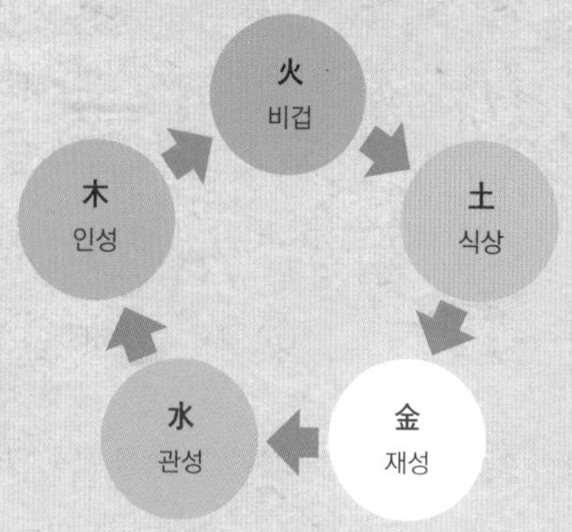

1970년생 건명의 사주이다. 축(丑)월 정화(丁火) 일간이 천간에 기토(己土)와 경금(庚金)을 보았고, 지지에 사유축(巳酉丑) 금국을 이루었다. 천간이나 지지에 식상 토(土) 성분은 모두 토생금을 하여 재성 금(金)을 생하고 있다. 사주 주인은 여러 여성과 만남을 가졌지만 아직 결혼에 이르지 못하였다. 사주에 삼합국이 있으면 그 에너지가 완성될 때까지 기다려야 한다. 특히 이 사주의 경우는 삼합국이 월지·일지·시지에 와서 그 완성의 시점이 늦어지고 있다. 합은 충에 의해 발생하는 사건이나 사고와 달리 글자들의 묶임이고 기다림이고 보호이다.

축(丑)월 정화(丁火) 일간은 갑목(甲木)의 생조 없이 힘든 청년기를 보냈다. 축술형(丑戌刑)은 본인의 진로를 개척하는 것도 힘들었음을 암시하고, 집안 사정에도 사연이 있음을 말해준다. 사주 주인이 어릴 때 아버지가 의도치 않았던 보증에 휘말려 형무소 생활을 했고, 가족은 뿔뿔이 흩어져 살아야만 했다.

이 남자에게 안정된 삶은 언제 올까? 갑목(甲木)을 만날 때일까, 아니면 재성 금(金)이 들어올 때일까? 41세 갑인(甲寅)대운부터 조금씩 상황이 나아지기 시작해서, 2016 병신(丙申)년, 2017년 정유(丁酉)년에 돈을 좀 벌었다.

(3) 반합

반합(半合)은 방합이나 삼합에서 글자 하나가 없는 경우를 말한다. 구체적인 종류는 다음과 같다.

- **반합_** 삼합의 글자 중 왕지를 포함하여 생지만 있거나, 고지만 있는 경우. 예를 들어 신(申)과 자(子) 또는 자(子)와 진(辰).
- **가합_** 삼합의 글자 중 왕지가 없이 생지와 고지 두 글자로 이루어진 경우. 예를 들어 신(申)과 진(辰).

통변 현장에서 보면 반합은 삼합과 달리 해당 글자의 기능을 다 소멸시키지는 않고, 강력한 오행의 기운을 생성하지도 않는다. 그러나 반합으로 묶여 있으니 답답한 느낌이 들고 기능이 잘 안 되는 것도 사실이다. 위에서 가합과 반합으로 구분한 것처럼 반합은 3개의 글자 중에 왕지가 들어 있어야 성립된다고 하지만, 반합이 만들어내는 변화는 사실 미미하므로 반합과 가합으로 나누는 것이 큰 의미는 없다. 나중에 공부할 기회가 있겠지만 오히려 반합으로 발생하는 허합자론(虛合字論)과 천간의 유인력이 통변에 더 실효성이 있다. 이 경우 허합자는 반합에서 빠진 한 글자를 저절로 불러들이는 것을 말한다. 예를 들어 신(申)과 진(辰)이 있으면 그 가운데에 자(子)가 허자로 나타나는 것이다.

천간의 유인력은 상당히 중요한 재료인데, 실제로 이에 대해 언급한 학습서를 찾아보기는 어렵다. 허합자론은 근래에 들어서 많이 밝혀진 이론인데, 사주명식에서 여덟 글자 이외에 보이지 않는 귀신 같은 글자가 존재한다는 이론이다. 이 이론 또한 실제로 정확하게 알고 사용할 줄 아는 사람이 몇 되지 않는다. 여기서는 우선 천간의 유인력을 설명하고, 허합자론은 추후 다루도록 하겠다.

천간의 유인력은 반합을 이루고 있는 글자와 동일한 오행의 천간이 사주명식에 있을 때를 말한다.

예1)

시	일	월	연
	甲		
	寅	午	

이 사주는 인오술(寅午戌) 삼합국에서 인목(寅木)과 오화(午火)만 있고 술토(戌土)가 빠져서 반합이 되었다. 앞서 설명한 것처럼 이런 경우는 그 영향이 그다지 크지 않다.

예2)

시	일	월	연
	甲		丙
	寅	午	

이 사주에서는 연간에 자리한 병화(丙火)가 인오(寅午) 반합의 유인력으로 작용한다. 이와 같이 천간에 병화(丙火) 또는 정화(丁火)가 존재하면 천간에 있는 화기(火氣)가 지지의 반합에 영향을 미쳐 반합의 결속력이 강력하게 묶이게 된다. 이러한 현상은 지지의 육합보다 더욱 강력한 결속력을 발생시킨다.

지금까지 살펴본 천간 오합, 지지 육합, 지지 삼합 외에 암합(暗合)이 있다. 암합은 지지 두 글자의 지장간들끼리 합을 하는 것이다. 지장간은 겉으로 드러나지 않은 글자이니 비밀스런 모임이나 은밀한 사랑을 의미한다. 이들은 천간 오합, 지지 삼합, 지지 육합보다 더욱 간절하여 그 작용력이 치밀하고 조직적이다.

• 지장간 암합표

子	戌	丑	寅	卯	申	午	亥	寅	未	巳	酉	子	辰
壬	辛	癸	戊	甲	戊	丙	戊	戊	丁	戊	庚	壬	乙
	丁	辛	丙		壬	己	甲	丙	乙	庚			癸
癸	戊	己	甲	乙	庚	丁	壬	甲	己	丙	辛	癸	戊

위의 조합에서 자(子)와 술(戌) 중 본기 계(癸)와 무(戊)가 암합한다. 또 축(丑) 중 기(己)와 인(寅) 중 갑(甲)이 암합하고, 묘(卯) 중 을(乙)과 신(申) 중 경(庚)이 암합하는 식이다.

한편, 지장간의 본기가 천간과 합을 하는 경우도 있다. 여기에 해당하는 육십갑자는 정해(丁亥), 임오(壬午), 무자(戊子), 신사(辛巳) 그리고 예외적으로 갑오(甲午)까지 다섯 가지이다. 일주가 이에 해당되면 부부금실이 좋다.

천지합덕(天地合德)이란 천간과 지지가 모두 합을 하는 경우인데, 경신(庚申)과 을사(乙巳), 병오(丙午)와 신미(辛未) 일주의 만남이 그렇다. 사주명식에 천지합덕이 있으면 외교적이고 인간관계에 능하지만, 너무 정에 이끌려 공적인 업무에 방해될 수도 있다.

4. 지지 육충

충(沖)이란 서로 정반대 방위의 글자가 만나 충돌을 일으킨다 하여 방위의 충이라고도 한다. 서로 상반되는 기운들이 만나 충돌하게 된다는 의미로도 쓰인다.

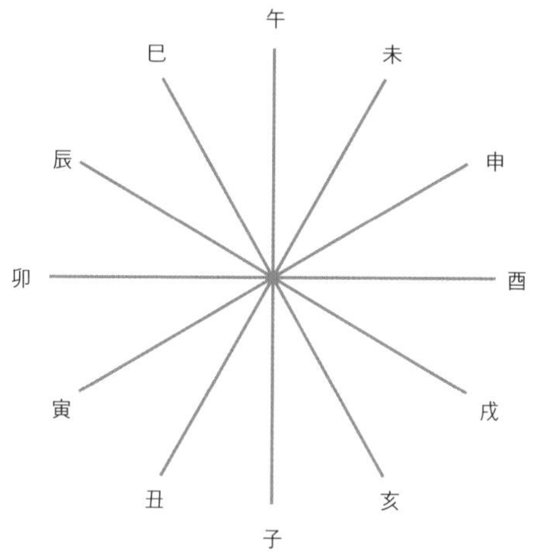

• 육충의 종류

왕지	子午충	교통사고, 조울증, 복부수술, 성교, 낙태, 자궁·생식기 문제
	卯酉충	섬유, 원단, 정원 가꾸기, 의류, 한의학, 침술, 봉제, 보석
생지	寅申충	디스크, 팔다리 사고, 기계, 공학, 정비, 교통, 건설, 농기계, 출판, 예술, 무술, 육상 운동
	巳亥충	눈병, 치아문제, 화재, 총, 불꽃놀이, 용접, 전자, 충전, 엔진, 통신, 소방
고지	辰戌충	비위, 피부문제, 수해(辰은 壬水의 고지), 화재(戌은 丙火의 고지)
	丑未충	금속(丑은 庚金의 고지)이나 재목(未는 甲木의 고지)으로 인한 재해

충은 깨져서 아픔을 겪고 손실되는 상실감과 같은 현상을 동반한다. 신상을 번거롭게 하는 이동수나 타인의 입에 오르내리게 되거나 법정공방 및 관청과 연관되어 좋지 않은 일을 만들어낸다는 관재구설(官災口舌) 또는 교통사고, 질병사고, 수술 등 수많은 좋지 못한 것들을 만들어내는 것이 바로 충이다.

사주이론에서 이런저런 설명을 하고 있지만, 아무리 흉한 것도 모든 경우에 언제나 나쁜 역할만 하지는 않는다. 충 역시 본래 가지고 있는 의미는 상당히 불길하지만 때로는 발전을 가져올 때도 있다. 올바른 스승의 지도 없이 혼자서 책으로만 공부하는 초학자들을 위해 다시 말씀드린다. 책에 씌어진 사주이론을 전적으로 받아들여 고정관념을 만들지 않길 바란다. 잘못된 고정관념은 그것이 자리잡는 기간보다 고치는 기간이 훨씬 오래 걸린다. 모든 사물이나 형태에는 음과 양이라는 상반되지만 서로 호환하는 측면이 존재한다. 좋은 것이 있다면 나쁜 것 또한 공존한다. '충이란 무조건 나쁘다. 깨지고 없어진다. 사건과 사고이다'라고 생각해버리는 순간, 충의 상위이론을 이해할 수 없게 된다.

예1)

시	일	월	연
	丙		
	子	午	

이 사주는 지지에 있는 자수(子水)와 오화(午火)가 서로 나란히 병립하므로 자오충(子午沖)이 성립된다. 그로 인해 자수(子水)와 오화(午火)가 손상되므로 일간 병화(丙火)는 자수(子水)와 오화(午火)의 파괴와 손상을 경험한다. 병화(丙火)에게 지지 오화(午火)는 육친에서 형제나 동료를 의미한다. 충으로 인해 손상을 받게 되므로 형제나 동료 중에 장애가 발생하며, 심한 경우는 자신보다 먼저 형제가 사망하는 비애를 겪을 수도 있다.

예2)

시	일	월	연
	甲		
	寅	申	

이 사주는 지지의 인목(寅木)과 신금(申金)이 병립하여 인신충(寅申沖)이 성립된다. 그로 인해 인목(寅木)과 신금(申金)이 손상되

므로 일간 갑목(甲木)은 충에 해당하는 물상에 장애 및 침체를 경험한다. 신금(申金)은 일간에게 관성이 되므로 직장을 구하기 어렵거나, 여명의 경우 이성과의 연애운 또는 혼인 후 남편과 관련된 일에 장애가 생기게 된다.

예3)

시	일	월	연
	甲		
	子		午

앞에서 말한 것과 같이 충은 글자가 떨어져 있으면 성립되지 않는다. 이 사주는 충이 발생하지 않는다.

사주 사례

시	일	월	연
庚	戊	壬	丁
申	申	寅	未

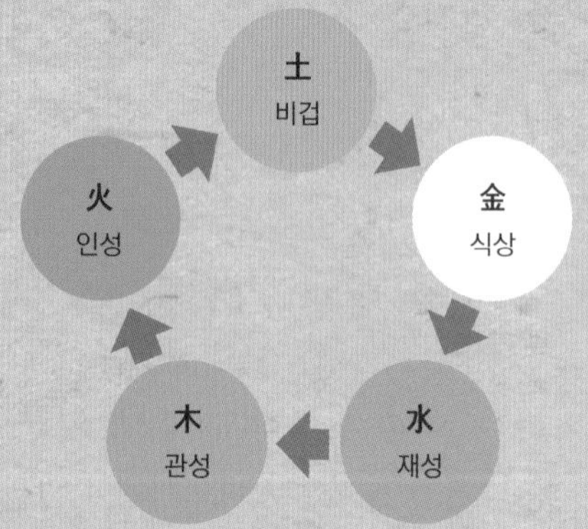

이 사주는 1967년생 곤명이다. 사주 주인은 외모 가꾸기를 좋아하는 아름다운 음악교사이다. 인(寅)월 무토(戊土) 일간이 임수(壬水)도 보고 정화(丁火)도 보았는데, 정화(丁火)보다는 병화(丙火)가 더 나을 뻔 했다. 어쨌든 『궁통보감(窮通寶鑑)』에 산명수수(山明水秀)라고 부르는 명식이다. 단, 일지와 월지에 인신(寅申)충이 발생했다. 처음 결혼한 좋은 집안의 남편과는 첫 딸을 낳고 이혼하였다. 불행하게도 두 번째 결혼한 교수 남편은 둘째 아이를 임신하고 사망하였다.

미모도 뛰어나고 고등학교 교사라는 안정된 직업도 있으며 재력도 풍부한 이 여성은 연이은 불행에 갈 길을 잃었다. 또다시 사랑하는 남성을 만났지만 과연 그와 결혼할 수 있는지가 질문이다. 무토(戊土) 일간이 인(寅)월에 태어났다는 것은 끊임없이 남성의 존재를 그리워할 수 있다는 의미이다. 그러나 일지와 월지의 인신(寅申)충은 자식과 남편의 충을 의미한다. 즉, 자식이 생기면 다시 부부간에 문제가 생길 수 있음을 암시한다. 이번에 만난 남성과는 혼인신고를 안 하는 것은 물론 더 이상 자식은 안 가지는 게 좋겠다고 조언해주었다. 천간에 갑목(甲木)이 투간했더라면 남편인 관의 상태가 그래도 좀 더 완성되고 건왕해지지 않았을까? 비록 인신(寅申)충의 흉의는 피할 수 없었겠지만 말이다. 지금 이 사주에서는 관성 인목(寅木)이 경신금(庚申金)에 의해 심하게 극을 당하고 있는 상황이다.

5. 지지 형살

형살(刑殺)은 형충회합 중에서도 가장 난해하고 어려운 면이 있다. 형(刑)의 글자 뜻은 형벌이다. 아래는 심효첨의『자평진전(子平眞詮)』에 해석을 붙인 서락오(徐樂吾)의 의견이다.

> 삼형이란 자묘(子卯) · 인사신(寅巳申) · 축술미(丑戌未)의 상형(相刑), 진진(辰辰) · 오오(午午) · 유유(酉酉) · 해해(亥亥)의 자형(自刑)을 말한다. 형이란 수(數)가 극에 이른 것이니 가득차면 오히려 손해가 되는 것이다.『음부경(陰符經)』에서는 "삼형은 삼회(三會)에서 나온 것이고, 육해(六害)는 육합(六合)에서 나온 것이다. 인묘진(寅卯辰) 동방 목(木)은 신자진(申子辰) 수(水)의 삼합을 만나면 수생목하여 왕성한 목(木)이 더욱 강해지고 중화의 도를 잃게 되므로 인(寅)은 신(申)을 형하고, 자(子)는 묘(卯)를 형하며, 진(辰)은 진(辰)을 스스로 형한다. 사오미(巳午未) 남방의 화(火)가 인오술(寅午戌)의 삼합 화(火)를 만나면 화(火)가 더욱 강해져 중화를 잃게 되므로 인(寅)은 사(巳)를 형하고, 오(午)는 오(午)를 형하며, 술(戌)은 미(未)를 형하게 된다. 신유술(申酉戌) 서방의 금(金)이 사유축(巳酉丑) 삼합의 금(金)을 만나면 금(金)이 더욱 강해져 중화를 잃게 되므로 사(巳)가 신(申)을 형하고, 유(酉)가 유(酉)를 형하고, 축(丑)이 술(戌)을 형하게 된다. 해자축(亥子丑) 북방의 수(水)가 해묘미(亥卯未) 삼합의 목(木)을 만나면 목(木)이 더욱 왕해져 중화를 잃게 되므로 해(亥)는 해(亥)를 형하고, 자(子)는 묘(卯)를 형하고, 축(丑)은 미(未)를 형하게 된다"라고 하였다. 형에 대한 학설이 분분하지만 이 설이 가장 타당하다고 생각한다.

간단하게 다시 정리하면, 삼합국(三合局)과 방합국(方合局)의 위치적 요인에 의해 여기에 해당하는 글자는 형살의 기운을 갖게 된다는 것이다. 그리고 그 발생 근거는 수(여기서는 에너지라고 이해해도 된다)가 극에 이르니 그것이 생하는 기운이 나타나고 기운의 조화가 깨진 상태에서 형살, 즉 벌을 주고 벌을 받는 일이 생긴다는 것이다. 이론적인 근거도 중요하지만 실전에서의 증험 또한 함께 이루어져야 하므로 현장에서 자주 사용하면서 스스로 이해하고 익히기 바란다.

형살(刑殺)은 글자에서 느껴지듯이 죽을 만큼 고통스럽다, 형벌을 받는다는 의미가 담겨 있다. "형이란 수(數)가 극에 이른 것이니 가득 차면 오히려 손해가 되는 것이다"라는 구절을 다시 읽어보면, 중화의 도를 벗어난 이유로 손해를 보게 되는 것이다. 특정 지지들끼리는 상호반응을 하게 되는데, 형살관계에 해당하는 지지들은 서로가 가지고 있는 지장간들을 부글부글 끓게 만들어 지지라는 그릇을 넘치게 만든다. 그래서 그 그릇에 담긴 지장간들이 부풀어 튀어나오는 모습이다.

지장간은 십이지지에 내장된 천간이다. 지지를 그릇에 비유하면 지장간은 그릇에 담긴 음식이다. 일간을 적절하게 꺼내 먹을 수 있으면 식탁의 반찬이 다양해진다. 그릇을 닫아 놓고 있으면 음식을 절약할 수 있다. 배는 좀 고플지 모르지만 무탈하다. 먹은 것이 없으니 얻은 게 없다고 생각하면 이것이 합의 답답함이다. 그 그릇에 담긴 음식을 먹으려고 그릇을 깨뜨리면 음식은 먹을 수 있지만 나의 기물은 깨진다. 이것이 충이다. 형살은 그릇을 깨뜨리지는 않았지만 속에 든 음식을 꺼내기 위해 흔들어도 보고 비틀어도 보고 갖은 노력과 별별 방법을 다 써보는 것이다. 그렇게 꺼내 먹은 음식이 때로는 상한 것일 수도 있다. 그러면 배탈이 나겠지만 그래도 먹었다고 생각하면 그것은 발전이다. 물론 그릇도 깨지지 않았다. 이것이 형살의 통변이다.

형살에서는 특히 인사신(寅巳申)과 축술미(丑戌未)가 만들어내는 삼형살에 유의해야 한다. 그 밖에 똑같은 글자가 만나서 벌어지는 자형과 같은 것은 형살이라기보다 나중에 설명할 허합자론에서 도충(倒沖)의 의미가 크다. 도충은 글자 그대로 뒤집혀진 충이란 뜻으로, 같은 지지 글자가 연접해 있으면 반대편의 충이 되는 글자를 불러온다는 것이다. 따라서 여기서는 인사신(寅巳申)과 축술미(丑戌未)가 만들어내는 삼형살을 위주로 살펴본다.

• 형의 종류

	지지	이름
삼형	寅巳申	무은지형(無恩之刑)
	丑戌未	지세지형(持勢之刑)
상형	子卯	무례지형(無禮之刑)
자형	辰辰, 午午, 酉酉, 亥亥	

우선 형살이 만들어지면 어떤 현상이 벌어지는지를 알아야 한다. 앞서 말한 바와 같이 형살은 해당 지지의 지장간을 비정상적으로 부풀어오르게 하는 현상을 의미한다. 이를 그대로 대입하면 된다. 말 그대로 해당 형살에 해당하는 지지의 지장간들, 즉 해당 지지의 십성들이 비정상적으로 부풀어올라 거대해지는 듯한 느낌을 받거나 끓어오르다 증발해버리는 효과를 경험하게 된다.

앞서 설명했듯이 충과 회합은 이격되어 있으면 성립되지 않지만, 형살만은 떨어져 있어도 성립된다. 충과 회합은 글자와 글자가 직접적으로 만나야 움직이지만, 형살은 글자 자체가 가지고 있는 에너지(기)의 상호반응으로 발생하기 때문이다.

예1)

시	일	월	연
	甲		
申	寅		巳

이 사주에서 인목(寅木)과 사화(巳火) 그리고 신금(申金)은 인사신(寅巳申) 삼형살을 만든다. 사화(巳火)가 이격되었지만 형살이 발생한다. 일간 갑목(甲木)은 지지에 있는 비견, 식신, 편관이 모두 삼형살에 해당하므로, 형살에 속해 있는 육친들은 모두 비정상적인 결과를 만들어내게 된다. 예측하지 못한 일이 벌어지며, 정해진 수순에 의해서 해당 육친을 개척하지 못하고 항상 잦은 변수로 인해 시련과 아픔을 간직하게 된다.

식신에 초점을 맞추어 통변하면 일간인 갑목(甲木)은 진로 개척에 난항을 겪게 되며, 정도를 걷기보다는 남들보다 특이한 진로를 개척하는 성향이 두드러지게 나타나게 된다. 또한, 식신은 내가 생하여 표현하는 것이니 말투나 언변에 실수가 잦아 궁지에 몰리는 현상을 만들어내기도 한다.

그러나 형살이 꼭 이처럼 나쁜 것만을 암시하지는 않는다. 형살이라는 것은 사회적으로 일어나는 비정상적인 모습들을 모두 담고 있다고 보면 된다. 한순간에 벼락부자가 되거나, 뜻하지 않은 횡재를 하여 생활이 윤택해지거나, 시험공부를 며칠 하지도 않았는데 좋은 성적으로 무리에서 두각을 나타내기도 한다. 인사신(寅巳申)을 가지고 있는 사람들이 검 · 경이나 의학계통에 종사하는 경우를 많이 본다. 형살이 가지는 흉의, 그 불편함과 고통을 직업성으로 대체한 경우이다. 이러한 것들은 모두 형살이 가져다주는 것이므로 좋은 의미에서 발현이 되었든 나쁜 의미에서 발현이 되었든 간에 반드시 그에 따르는 신상의 고통이나 불편함을 수반하기 마련이다.

예2)

시	일	월	연
	甲		
	戌	未	

이 사주에서처럼 형살은 2개의 글자만 있어도 성립된다. 그러나 3개의 글자가 모두 모일 때보다는 피해의 정도가 다소 줄어든다. 오히려 2개의 글자가 만들어내는 반형(半刑)은 실보다는 득이 되는 경우가 많다.

형살로 인해서 얻게 되는 득이란 내가 원하지도 않았는데 만들어지는 결과물이라고 보면 된다. 득이 되기도 하지만 내가 의도하지 않은 사건이므로 뭔가 달갑지 않다는 의미이기도 하다. 형살이라는 것은 본인이 너무도 잘 알고 있다. 즉, 나쁜 습관이거나 항상 고쳐야지 하면서도 바로잡지 못하는 자신의 속마음을 나타낸다.

그 외에 파(破)와 해(害)가 있다. 파는 잘못된 부분을 다듬어 정리한다, 분리하여 파괴한다는 의미가 있다. 파는 중간에 불가피하게 계획을 수정하거나 진로를 변경하는 등의 현상이다. 해는 방해물로 인해 이간질을 당하거나 피해를 입는 현상이며 질투, 모략, 투쟁, 소송 등이 발생한다. 파는 형, 충, 해보다 작용력이 약하다.

파	子酉, 丑辰, 寅亥, 巳申, 午卯, 戌未
해	子未, 丑午, 寅巳, 卯辰, 申亥, 酉戌

이상으로 천간과 지지 상호간에 서로 부딪히고 교합하고 해를 끼치고 불편하게 만드는 다양한 현상에 대해 살펴보았다.

필자는 사주 교육을 하면서 많은 학생들이 충과 형에서 감정적으로 동요하는 것을 보아왔다. 반대로 합은 좋은 것이라고 생각하는 경우도 많다. 그러나 이러한 생각은 편견이다. 최고 절정의 인기 가수에게도, 세계적인 대기업의 총수에게도 형과 충이 있다. 다만 겉으로 드러난 화려함과 경제적 성공 뒤에 오는 인간적 고뇌와 평범한 사람이 겪는 것보다 두세 배는 더 무거운 인생의 짐을 지고 있다는 사실을 읽을 뿐이다. 형충과 합에 대해 냉정하고 객관적으로 습득하기 바란다.

합 · 충 · 형 해석법

1_ 합은 글자의 묶임이다. 묶였다는 것은 그 글자를 자유자재로 사용하지 못한다는 뜻이다. 만약 재성과 관성의 합이라면 부동산을 사서 돈이 묶였다는 의미이다. 물론 매매가 바로 성사되지 않는다.

2_ 합이 형성되면 변화하고, 기존의 기운은 없어지거나 절제되고 새로운 기운이 발생한다.

3_ 합은 답답함이지만, 보호되어 안전하다는 긍정적 측면이 있다.

4_ 충과 형은 개고(開庫)의 원인이다. 즉, 충을 통해 지장간이 열린다.

5_ 충으로 인해 개고를 하는 과정에서 지지는 손상을 입는다. 그것이 사건과 사고의 단서이다.

6_ 충은 지지를 깨뜨려 개고하는 것이고, 형은 지지를 흔들어 못살게 굴어서 개고하는 것이다.

7_ 충과 형은 개고하는 아픔과 불편함이 있지만 그로 인해 지장간이 쏟아져 나오니 사주 여건에 따라 오히려 발전의 계기가 되는 경우도 있다. 사주팔자 외에 많게는 네 글자까지 추가되니 밥상에 반찬이 많아지는 격이다.

8_ 충과 형이 많은 사주는 인생이 역동적이다. 합이 많은 사주의 인생은 안정적이다. 그러나 정에 이끌려 이러지도 저러지도 못할 때가 있다.

• 지지의 형충회합표

	子	丑	寅	卯	辰	巳	午	未	申	酉	辰	亥
子		육합 반합		형 무례 지형	반합	암합 戊癸	육충		반합			반합
丑	반합 육합		암합 丙辛		파	반합 암합 丙辛		충·형		반합	형	반합
寅		암합 丙辛		반합	반합	형	반합		충·형	암합 丙辛	반합 암합 丙辛	육합 파
卯	형 무례 지형		반합		반합	암합 乙庚	파	반합	암합 乙庚	충	육합	반합
辰	반합	파	반합	반합	자형	암합 乙庚		파	반합	육합	충	
巳	암합 戊癸	반합 암합 丙辛	형	암합 乙庚	암합 乙庚		반합	반합	합·형	반합		충
午	충		반합	파		반합	자형	육합 반합	암합 丁壬	파	반합	암합 甲己 丁壬
未		충		반합	파	반합	육합 반합		암합 乙庚	암합 乙庚	형	반합
申	반합		충	암합 乙庚	반합	합·형	암합 丁壬	암합 丁壬 乙庚		반합	반합	
酉		반합	암합 丙辛	충	육합	반합	파		반합	자형	반합	
辰		형	반합 암합 丙辛	육합	충		반합	형	반합	반합		암합 丁壬
亥	반합	반합	육합 파	반합		충	암합 甲己 丁壬	반합 암합 甲己 丁壬			암합 丁壬	자형

6. 형충회합의 해소와 변화

사주에서 형충회합이 발생하면 한편으로 형충회합이 소멸되는 현상 또한 벌어진다. 그 관계와 과정을 이해하기 위해서는 먼저 형충회합 사이의 힘의 세기부터 파악해야 한다.

형충회합이 작용할 때는 각각 좀 더 강하거나 약한 세력이 존재한다. 예를 들어 사주명식에 육합과 삼합이 동시에 존재하게 되면, 육합보다 삼합의 작용력이 강하므로 육합은 해소되고 삼합은 계속 작용하게 된다. 한편, 형은 원국에 다른 합기(合氣)가 형성되어 있어도 상관없이 작용한다. 단, 삼합은 형살을 해소할 수 있다.

형충회합 작용력의 크기		
약	반합 < 육합 = 육충 < 반합과 천간의 유인력 < 삼합 < 방합	강

천간은 순일한 무형의 기운으로서 형체가 없으므로 한번 묶이면 어떠한 물리적인 작용이 적용된다 해도 다시 풀리는 일은 없다. 따라서 천간에는 형충회합의 세기를 적용하지 않는다.

지지의 방합과 삼합의 경우 방합의 작용력이 삼합보다 강하다는 공식을 적용했으나, 방합과 삼합의 세력은 서로 비교하지 않는 것이 현명하다. 방합은 동일 계절과 방위에서 끌어 모았기 때문에 이미 오행이 같은 것들의 모임이다. 반면 삼합은 자연 현상의 작용원리에 의해 발생하여 그 현상의 생왕묘(生旺墓)를 나타낸다. 방합은 그대로 같은 곳에서 모이다 보니 형제들이고, 혈육이 힘을 합하니 강한 세력을 형성한 것이다. 방합은 꼭 모여야 할 목적은 없지만 당연히 합쳐진 것이다. 반면 삼합은 각자 다른 곳에서 특수 목적을 위해 모인 것이다. 서로의 다름을 알지만 뜻한 바를 이루기 위해서는 서로를 이해하고 결속해야 한다. 따라서 방합은 형제의 합이고, 삼합은 사회의 합이라 한다. 상황에 따라 삼합의 적용력이 더 강할 때가 있다.

삼합 다음으로는 천간의 유인력이 적용되는 반합이 강하며, 그 다음 충과 육합은 동일 세력이고, 마지막으로 반합의 작용력이 가장 미미하다. 비록 힘의 세기에서 반합보다 육충이나 육합이 더 강하지만, 반합은 육충보다는 또 다른 반합으로 해소하는 것이 좋다. 육합과 육충은 힘의 세기가 서로 동등하지만 생성원인이 다르기 때문에 해소를 하려면 삼합을 이용하는 것이 좋다.

① 합은 합으로 푼다. 육합은 삼합과 방합이 해소한다. 이때 삼합과 방합은 유지된다.
② 육합과 육합이 함께 있으면 둘 다 발생하지 않는다.
③ 세운에서 오는 합으로 명식의 합이나 충이 해소된 경우 해당년이 지나면 다시 명식의 기존 합이나 충이 형성된다.

사주 사례

예1)

시	일	월	연
戊	己	乙	戊
辰	酉	卯	戌

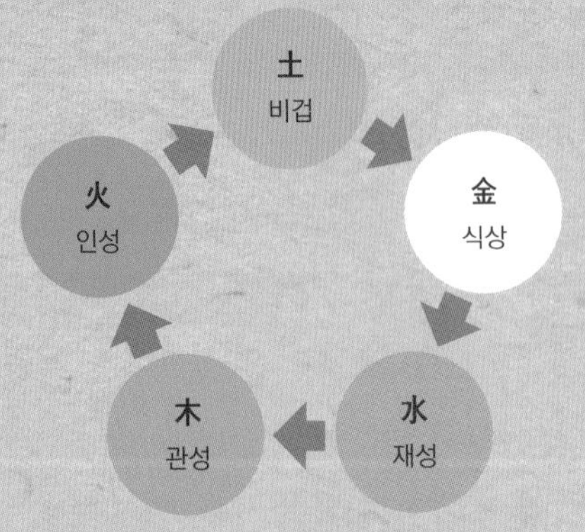

1958년생 곤명의 사주이다. 연지와 월지 술(戌)과 묘(卯)가 합을 하고, 월지와 일지 묘(卯)와 유(酉)가 충을 하며, 일지와 시지 유(酉)와 진(辰)이 합을 하고 있는 복잡한 구조이다. 형충회합의 힘의 세기와 그 해소에 의하면 육합과 육충은 힘의 세기가 같다. 그래서 이론적으로 이 명식에서 육합이나 육충은 묘하게 피해가는 구조이다. 그러나 앞에서 설명했듯이 육합과 육충은 생성 근원이 다르기 때문에 서로를 완전히 해소하기에는 적합하지 않은 성질을 가지고 있다.

묘유(卯酉)충을 육친으로 보면 식신과 편관의 충이다. 식신은 밥벌이, 자식, 진로, 재능 등으로 풀이할 수 있는데, 나이를 고려한다면 진로는 제외하는 것이 좋겠다. 편관은 직장, 남편, 가정주부의 경우 거주하는 집(부동산 포함) 등으로 풀이할 수 있다. 이 여성은 젊어서 진로를 밝히는 데 어려움을 겪지 않았고 자식도 두 명이 있다. 그러나 출산 후 남편과의 불화로 집을 나온 뒤 지금까지 별거를 하고 있다. 서류상으로 이혼은 하지 않았다. 부동산은 재벌에 가까울 정도로 축적했고, 형제들과 재산 다툼을 많이 겪고 있다.

명식 내에서 충과 형이 서로 해소되고 있더라도 세운에서 들어오는 세운충이나 세운합 등으로 인해 명식에 존재하는 합충이 완전히 해소된다고 믿어서는 안 된다. 그 복잡한 상호작용을 이해하여 시기와 사건의 원인까지 같이 읽어주는 것이 중요하다.

예2)

시	일	월	연
丙	甲	丙	丙
寅	寅	申	辰

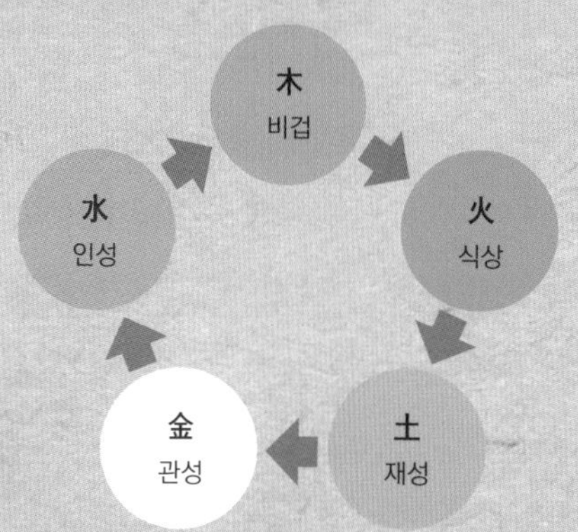

이 사주는 1976년생 건명이다. 월지와 일지에 인신(寅申)충이 발생했고, 연지와 월지에 신진(申辰) 반합이 있다. 다만 왕지 자수(子水)를 포함하지 않아 약한 반합이라 할 수 있다. 연월시 천간의 병화(丙火) 물상이 보여주듯 통신, 전기 계통 직장에 다니고 있고, 역마에 해당하는 글자 3개가 월일시의 지지에 위치하여 직장이동이나 출장이 잦은 업무를 하고 있다.

이 사주의 일간은 늦은 나이에 결혼을 아직 하지 않은 상태로 부부궁 인신(寅申)충의 흉의를 그대로 읽을 수는 없다. 다만, 신진(申辰) 삼합 중 반합과 월지 신(申)의 세기, 그리고 일지와 시지의 인(寅)의 힘이 비등하여 육충의 상쇄 및 직업군 대체로 일어났다고 할 수 있다.

기초부터 배우는
사주명리

글쓴이 | 신정원
펴낸이 | 유재영
펴낸곳 | 주식회사 동학사
기 획 | 이화진
편 집 | 나진이
디자인 | 임수미

1판 1쇄 | 2019년 1월 21일
1판 5쇄 | 2024년 2월 29일

출판등록 | 1987년 11월 27일 제10-149

주소 | 04083 서울 마포구 토정로 53(합정동)
전화 | 324-6130, 324-6131 / 팩스 | 324-6135
E-메일 | dhsbook@hanmail.net
홈페이지 | www.donghaksa.co.kr
www.green-home.co.kr

ISBN 978-89-7190-672-9 03180